市场调查与预测

——营销调研大数据分析

第 2 版

主编　刘　锋

参编　郑定超　余建浙　刁　琦　王晓明

机 械 工 业 出 版 社

本书比较全面和系统地阐述了营销调研大数据分析的基本理论和方法，共分7个项目，包括认知市场调查与预测、市场调查方案的设计、市场调查的技术方法、市场调查资料的整理与分析、营销调研大数据分析、市场调查报告的撰写、市场预测方法。每个项目既相互独立，又都由一条主线贯穿：采用真实的案例、以工作过程为基础。学生学完课程后就熟悉并完成了整个市场调查与预测过程，真正学以致用。

本书适合作为高职高专市场营销及相关专业、应用型本科市场营销及相关专业的教材，也可供市场营销从业人员使用。

本书配有微课视频，扫描二维码即可观看。另外，本书配有电子课件，需要的教师可登录机械工业出版社教育服务网（www.cmpedu.com）免费注册，审核通过后下载，或联系编辑索取（微信：13261377872；电话：010-88379739）。

图书在版编目（CIP）数据

市场调查与预测：营销调研大数据分析/刘锋主编 . —2 版 . —北京：机械工业出版社，2022.8（2023.7 重印）
高等职业教育系列教材
ISBN 978-7-111-71141-4

Ⅰ . ①市… Ⅱ . ①刘… Ⅲ . ①市场调查-高等职业教育-教材 ②市场预测-高等职业教育-教材 Ⅳ . ①F713.52

中国版本图书馆 CIP 数据核字（2022）第 113941 号

机械工业出版社（北京市百万庄大街 22 号 邮政编码 100037）
策划编辑：和庆娣 责任编辑：和庆娣 刘 静
责任校对：张艳霞 责任印制：李 昂
河北鹏盛贤印刷有限公司印刷

2023 年 7 月第 2 版·第 2 次印刷
184mm×260mm·16 印张·396 千字
标准书号：ISBN 978-7-111-71141-4
定价：59.90 元

电话服务　　　　　　　　　　　网络服务
客服电话：010-88361066　　　机 工 官 网：www.cmpbook.com
　　　　　010-88379833　　　机 工 官 博：weibo.com/cmp1952
　　　　　010-68326294　　　金 书 网：www.golden-book.com
封底无防伪标均为盗版　　　机工教育服务网：www.cmpedu.com

前　言

市场调查与预测是企业经营决策的起点，是企业制定营销策略及进行营销策划的基础。党的二十大报告指出，教育、科技、人才是全面建设社会主义现代化国家的基础性、战略性支撑。必须坚持科技是第一生产力、人才是第一资源、创新是第一动力。本书是与专业市场调查公司合作开发的教材，在编写过程中遵循职业教育规律，重视学生实践能力和创新意识的培养，以真实职业工作过程为教材内容设计主线，以工作领域中的工作任务为中心组织教材内容，提供与职业岗位相同的实践活动场景，让学生在完成具体项目中学会构建相关理论知识，掌握职业岗位要求的营销调研大数据分析技能，为今后的创业实践活动打下基础。如今已经进入大数据时代，市场调查与预测也发生了深刻的变革。大数据精准获取能够很好地解决销售线索不够用、销售线索质量不高此类烦恼。大数据精准获取对于销售而言，是一款获取销售线索的利器，它聚合了大数据和人工智能（AI），将用户的线上、线下行为数据进行有序整合分析，帮助业务经理和业务员找到高价值的客户资料，为销售人员提供及时的信息搜索服务。营销调研大数据分析是研究经济领域中数据收集、整理和分析方法的一门学科，是经管类专业的主干课程。随着时代的发展，营销调研大数据分析也越来越成为企业的一项经常性活动，越来越受到人们的关注。

本书比较全面和系统地阐述了营销调研大数据分析的基本理论和方法，共分7个项目，包括认知市场调查与预测、市场调查方案的设计、市场调查的技术方法、市场调查资料的整理与分析、营销调研大数据分析、市场调查报告的撰写、市场预测方法。每个项目既相互独立，又都由一条主线贯穿：采用真实的案例、以工作过程为基础。学生学完课程后就熟悉并完成了整个市场调查与预测过程，真正学以致用。

本书的特点是借鉴和吸收了国内外营销调研大数据分析的最新研究成果，既有理论性阐述，又有较强的实用性和可操作性，结构新颖，内容全面。书中还介绍了数据分析软件Excel、SPSS等在营销调研大数据分析中的应用。

本书第1版获得浙江省普通高校"十二五"优秀教材称号，同时还是2018年国家级高技能人才培训基地新形态教材类项目《营销调研大数据分析》的成果。

本书由刘锋负责整体规划，并担任主编，参加编写人员有郑定超、余建浙、刁琦、王晓明。编写本书参考了大量文献，主要文献已经在文中标注或者在参考文献中列出，但是难免有疏漏，在此向所有文献的作者表示感谢！

编　者

二维码资源清单

序号	名　称	图　形	页码	序号	名　称	图　形	页码
1	1-1　市场调查的定义及作用		15	11	4-2　平均数的计算		156
2	1-2　预测销售额		23	12	4-3　联华超市的水果价格		165
3	2-1　调研公司首先开展的工作		30	13	5-1　大数据的产生背景		187
4	2-2　市场调查的目的及调查方案的内容		36	14	5-2　大数据定义和特点		187
5	2-3　调查问卷设计中需要考虑的技术性问题		48	15	5-3　数据可视化图形介绍		201
6	2-4　对消费者测试的方法		59	16	5-4　数据基因		202
7	3-1　康宝公司的调查方法及特点		73	17	5-5　大数据分析过程概述及数据处理		203
8	3-2　文案调查法的优点和不足		85	18	6-1　市场调查报告的格式		220
9	3-3　如何选定开展调查工作的合适方法		107	19	7-1　头脑风暴法优点		226
10	4-1　市场调查资料整理		120	20	7-2　啤酒销量		245

目　　录

V

绪　论

0.1　课程现状

　　"市场调查与预测——营销调研大数据分析"是研究经济领域中数据收集、整理和分析方法的一门学科，是经管类专业的主干课程。据了解，我国的大中型企业都开展过不同类型的市场调查，调查的内容涉及市场和企业的方方面面。随着我国社会主义市场经济体制的进一步健全和发展，营销调研大数据分析也越来越成为企业的一项经常性活动，引起人们越来越多的关注。

　　小贴士　　　　　　　　**大数据调研，如何实现快全准？**

　　这个时代在快速地朝前发展，旧的习惯总是不断被新的事物改变。比如，互联网改变了人们通过报纸、电视获取信息的习惯，手机和移动支付工具改变了人们出门带钱包的习惯。自20世纪初市场调查学在美国建立以来，市场调研这项业务已有100年的历史。100年来，市场调研以实证数据和理性分析为基础做出的分析报告一直是企业决策的重要依据。

　　20多年前，宝洁进入中国市场，将这个当时较为先进的市场分析方法和策略引进中国。于是，一大批与此相关的公司和团队涌现。据不完全统计，目前全国有超过3000家调研机构。

　　那么，调研机构一般如何形成一份调查报告呢？举个例子，某品牌希望了解新产品上市后吸引的客户对象是否符合预期，调研机构接到任务后便开始设计调查问卷，一份问卷包含大约20个问题（如果问题太多，调查对象就会不耐烦，效果不好），而性别、年龄段、家庭收入这些基本情况占据了问题的大半，接着派大量的人员进行拦截访问或电话访问，一份2000人的问卷样本通常需要三个月才能完成。

　　这就是商业获取信息反馈的传统方式，耗时久，效率低。在分秒必争、唯快不破的商业世界里，低效是不被忍受的。事实上，新的、更高效的调研方式已经出现，那就是大数据调研。

　　最新的大数据调研方法通常有三个步骤：获取样本—选取标签—得到结果。

　　1）通过线上或线下的数据采集方法得到目标人群的样本ID（如新品上市预订的手机号），或是通过Wi-Fi探针技术获取门店到访人群的样本，从中提取目标样本，例如新客户或高活跃度人群。

　　2）选择要了解的标签类目，比如性别、年龄、购买力、居住小区、职业，如果是服装类品牌，还可以关注样本对服装类的购买习惯，等等。

　　3）得到结果。

　　比起传统的市场调研方式，大数据调研的优势显而易见。

　　一是快。大数据之所以被冠以"大"字，除了数据量大之外，还因为处理速度快。2015年年底，大数据应用服务公司芝麻科技与阿里巴巴公司联合发布了大数据产品"观星"，这是一款可以描绘群体消费者画像的产品。"观星"将线下商业消费数据与脱敏后的线上消费行为轨迹融合，500多个标签可以精准呈现品牌或门店消费者的群体年龄、学历等基础特征及购物偏好、兴趣爱好等行为特征，还同时提供相关行业对比，为实体商业提供基于多维度分析的丰富画像报告。"观星"在一个月内就产出50多份报告，这几乎是一家中等调研公司两年的工作量。报告的快速产出可以帮助品牌和门店及时地了解市场变化，抓住商机。毕竟，在互联网时代，唯快不破。

二是全。大数据分析的另一个优势是让数据自己"发声"，从数据里挖掘潜在价值，我们不必知道现象背后的原因，"相关分析"能找出数据集里隐藏的相互关系网，为我们提供新的市场洞见。而这些都是传统市场调研无法获知或是会被忽略的信息。目前，百度可以根据人的搜索行为知道她是一个待产的母亲还是两个孩子的妈妈；阿里巴巴可以通过购买记录和网购习惯猜测顾客是"白富美"还是"高富帅"，买东西看品质还是等折扣，韩版风还是欧美风，甚至最近是不是在准备旅行，这些都是通过不同的标签维度来刻画顾客。而与阿里巴巴公司、每日互动、Talkingdata等多个数据源都已进行连接的芝麻科技可提供超过500个标签维度，分析维度较多较全。

三是准。传统市场调研的基础是抽样分析，而大数据的研究对象是全体用户的相关数据，因此大数据刻画的用户形象更加完整和准确。而在操作过程中，机器不会说谎，不会作弊，结果更可靠。

大数据时代已经从基本的数据量堆积进入数据融合阶段，2015年，阿里巴巴公司、百度公司、中国电信等大数据体都分别发布了在大数据融合生态上的计划与产品，这样的融合为数据增加了活力。正如芝麻科技CEO所说，2015年是大数据融合的元年，因为有了融合，大数据不再是以数据规模为目标，而是做加法，因为连接是无穷尽的，连接会让每一个数据充满活力，连接使得更多的应用出现，大数据应用颠覆传统的时代在2016年开始到来。

（资料来源：搜狐网 https://www.sohu.com/a/118493501_470062）

"市场调查与预测——营销调研大数据分析"作为高职高专市场营销专业的一门主干课程，是一门应用性很强的专业技能课程。但是，目前本课程多采用灌输式、填鸭式教学，以教师讲授知识为主，并辅以必要的作业练习，不注重调动学生学习的积极性和主动性，不注重培养学生分析和解决问题的能力。随着经济和管理现象日益复杂，市场情况的瞬息万变及知识经济的到来，社会对人才素质的要求越来越高，而目前本课程的教学模式培养出的学生却难以适应社会的需要，必须进行改革。目前存在的主要问题如下：

1. 教学方法生硬，缺乏启发性

在营销调研大数据分析教学过程中，教师在课堂上将重心放在讲授概念、原理，教学方法主要是以课堂讲授为主，过于强调知识的传授而不关心学生的学习兴趣和学习情感的激发。这种只注重教师的"教"而忽视学生的"学"的教学方式，使学生处于被动的学习状态，只把精力放在理解、记录、背诵课堂内容上，很少主动思考和独立分析问题，学生缺乏学习的主动性、积极性和创造性，这样会直接影响教学效果。这种封闭式的教学方法使学生只能停留在抽象的理论思维上，缺乏生动直观的实践感受，学生应变能力、解决实际问题的能力较差。

2. 教学手段老套，效率低

目前该课程教学手段陈旧，利用计算机软件对调查资料进行编码、分组、统计、陈示、建模、案例的分析等现代化教学手段应用不充分，再加上"市场调查与预测——营销调研大数据分析"课程中包含有大量的公式和复杂的数据计算，学生在做练习时往往感到单调乏味，计算工作量大、效率低，甚至出现抄袭现象。这就导致了既浪费大量的课时，无法按时完成教学任务，又挤占了师生交流、讨论的时间，造成教学信息量少、课堂气氛不活跃、理论联系实际不足等问题。

3. 考核方法单一

"市场调查与预测——营销调研大数据分析"这门课程的考核方式比较简单：期末考试以书面理论考试为主，占总成绩的70%；平时成绩分成作业和考勤，占总成绩的30%，平时成绩主要是指考勤。这种考核方式只注重理论掌握程度，忽视学生的实践能力，不利于反映学生的综合素质和能力。

0.2 课程设计目标

1. 根据学科能力培养目标，科学构架课程内容体系

"市场调查与预测——营销调研大数据分析"课程主要培养学生独立完成调研项目的能力，因此本课程内容应包括六大不可分割的环节，每个环节又具有相对的独立性与完整性，对应一项专门能力，将其最终组合就是营销调研大数据分析的一个综合能力，以上六个环节是"661能力链"的专项能力。所谓"661"是指"六大内容""六项专项能力""一个综合能力"，见表0-1。

表 0-1 "661能力链"教学内容体系

	六大内容	六项专项能力	一个综合能力
第一部分	认知市场调查与预测	培养学生的市场认识能力	营销调研大数据分析综合实际应用
第二部分	市场调查方案设计	培养学生的调查设计能力	
第三部分	市场调查方法选择	培养学生的信息搜集能力	
第四部分	市场调查资料整理与分析、营销调研大数据分析	培养学生的资料整理与分析能力	
第五部分	市场调查报告撰写	培养学生的报告撰写能力	
第六部分	市场预测概述	培养学生的市场预测能力	

2. 根据高职学生特点，精心设计实践教学内容

学生是接受教育的对象，更是教学过程中的主体，在整个教学过程中要发挥学生的主体作用，发挥教师的主导作用，教学相长，共同进步。实践教学内容的设计一定要考虑学生的基础、条件和学校目前的实践教学环境。

3. 课程实践教学实施环节与方法设计

通过提高对这门课程的认识，培育学生学习的信心；通过分组进行，能发挥团队作用，培养学生集体主义精神。

4. 结合本专业的特点，找准课程面向产业实际的切入点

通过对产业的整体分析，结合专业特点，将真实项目作为课程实施的载体。

0.3 研究设计

1. 教学模式整体设计

根据课程的培养目标，结合现状，本课程的教学设计如下：

（1）教学项目设计

本课程的教学设计保持学生在校学习与实际工作的一致性，以工作过程为中心线索、项目驱动为导向、学习情境为载体，基于项目小组合作、工作任务驱动、课堂与实习地点一体化的工学交替思路，进行项目导向式的课程教学模式设计；合理选择多媒体教室、计算机房、校内实训室、校外实践基地四类教学场所，有针对性地实现工学交替；在七种典型职业任务（方案制定、抽取样本、问卷设计、调研方法、数据处理、调研报告撰写、市场预测）的驱动下，完成市场调研能力培养的项目导向式课程教学模式，如图 0-1 所示。

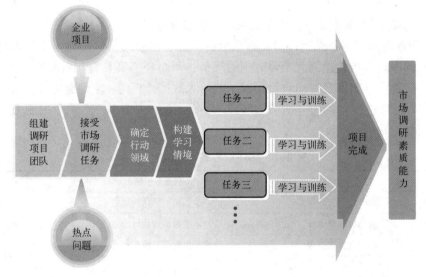

图 0-1　项目导向式课程教学模式

（2）项目导向式的课程教学模式运作

1）组建调研项目团队。在第一次上课的时候，教师首先给学生介绍课程的整体实施方案，然后每 3~5 名学生自由结合为项目小组，并推举组长。

2）接受市场调研任务。调研项目来源于实际问题，一是接受企事业单位的委托调查项目，二是在教师指导下学生自选的社会热点问题调查项目。学生调查项目可涉及居民消费现状及需求、企业经营现状与竞争力、大学生行为及就业能力等方面。

3）确定行动领域，构建学习情境。教师对于完成市场调研项目需要开展的工作，确定行动领域，并通过案例、资料、典型成果等建构学习情境，确保课程学习处于工作场景与氛围中。

4）分解并提出完成调研项目的阶段性学习与工作任务。教师在创设的学习情境中，带领学生剖析阶段性工作过程，提炼学习与工作任务。

5）学习与训练结合，完成项目。上课时学生按项目组集中就座，在了解课程学习任务和工作任务之后，分阶段完成小组调研项目的企划方案和调查问卷、完成200份问卷访谈、完成调查资料整理和编码录入、数据分析、调查报告撰写，实现学习与训练的有机融合。

6）伴随着教学进程，学生协作完成一个完整项目的调研任务，实现了培养市场调研素质与能力的预期目标。

2. 工作过程分解与技能模块设计

所谓工作过程，是指为完成工作任务并获得工作成果而进行的一个完整的工作程序，这个完整的工作程序可细分为若干个子环节，也就是技能模块。其设计思路为：基于营销调研大数据分析工作过程的知识、能力要求，以工作过程为参考系，以完成职业工作应具备的专业技术能力项目为依据。就企业营销调研活动过程来看，一般可分为以下几项技能模块：

（1）方案制定技能模块

调研方案是对某一具体调研项目所做的安排，如《顾客满意度调研方案》，一般包括调研目的、调研对象及单位、调研项目、调研时间安排、组织实施计划等，其核心内容是调研项目的设计，它是问卷设计的基础。任何一项调研活动，无论其规模大小，都要设计一份调研方案。

（2）抽取样本技能模块

这一模块主要是训练学生运用已有的"抽样调查"知识，学会编制抽样框，按调研方案要求确定调查单位，抽取样本。

（3）问卷设计技能模块

一项调研活动的关键在问卷设计，问卷设计包括根据调研项目设计问句及回答方式、问卷版面等，其中关键的问题在于如何把比较笼统、抽象的调研指标和项目转化为在问卷上反映、被调研者直接回答的问句，并使调研对象易于接受、便于回答。

（4）调研方法技能模块

调研方法是运用调研问卷获取数据资料的桥梁，不同的调研主题、调研对象需要选择不同的调研方法。调研方法包括文案调查法、访问法、观察法、网络调查法和实验法等。这一模块的技能训练主要是让学生了解各种方法的含义、特点、运用条件，能根据调研对象、环境、条件等，确定适宜的调研方法。

（5）数据处理技能模块

这一模块的技能训练包括对调研资料的整理和分析能力。数据资料的整理是提高数据资料价值和调研分析报告的基础和关键，包括统计分组、设计整理表、计算汇总等，应训练学生根据研究目的和调研对象特点正确分组、设计整理表，并根据整理表进行归类整理；数据分析是运用统计方法对数据进行计算分析，在训练过程中，不仅要训练学生掌握统计方法，更重要的是训练学生有针对性地选用合适的分析方法，并能够把各种方法结合起来进行分析，挖掘出数据的深刻内涵。这一模块的训练，还应包括学生运用 Excel 或 SPSS 分析软件上机进行数据资料的整理分析训练。

（6）调研报告撰写技能模块

调研报告是整个调研活动的最终结果，一切功效都是通过调研报告体现出来的。这一模块不仅要进行调研报告撰写格式的训练，更为重要的是要训练学生如何用数字说话，包括如何选择最能反映所说明问题的数据，采取哪一类型的数据表达方式，如何在报告中恰当地使用图表等。

（7）市场预测技能模块

市场预测就是以市场调查所获得的信息资料为基础，运用科学的方法和手段对事物未来的演变规律和发展趋势进行预测和推断。本模块重点是要掌握市场预测的基本理论和基本方法，包括市场预测的基本原则及程序、预测的内容及方法等。

3. 进程设计

教学既可以采取单项实训，也可以采取综合实训。单项实训是将7个项目在课堂学习过程中通过讲练结合的方式来完成，这种方法是过去常用的方法。综合实训是一种"单独设置"的实训方式，作为单独任务安排在每个项目后面，学生在学习完一个项目后，就开始思考和完成综合实训，最后一般集中安排1~2周进行大报告撰写。其设计原则是：以企业真实项目为背景，按照"讲做结合、以做为主，分块推进、逐步合成"的做法，采取模块化与综合化相结合、教师指导与学生操作相结合。

4. 教学活动实施

教学活动的实施，可以引入行动导向的教学观，即按照学生是学习过程的中心，教师是学习过程的组织者与协调人，在教学中与学生互动，让学生"独立地获取信息、独立地制订计划、独立地实施计划、独立地评估计划"的指导思想实施。采取"讲做结合、分步推进"思路逐步展开，指导教师应做好专业指导和进程控制，实施全过程管理。重点把握好以下几个环节：

（1）教学文件制定

教学文件是对整个教学活动应完成的教学内容、实践活动组织所做的设计和规定，一般包括教学大纲、教学方案。

1）教学大纲。教学大纲是以专业教学计划为依据，对教学所要完成的技能训练内容所做的规定和要求，一般包括教学目标、教学内容和要求、实践教学学时分配、成绩考核与评定等。其核心是实训内容，由技能模块组成。

2）教学方案。教学方案是对整个教学活动各方面、各环节的组织所做的通盘考虑，是教学活动有序高效开展的指导性文件。教学方案一般包括教学目标、调研主题、调研活动要求、实训安排、成绩评定和注意事项等内容。

（2）过程组织

1）计划安排。在每个阶段实施之前，指导教师要做出计划安排和提出具体要求，强调必备知识和技巧。例如，实地访问前，要进一步强调个别访问的技巧、注意事项等。

2）信息反馈。在调研进行过程中要及时了解学生有什么问题，遇到什么困难等，以便随时给予指导和帮助，及时解决过程中遇到的困难和问题。

3）进程控制。整个实训过程虽然已有实训方案，但由于信息的获取都是在校外进行的，会受到许多不可控因素的影响，各个小组的进程可能会出现不平衡的情况，因此最好集中在每天的一早一晚，由各小组汇报情况、交流经验，教师及时给予指导和适时调整。整个进程按照 PDCA 模式进行，即"计划（plan，P）—实施（do，D）—检查（check，C）—总结反馈（action，A）"，如图 0-2 所示。

4）阶段讲评。阶段讲评是在每一个模块完成的基础上进行的指导式讲评。一是对前一阶段存在的问题进行修正；二是对下一步提出要求和应注意的事项。阶段讲评可以起到承上启下的作用，是实训中各个模块之间的连接点。

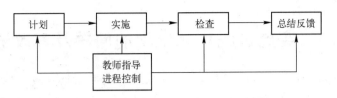

图 0-2　进程控制的 PDCA 模式

5）实训总结。重视实训结束阶段的总结交流，对学生技能训练具有十分重要的意义。这一阶段要做好以下五项：

① 调查报告交流。调查报告的交流可采取小组交流和班级交流两级，在小组交流的基础上推荐小组代表参加班级交流，在班级交流的基础上形成总的调查报告。

② 实训体会交流。实训体会是学生在实训活动过程中的体验，既包括学生对知识掌握、方法技巧的运用体会，也包括学生在参加实际调研活动过程中所遇到的人和事的体验，这种交流活动可以使学生相互启发，对进一步巩固所学的知识、促进技能的掌握具有很重要的意义。

③ 教师讲评交流。教师做终结性总结讲评，包括对学生实训行为的评价、学生知识和技能的掌握程度的评价、教学情况总结评价以及对问题的指正等，通过讲评进一步促进学生的学习和知识的巩固。

④ 校企交流。由于实训项目是根据企业要求选定的，故教师应对学生所撰写的调查报告进行修改，形成调研成果交企业参考，以发挥其实际经济效益和社会效益。

⑤ 以赛促教。对优秀的课程成果，进一步修改和完善后，组织相关学生小组参加各级各类竞赛，这样会有效提高作品质量和学习效果。

0.4　考试内容与模式

加强平时课堂监督与检查，包括课堂出勤、课堂表现、完成作业情况、完成实验报告情况等，这些都占最终课程成绩的一定比例。课程考试一般采用笔试，现针对具体的学习模块改为综合考试，学生团队通过合作完成计划，最后进行答辩考核。它分为三个部分：

1）每个学生都要提交一份市场调查报告，报告在小组报告的基础上更多地融入自身的研究成果，防止部分学生不动脑筋，照搬照抄别人的成果。

2）报告讲解演示，报告讲解演示由小组派代表进行。为避免有些学生滥竽充数，每个小组汇报过程中，教师除了给出分数，还会根据报告对小组成员随机提问，同时进行现场综合点评。

3）每个学生都要进行实践操作。教师将 Excel 或者 SPSS 实验课上的常见操作设计成 50 道备选操作题目，发给学生练习，根据难易程度，将题目分为 A、B、C 三类。期末时，由学生现场进行随机抽签，并按照题目要求进行现场操作，每位学生只有 1 次机会，时间控制在 5 min 内。最终根据完成的实验结果情况和题目的难易程度进行打分。

0.5 实施过程可能出现的问题及其改进

学生是实践活动的主体，发挥学生自主学习的积极性和创造性是搞好实践教学的关键。但个别学生往往自主学习的习惯没有养成、学习不主动、缺乏自信心，特别是对调查分析中遇到的统计学和 SPSS 软件中的英文专业词汇，有畏难情绪，遇到困难就退缩；由于是分组进行调查，把很多问题交给组长和其他组员来完成，而自己没得到锻炼；等等。针对以上问题，可主要采取以下措施：

1）要给学生信心，及时肯定他们所取得的每一点进步，多表扬，多鼓励，多采用正向激励的方式，激发学生的学习动机。

2）理论教学、实验课和实践项目相结合。进行理论教学时，以必需、够用为度，由浅入深，尽量结合实例来展开，同时注意课外知识的补充，增加学生的知识面。实验课上注意训练对统计软件 SPSS 的使用方法和结果解读，对学生在实验课上没解决的问题，结合理论教学和实践项目加以解释。

3）在实践教学环节，为了培养学生的自信心和对工具的熟练程度，上课前要求他们安装统计软件、教学过程中用统计软件解决实际问题，熟能生巧，慢慢培养其自信心。

4）针对个别学生存在"等"和"靠"的态度问题，在调查报告制作和汇报环节中加强各组的项目抽查，使每个学生都有紧迫感。

5）最后在学生汇报环节，利用组与组之间的竞争，通过多种形式的奖励，在培养学生集体荣誉感的同时，也使一些不太积极的学生能够受到感染而增强学习兴趣。

0.6 结　论

1. 通过改革，能引导学生改进学习方法

长期的基础知识考核形式，使学生形成了只注重教材知识的掌握，所有知识都通过教师讲授的被动学习方法。写一份调查报告、课堂认真听讲、学习理论知识是基本，实际的操作是关键，对教师未提到的相关知识要自学，各门学科必须融会贯通，学生间的讨论交流也必不可少。学生在完成调查报告的过程中，不知不觉地使用了这些行之有效的学习方法，这对他们今后的学习和工作会有很大的帮助

2. 通过改革，能锻炼和提高学生的各种能力

通过项目化教学，学生参与了市场调查活动的全过程，从开始的熟悉企业状况、预调查、设计调查方案、设计调查问卷、实地收集资料、处理统计资料，到最后对资料进行分析判断，推出结论给出建议，各环节对学生的观察、自学、创作、资料搜集、整理归纳、分析判断、推理、应用文写作能力等多项能力都是锻炼，反复的创作、讨论、修改、总结经验在一定程度上使得这些能力得到提高。

3. 通过改革，能提高学生的学习积极性

课堂上教师单纯讲授知识，学生被动接受知识，容易使学生厌倦学习，职业能力训练的实战性和为撰写报告而进行的各种实践活动极大地激发了学生的学习兴趣，进行真正意义上的实践、真正参与企业的经营活动，提交给企业一份有参考价值的调查报告，对学生而言很

新鲜，也富有挑战性，这些工作使学生觉得能够学以致用，自然学习热情也就提高了。

4. 改革有助于新的教学方法的探索

行之有效的教学方法是经过不断发现、创造、实验、修正而来的，教学改革源于职业能力训练和课程学习的结合，改革是探索有效的高职教学方法的产物，也是新的一个起点。为了完成调查报告，学生需要得到更多的指导，对更多的问题进行讨论，这就需要教师想尽办法进行引导，学生的一些新奇的想法，对教师已具有思维定势的头脑颇有启发。这些都有助于教学方法的革新和教学水平的提高。

项目1 认知市场调查与预测

任务1.1 认知市场调查

 任务目标

知识目标
1. 了解市场调查的含义、市场调查机构
2. 掌握市场调查的内容
3. 熟悉市场调查的作用和步骤

能力目标
1. 能区分不同市场调查概念的异同
2. 会辨析不同市场调查机构的行业结构

 任务引例

短视频行业调查

目前短视频已经成为新的重要流量窗口，而且短视频行业格局已初步形成，抖音和快手是格局成熟期跑出的短视频双王。一方面是产品通过密集迭代，更新满足甚至创造用户需求，实现用户的圈定和流量的积累；另一方面是利用符合自身定位及调性的营销策略来扩大影响力，打造平台标签和知名度。

问题：

1. 通过对短视频行业的调查，你认为什么是市场调查？市场调查的作用是什么？
2. 通过调查，短视频未来商业模式有哪些？试举例说明。

（资料来源：http://www.xcf.cn/article/21193d38472511eabf3cd4c9efcfdeca.html）

 知识链接

1.1.1 市场调查的含义

市场调查有广义和狭义的说法，广义的市场调查是从整个市场的角度定义市场调查，认为市场调查是运用科学的方法和手段收集产品从生产者转移到消费者手中的一切与市场活动有关的数据和资料，并进行分析研究的过程。广义的市场调查将调查范围从消费和流通领域扩展到生产领域，包括产前调查、产中调查、产后和售后调查。

狭义的市场调查是从市场营销的角度定义市场调查，认为市场调查就是对消费者进行调查研究，是以科学的方法和手段收集消费者对产品购买及其使用的数据、意见、动机等有关资料，通过分析研究，以识别、定义市场机会和可能出现的问题，制订和优化市场营销组合策略，并评估其效果。

美国市场营销协会对市场调查的定义为：市场调查是一种通过特定信息将消费者（顾客、客户和公众）与营销者（生产商、销售商）联系起来的手段。这些信息被用来识别、确定营销问题或机会，构思、改进和评估营销举措，监测营销绩效，增强人们对营销过程的了解。市场调查将规定解决这些问题所需的信息，设计搜集信息的方法，管理、实施信息搜集程序，分析结果，并将结论与调查信息使用者沟通。根据美国市场营销协会的解释，广义的市场调查不仅包括消费者调查，还包括市场分析、销售分析、广告研究、营销环境研究等多方面的调查研究。

本书认为，所谓市场调查，是以系统的科学方法（比如抽样设计）搜集市场资料，并运用统计方法分析这些市场资料，以得到所需有用信息的过程。

市场调查不同于那种随意的、偶然的、事先没有计划的市场信息搜集行为，它是一种系统的市场信息搜集活动；既有深思熟虑而后确定的明确目标，又有为实现这些目标精心设计的规范的方法与步骤，也有配合这些方法与步骤的周密的资源配置安排，而其结果又可以得到重复验证。

市场调查的主要对象通常是消费者，即那些购买和消费商品的个人或机构等，通过调查可以了解特定时间、特定地域范围内的消费者群体有关购买商品、消费商品的各种情况、意见以及动机。

为了保证赢利或减少亏损，企业必须在激烈竞争的条件下，在适当的时间、适当的地点、以适当的价格、通过适当的方式把适当的产品或服务出售给适当的消费者，这就是市场营销追求的目标。

1.1.2　市场调查的作用

市场调查对企业的作用主要表现在以下几个方面：

1）市场调查是市场营销活动的重要环节。通过市场调查，企业能够识别目标、细分市场需求、发现市场机会、评估与优化营销组合、监测市场环境的变化、测评产品或服务质量以及经营业绩等。正确的决策来源于正确的判断，正确的判断来源于正确的调查。

2）通过市场调查，能够让生产产品或提供产品服务的企业了解消费者对其产品或服务质量的评价、期望和想法。实践证明，哪个企业的市场调查做得好，哪个企业的产品或服务就更适合消费者的需要，就更能赢得消费者好评，并最终赢得顾客。

3）市场调查给消费者提供了一个表达自己意见的机会，使他们能够把自己对产品或服务的意见、想法及时反馈给生产企业或产品供应商。事实证明，哪个地区的消费者积极配合市场调查，毫无保留地将自己的意见提供给市场调查机构，哪个地区的消费者就能得到更好的产品和服务。

市场调查信息的使用者主要是企业（包括产品或服务供应商以及广告代理商），具体说则是企业的外部合作者（外部用户群）与内部的相关人员（内部用户群），外部用户群由企业上游的供应商和下游的特许经销商构成，内部用户群由高级管理者如董事、CEO、其他高级管理人员，各职能部门的授权人士以及营销系统的各下属部门的授权人士等构成。

1.1.3　市场调查的步骤

任何社会调查研究都是针对社会领域中的实际问题，有目的有计划有步骤地进行的。一般来说，社会调查的一般程序通常是指对实际问题进行调查、研究和解答的全过程。市场调查是社会调查的一种类型，遵循社会调查的一般步骤，具体如下：

1. 准备阶段

准备阶段即明确市场调查主题和目标，并进行事先的分析研究的阶段。这一阶段的工作主要集中于项目的可行性研究与分析上。对营销调研大数据分析机构来说，无论是外部委托的调查与预测项目，还是内部组织的调查与预测项目，事前都需要做严谨的可行性分析与研究。分析与研究的主要内容有四个方面：一是调查主题的性质，调查要了解什么、调查的意义和用途；二是调查活动从技术角度看是否具有可行性；三是营销调研大数据分析机构从人力、物力、财力上是否具备承担活动的能力和条件；四是相关主题的调查活动是否有法律保障和是否有违社会道德准则。

2. 设计阶段

在选定市场调查主题和目标后，市场调查就进入设计阶段。一般来说，营销调研大数据分析机构会按项目管理方式组织落实调查活动，即每一项市场调查，机构会组成对应的项目工作小组，指定项目小组负责人和项目小组参与成员，由项目小组全权负责调查与预测项目的活动。市场调查设计阶段就是由项目小组负责人协同有关人员完成项目的整套计划设计，为整个项目活动制定详细的、内容完整的策划书。

3. 实施阶段

这一阶段的工作重点是资料收集，这是整个市场调查过程最重要的环节，对预测项目的成败有决定性的影响。其具体工作主要有：一是人员选拔与培训；二是确定人员权力与责任；三是准备调查物资；四是实地调查；五是回收和复核资料。

4. 分析报告总结阶段

这一阶段主要是做好资料的分类、整理、统计、分析等工作。当统计分析研究和现场直接调查完成后，市场调查人员拥有大量的一手资料。对这些资料首先要编辑，选取一切有关的、重要的资料，剔除没有参考价值的资料；然后对这些资料进行编组或分类，使之可供备用；最后把有关资料用适当的表格形式展示出来，以便说明问题或从中发现某种典型的模式。经过对调查材料的综合分析整理，便可根据调查目的写出一份调查报告，得出调查结论。

1.1.4　市场调查的内容

市场调查的内容十分广泛。但每次市场调查的内容又不能包罗万象，面面俱到，只能根据市场调查的目的，有选择、有区别地进行选择，为市场预测与经营决策提供资料。消费者市场作为最终产品的市场，必然成为市场调查最重要的内容。市场调查的内容具体包括：

1. 环境调查

环境调查包括政治环境、经济环境和社会文化环境三方面的调查。其中政治环境调查是指对政府有关的政策、法令的调查，如国家的税收政策、金融政策、外贸政策、价格政策等各项政策，还包括专利法、商标法、广告法、保险法、环境保护法等各项法规法令。经济环境调查主要包括国民生产总值、人均国民收入、人口总数、家庭收入、个人收入、能源资源状况、交通运输条件等方面的调查。社会文化环境调查主要包括国民受教育程度、文化水平、职业构成、民族分布、宗教信仰、风俗习惯、审美观念等方面的调查。

2. 技术发展水平调查

技术发展水平调查主要是指对各个时期新技术、新工艺、新材料、新能源的状况，技术的先进水平，新产品开发速度与发展趋势等的调查。

3. 需求容量调查

需求容量调查主要内容包括商品市场最大、最小、最可能的需求数量、潜在的需求数量，现有与潜在的购买人数，现有与潜在的供应数量，不同产品的市场规模与特征，以及不同地域的销售机遇，本企业产品的市场占有率，相关企业同类产品的市场竞争态势等。

4. 消费者及其购买行为调查

消费者调查主要是指对消费者个人的年龄、性别、职业、民族、文化水平、居住地、消费水平、消费习惯等方面的调查。消费者购买行为调查包括：购买方式的调查，即经常性购买、选择性购买、试探性购买的调查；购买动机的调查，即感情动机、理智动机和惠顾动机的调查。

5. 商品调查

商品调查的内容涉及以下几个方面：①商品效用调查，包括商品形态、大小、重量、色彩、美观程度、使用方便性、耐久性、可靠性以及安全性等。②顾客对商品的意见调查，包括顾客对商品及服务的要求、意见与评价等。③商品生命周期调查，包括商品在生命周期的哪一阶段，其销量或销售增长率发生了哪些变化，老产品应如何改进，有无新的销售领域。④新产品调查，包括市场需要何种新产品，新产品如何发展，是向多功能化、多样化还是向微型化和简单化的方向发展，等等。⑤商品品牌、商标调查，包括本企业商品品牌、商标是否容易记忆，是否引人注意，是否富于联想。⑥商品包装外观调查，包括本企业商品包装是否美观，是否轻便、安全，是否符合环境保护要求，是否过度包装。

6. 价格调查

商品价格调查内容包括老产品调价、新产品定价、本企业与竞争企业同类商品价格差距，企业实行浮动价格、赊销价格、优惠价格与竞销价格的最佳时机，等等。

7. 销售方式和服务调查

商品销售方式和服务调查内容包括：人员促销与非人员促销（包括广告、折扣、电视广告）哪种方式好，广告设计的内容及效果如何，怎样搞好销售服务咨询，怎样搞好售后服务等。

8. 销售渠道调查

企业销售渠道调查内容包括：企业采用直接销售还是中间商（批发商与零售商）销售，中间商服务的顾客是不是企业希望的销售对象，中间商能否提供商品的技术指导、维修服务与运输存储，顾客对批发商、代售商、零售商的印象如何，等等。

9. 竞争对手调查

竞争对手的调查内容包括：①竞争单位调查，包括竞争对手数目，竞争对手商品市场占有率，竞争对手的生产能力、生产方式与生产成本，竞争对手的技术水平、产品特性与服务项目，竞争对手的促销方式、营销策略、地理位置与运输条件，等等。②竞争产品调查，包括竞争产品的特性、品质、用途、功能、包装、价格、商标与交货期等内容。

10. 其他调查

除上述调查内容之外，还有其他调查内容需要关注。

1.1.5 市场调查的机构和人员

1. 市场调查机构

市场调查机构是受需要信息的单位（主要是企业）或个人委托，专门从事市场调查的单位或组织。它们在接受客户委托后，针对委托人提出的调查范围，制定调研方案，然后开展工作。市场调查机构有些是综合性的，即调研的范围涉及面较广，可以承担多种类型和行业的调研；有些是专业性的，它精通某一专业或行业的知识，并有一定的联系渠道和某一专业的大量信息资料，它主要承担涉及相关行业或专业的调研任务；还有咨询公司的调查机构、广告公司的调查机构等。总的来看，市场调查机构的行业结构主要可以用表 1-1 来描述。

表 1-1　市场调查机构的行业结构

机　　构		功能与服务
层次 1	企业营销调研部门	企业中的营销部门或广告代理、策划部门，它们有时候自己独立完成一些营销调研工作，更多的是委托专业公司进行调研并进行控制。国外大多数企业都设有独立的营销调研部门，国内部分企业也设有独立的营销调研部门或在营销策划部门由专人负责营销调研
层次 2	广告代理公司	广告代理公司是市场营销调研的主要用户。它们接受企业委托做广告策划和代理，其中必要的营销调研则委托或转包给专业调查机构
层次 3	辛迪加服务公司	辛迪加（syndicate）服务公司定期提供数据收集和报告服务，出售给感兴趣的众多用户，而不是特别针对某一家企业。著名的尼尔森公司和信息资源公司（IRI）都是辛迪加服务公司，国内的许多调查机构，如央视市场研究股份有限公司等都提供此类服务。辛迪加服务一般集中在媒体受众领域和提供消费品零售数据领域
	定制或专项调研公司	此类调研公司是市场调查行业的主体，它们针对具体客户的特定问题展开专项市场调查，一般辛迪加服务公司也同时提供定制或专项调研服务
层次 4	现场服务公司	一般限于现场调查的数据收集工作，通常接受企业营销调研部门、广告代理公司或其他调研公司的转包合同
	专业服务提供者	此类服务提供者为营销调研行业提供专门的辅助服务，如市场调研咨询或设计、定量分析服务等。这些提供者既包括服务企业，也包括政府机构、大学或科研院所中的调研机构或人员等。它们的服务对象主要是前三个层次

目前，中国市场调查公司已有 1500 家，其营业额的年增长速度都在 20% 以上。经过 20 年的发展演变，中国的市场调查行业基本形成了三大类机构三足鼎立的格局。

第一类是国外市场调查公司，代表性公司有盖洛普、GFK、尼尔森。

第二类是有政府背景的国有持股公司，代表性公司有央视市场研究股份有限公司。

第三类是民营专业调查公司，代表性公司有零点、勺海、新华信。

2. 市场调查行业的从业人员

（1）业务岗位及其职责

1）研究总监。这是调查公司的一个高级职位，负责指导和监督整个调查公司的研究计划，以及研究项目的设计和执行。

2）研究助理。协助高级研究人员指导和参与项目的研究工作。

3）高级项目经理。在研究总监的指导下，全面负责调查项目的设计、执行和管理。

4）高级分析师。负责与上级和分析师等其他人员一起参与项目的开发、设计和执行，通常要设计调查问卷，确定使用适宜的研究技术，对资料进行处理和分析，撰写数据分析报告和最终的研究报告。

5）现场调查部主任。负责选拔、培训、监督和评价调查员。

6）座谈会主持。负责小组座谈会的人员挑选、提纲准备和会议主持，并与其他研究人员一起完成小组座谈会的报告。

7）调查员：负责按要求完成问卷调查。

（2）基本素质要求

1）系统学习并掌握市场营销学、市场营销调研等相关知识。

2）熟悉统计学和定量分析方法方面的知识。

3）熟悉心理学和消费者行为方面的知识。

4）熟悉计算机基本操作和统计分析的应用软件。

5）有较强的文字和口头表达能力。

6）有责任心、头脑灵活，具有创造性思维。

 任务实施

教师可组织学生通过查阅资料、网络调查等方式获取任务引例问题的解决方案：

问题1解释：所谓市场调查，是以系统的科学方法（比如抽样设计）搜集市场资料，并运用统计方法分析这些市场资料，以得到所需有用信息的过程。

市场调查对企业的作用主要表现在：市场调查是市场营销活动的重要环节；通过市场调查，能够让生产产品或提供产品服务的企业了解消费者对其产品或服务质量的评价、期望和想法；市场调查给消费者提供一个表达自己意见的机会，使他们能够把自己对产品或服务的意见、想法及时反馈给生产企业或产品供应商。

问题2解释：短视频未来商业模式的四大演绎方向为：①广告、打赏、知识付费，传统核心变现模式再演进，利用智能算法助力，短视频广告营销正值风口；②电商直播开启短视频又一变现通路，专业化生产+高效率管理，多频道网络（MCN）机构价值日益凸显；③短视频不短，由影视宣发阵地向影视娱乐制作进发，连续短剧成影视娱乐制作新风口；④从休闲游戏开始，由游戏买量主场向游戏研运拓展。

1-1 市场调查的定义及作用

 **任务小结**

市场调查是根据市场预测的目的与要求，运用各种市场调查的方法，有计划、有组织地搜集市场信息资料的过程。市场调查是市场预测必不可少的步骤。一方面，从宏观经济管理的角度看，搞好市场调查，对于加强宏观管理、提高宏观经济管理水平具有重要意义。另一方面，从微观经济管理的角度看，搞好市场调查，对于改善企业生产经营、改善服务质量、提高企业管理水平、增加经济效益都具有十分重要的意义。

市场调查的内容十分广泛，主要包括环境调查、技术发展水平调查、需求容量调查、消费者及其购买行为调查、商品调查、价格调查、销售方式和服务调查、销售渠道调查、竞争对手调查及其他调查。

市场调查机构是受需要信息的单位（主要是企业）或个人委托，专门从事市场调查的单位或组织。市场调查行业的从业人员业务岗位包括研究总监、研究助理、高级项目经理、高级分析师、现场调查部主任、座谈会主持、调查员等。

📁 任务拓展

课堂研讨

1. 影响消费品市场的因素有哪些？你认为目前中国居民消费结构的最大特点是什么？

2. 案例：肯德基立足中国市场之市场调研

自从 1987 年肯德基进入中国大陆市场在北京开设第一家分店以来，肯德基就开始迅速扩张，如今中国肯德基已在 1000 多个城市和乡镇开设了 5300 余家连锁餐厅。1986 年 9 月下旬，肯德基开始考虑如何打入人口最多的中国大陆市场，发掘这个巨大市场中所蕴含的巨大潜力。虽然前景乐观，但是诸多难题也使肯德基的决策者们倍感头痛，犹豫不决。对这家世界最大的鸡肉餐馆公司来说，面前的中国大陆市场是完全陌生的：肯德基的纯西方风味是否能为这里的消费者所接受。开发中国大陆市场，不但需要技术资源，更重要的是还需要宝贵的管理资源。此外，从中国大陆不能汇出大量的硬通货利润，即使是中等水平的汇出也不大可能。最为关键的是，要打入中国大陆市场就必须选择一个特定的投资地点，而这又带有很大的不确定性。在情况并不明朗时，肯德基决定对中国大陆市场进行更全面更彻底的调查。面临的首要问题是：第一家肯德基店址应当选在何处。这一决策将对今后的赢利，对在中国其他地区的进一步开拓以及对投入管理资源时的决心等产生戏剧性的影响。肯德基把降低风险的可能性与通过投资可能得到的潜在的收益加以比较，且考虑到当时在中国大陆没有其他竞争者，于是，在平衡了可能的风险和收益之后，决定暂时把北京作为一个起点。把北京作为肯德基进入中国大陆的首选城市为肯德基在中国的成功奠定了坚实的基础。

（资料来源：https://baike.baidu.com/肯德基/323305?fr=aladdin）

讨论：肯德基公司在中国生存的原因是什么？

课后自测

1. 什么是市场调查？开展市场调查有何意义？

2. 市场调查的作用是什么？

3. 简述市场调查的步骤。

实操演练

上网查询、收集五个市场调查机构的资料，搜集市场调查机构的业务范围；分析各调查机构的主营业务、擅长的领域、声誉、业务水平和资历；了解委托事宜、付款条件、签订合同等程序。根据以上内容撰写一篇调查报告（不少于1000字）。

任务 1.2　认知市场预测

 任务目标

知识目标

1. 了解市场预测的含义、作用、类型
2. 掌握市场预测的步骤

能力目标

1. 能区分市场预测的类型
2. 能正确按照市场预测的步骤进行预测工作

 任务引例

"双11"购物狂欢节

"双11"购物狂欢节是指每年11月11日的网络促销日，源于淘宝商城（天猫）2009年11月11日举办的网络促销活动，当时参与的商家数量和促销力度有限，但营业额远超预想的效果，于是11月11日成为天猫举办大规模促销活动的固定日期。"双11"已成为中国电子商务行业的年度盛事，并且逐渐影响到国际电子商务行业。根据有关方面公布的数据，2010年—2019年的历年11月11日天猫销售额具体见表1-2。

表1-2　2010年—2019年的历年11月11日天猫销售额

序号 x	年份	销售额 y（亿元）
1	2010	9.36
2	2011	33.6
3	2012	191
4	2013	362
5	2014	571
6	2015	912
7	2016	1207
8	2017	1682
9	2018	2135
10	2019	2684

问题：

根据以上数据，预测 2020 年天猫"双 11"当天购物狂欢节的销售额，比较预测值与实际值。

 **知识链接**

1.2.1 市场预测的含义

"人无远虑，必有近忧""凡事预则立，不预则废"，正是对科学预测重要性所做的经验总结。

科学地把握市场预测的含义是正确进行市场预测的前提，理解市场预测含义的关键是弄清预测的概念，因此，有必要首先了解预测的含义。预测是根据过去和现在推测未来，由已知推测未知，即在调查研究的基础上，根据过去和现在的已知因素，运用已有的知识、经验和科学方法，去预计和推测事物未来可能的发展趋势，并对这种发展趋势做出定量化的估计和判断。目前，预测的研究范围已经非常广泛，几乎涉及人类社会生活的各个领域，比如经济、社会发展、科学技术、气象、军事、生态环境等领域，值得注意的是各个领域进行预测的方法和手段有所不同。总之，科学的预测不是任意的猜测，而是依据对事物客观规律的认识，去预见、分析和推断未来的发展变化。

在明确了预测的含义之后，市场预测的含义就非常容易理解了。市场预测是预测在市场空间里的表现；或者说，以市场为分析对象的预测就是市场预测。

所谓市场预测，是指在对影响市场供求变化的诸多因素进行系统的调查研究和掌握信息资料的基础上，运用科学的方法，对未来市场的供求发展趋势以及有关的各种变化因素进行分析、预见、估计和推断，并做出一种合乎逻辑的解释说明。

1.2.2 市场预测的作用

随着人类自身生产、实践活动的不断深入，人们更加坚定了"科学的预见是正确行动的先导"这一科学的论断。市场预测是一个设计、收集、分析和报告市场信息的过程，其主要作用是提供信息、分析和研究市场，并在此基础上进行经营决策，其重要性是无法替代的。

进入 21 世纪以来，在市场经济与国际市场接轨日益紧迫的形势下，上至一个国家、地区或行业主管部门，下至企业乃至个人，都需要用科学的预测结果来指导自身的实践。市场预测越来越受到更多管理者的重视，作为一门方法论学科也越来越广泛地应用于各种市场问题的分析与研究。其作用主要体现在以下几个方面：

（1）市场预测为科学计划与政策的制定提供依据

在我国要实现经济的又好又快发展，计划仍然是一种重要的经济与社会管理手段。国民经济和社会发展计划及规划的制订，必须依据各方面的统计资料，统计资料的来源主要有两个方面。一方面，国民经济和社会发展计划及规划的制订必须依据统计调研的资料，即必须根据反映我国过去与现在国民经济和社会发展的各种统计指标，结合经济与社会发展的实际来制订计划和规划，否则计划与规划将会脱离实际，缺乏科学性与可行性。另一方面，国民经济和社会发展计划及规划的制订，还必须依据经济预测的资料，即通过对社会与经济未来一定时期内情况的估计与推断，来制订各项计划和规划，否则也会使计划与规划的制订脱离实际，降低其科学性与可行性。

（2）市场预测是企业从事经营决策的前提和营销活动的起点

管理的核心是决策，正确的管理决策能够使企业的经营活动取得成功；不科学或错误的决策会使企业的经营活动陷入困境。而正确决策的前提之一，就是对市场未来发展变化的科学预测。没有科学的预测结果，必然会导致决策的盲目性，最终导致企业整个经营活动的失败；有了科学的市场预测，才能使决策有基础、有依据，使决策趋于科学，用科学的决策来指导实践，企业的生产经营能够立于不败之地。

（3）市场预测对满足和促进消费需求具有显著作用

无限拓展性是消费者市场比较重要的特点之一。消费者需求的无限拓展，为企业生产经营提出了新的更高的要求。为满足消费者不断增长的物质和文化生活需求，市场预测正在发生着重要的作用。消费者的需求体现在社会生活的方方面面，在市场经济条件下，需求量集中体现在市场上，通过市场预测，可以在市场调研的基础上全面系统地了解市场未来的需求状况，具体包括市场潜在需求量、需求结构及需求量和需求结构的发展变化规律等信息。在此基础上及时地制订和调整企业的生产与经营计划，在产品品种、数量、结构等方面都以更好地满足市场需求为前提，这样才能使消费者各种需求得到最大限度的满足，实现生产与消费的对接，在真正意义上实现以销定产的目标。另外，通过市场预测反映出的市场需求并不是单纯对已有水平的需求，还可以反映出消费者对新产品或新功能、新样式、新概念等的需求，所有这些在很大程度上促进了企业的不断创新，开发生产新的产品，以满足市场的需求。

1.2.3 市场预测的类型

市场预测的类型很多，内容十分丰富，有各种各样的分类标准，归纳起来大致有以下几种：

（1）按预测的范围可分为宏观市场预测和微观市场预测

宏观市场预测是从宏观经济管理角度出发，对整个国民经济发展趋势进行预测，如社会商品需求预测、社会商品供给预测、社会商品购买力预测、劳动力供需预测等，对企业来说宏观市场预测是对外部不可控因素的预测。微观市场预测是从企业的角度对影响企业生产、经营的市场环境以及企业本身的生产、经营活动的预测，如产品销售预测、经济效益预测、产品市场占有率预测等。在实际工作中，宏观市场预测与微观市场预测相辅相成，紧密结合。

（2）按预测期长短可分为近期预测、短期预测、中期预测和长期预测

近期预测是指以日、周、旬、月为单位，预测期在一个季度之内的预测，为企业确定短期内的生产经营任务和落实实施方案及措施提供依据，讲究预测结果的时效性。短期预测是指以月或季为单位，对两个月以上一年以内的预测，为制订年度计划、季度安排、组织货源、安排本年度生产提供依据。中期预测是指以年为单位，对一年以后五年以内的预测，一般是对政治、经济、技术、社会等对市场发展起长期影响作用的因素进行调查分析，做出未来市场发展趋势预测，为企业制订中期规划提供依据。长期预测是指对预测期在五年以上的预测，为制订长期发展计划、远景规划提供依据。预测的准确性会受到预测期长短的影响，一般来说，预测期限长，误差就大些，预测期限短，误差就小些。在实际工作中，企业比较

侧重近期、短期预测，而经济管理部门比较侧重中长期预测。

（3）按市场预测的目的可分为单项商品预测、同类商品预测、对象性商品预测和商品总量预测

单项商品预测是对某一种具体商品或具体品牌的商品的市场前景所进行的预测，如对手机、计算机、卷烟等单项产品的预测。同类商品预测是对某一类商品所进行的市场需求趋势预测。商品的分类标志一般有用途、档次、生产工艺、主要成分等，比如按商品的用途可分为食品类、服装类、日用品、家电产品等。对象性商品预测是指对某一类消费对象进行预测，如对服装的预测，不仅要分男装、女装、童装进行预测，还应按老年、中年、青年或胖、中、瘦体形分别进行预测。商品总量预测是指对消费者未来一定时期内所需求的各种商品的总量进行预测。

（4）按预测地域可分为国际市场预测和国内市场预测

国际市场预测是指对国际市场某种商品的供求状况、价格趋势、经济政策等进行的预测，国际市场既包括国际统一市场，也包括个别国家的国内市场。国内市场预测包括国内统一市场预测、地域性市场预测以及地方性市场预测等，地域性市场预测如华南市场预测、东北市场预测等，地方性市场预测如北京市场预测、江西市场预测等。

（5）按市场预测方法的性质可分为定性预测和定量预测

定性预测是指凭借预测者的知识、判断力和主观经验进行的预测，侧重对事物的性质进行分析和预测，对数量不需要太多要求，只需要大致估计即可。定量预测是指根据相关数据，应用经济数学方法，在对未来情况变动方向进行说明的基础上，还提供其变动大小的数值。定量预测可分为点值预测和区间值预测，点值预测的表现形式是预测结果为单个数值，区间预测是通过预测事物数量变化的上限和下限，揭示预测结果可能的区间范围。定性预测与定量预测只是分析的侧重点不同而已，不能主观地割裂开来，两者是互为补充的。定性预测是定量预测的前提，定量预测是定性预测的深化，两者紧密结合能获得全面客观实际的预测结果，发挥市场预测应有的作用。

（6）按市场预测结果的实现有无条件可分为条件预测和无条件预测

条件预测是指预测结果的实现需要具备某种条件，比如某些农产品货源的预测，以无重大自然灾害为实现条件。无条件预测是指预测结果的实现不需要附加任何条件。

以上是从不同的角度对市场预测的种类进行划分。值得注意的是这些划分都不是绝对的，在具体运用中可以同时使用多种类型的预测。根据研究目的，多种预测结合使用，能全面地对现象进行预测分析。

1.2.4 市场预测的步骤

1. 确定预测目的和预测对象

进行市场预测，事先必须要知道为什么要进行预测，预测什么，希望取得什么预测效果，也就是要确定本次预测工作的目的和对象。预测目的的确定直接影响着预测对象、范围、内容，以及预测方法的选择等一系列工作的安排。预测目的不同，预测对象、范围、内容、方法都会不同。没有明确的预测目的，整个预测工作将会陷入盲目的境地。所以，预测目的不能含糊、抽象，应当尽量详细具体，这样才有利于根据预测目的来组织力量，协调各方，共同为实现预测目的而努力。

2. 制订预测计划

制订预测计划是顺利开展预测工作的保证，预测计划包括以下主要内容：承担预测任务的组织、成员及分工；预测对象、范围、内容；预测准备工作；资料来源及其搜集方法；预测结果的要求；预测工作的时间进度和经费预算等。计划应当尽可能做到详细、周全，以保证预测工作的顺利进行。预测计划一经确定就应照其执行，在具体执行过程中如果发现问题，应及时调整和完善预测计划。

3. 收集与整理相关预测资料

收集与整理相关预测资料是预测准备阶段的基本工作，占有资料的多寡以及资料的可靠程度对预测结果有直接的影响。占有的资料越充分，分析就越详细、越深刻，预测的准确程度就越高。但是，也不是资料收集得越多就越好，漫无目的地收集资料，不仅浪费时间、人力和经费，而且资料过多，又无系统性和易用性，还会给预测工作带来麻烦，增大预测误差，降低预测质量。因此，必须根据预测目的筛选出最有价值的资料，把它缩减到最基本、最必要的限度。筛选的原则为：①相关性，即该资料是最直接有关的有用资料；②可靠性，即从资料来源等方面保证资料的准确可靠；③最近性，即保留下来的资料是最新、最有用的资料。对收集到的、打算用以进行预测分析的资料，一定要认真审核，对完整的不适用的资料，特别是历史统计资料，要做必要的推算、插补和删除，以保证该统计资料的完整性和可比性。

4. 选择恰当的预测方法

预测方法的准确性和科学性很大程度上取决于预测方法的选择是否恰当。在相同条件下，对同一预测对象，往往可以使用不同的预测方法，采用不同的参数估计方法，得出不同的参数估计值，它们的预测结果和准确度也不尽相同。因此，正确选择预测方法是预测过程中极为重要的一个环节，在预测实践中，往往先对数据进行描述性统计分析，例如画出数据资料的各种统计分布图，对其分布形式和性质有直观和整体的把握，这样有利于选择合适的预测模型和预测方法。

预测方法的选择一般应考虑以下一些因素：

1）预测目标不同，选择的方法也不相同。如长期预测可采用专家预测法、百分比率递增法、回归分析法等，短期预测可采用经验判断法、平均数法、移动平均法、指数平滑法等。

2）根据预测的范围来选择。对市场形势的宏观预测，宜采用德尔菲法、相关因素分析法等。对企业具体商品的微观预测，可采用市场因子推演法、直线回归法、经验判断法等。

3）根据数据资料状况来选择。在资料充足、信息准确可靠的条件下，可采用定量分析方法；在资料缺乏的情况下，宜采用定性分析方法。

4）根据预测期限和费用来选择。进行市场预测一般都有时间、精度等方面的要求，选择方法时应考虑这些要求。时间充足、精度提高，误差减少，预测的参考价值就大，同时预测费用也会随之上升。因此，应比较几个条件和因素来决定选择何种预测方法。

5）根据商品供求形态来选择。不同的商品供求形态应选择不同的预测方法：当商品处于稳定性形态时，一般可采用平均数法、平均递增率或递减率法、类推法等；当商品处于趋势状态时，可用回归分析法等；当商品处于季节性状态时，可采用季节指数分析、移动平均法、季节指数法等；当商品处于随机状态时，要采用定性分析与定量分析相结合的预测分析方法，用概率来判断未来变化，有专家预测法、主观概率测算法、类推法等。

为了更准确地选择预测方法，还需进行必要的预测评价与误差分析。预测评价是对各种预测方法的优缺点进行比较评论，评价其预测能力和适用范围、适用条件等。误差分析是对各种预测方法准确度的一种评价，以减少预测差错程度。

5. 分析、评价、确定预测值

运用选定的预测方法及构建的预测模型，对各种变量数据进行具体计算，计算出预测对象的点估计值和区间估计值，确定预测误差范围，并将获得的结果进行分析、检验和评价。预测误差越大，预测准确度就越小，就失去了预测应有的作用。此时，应具体分析产生误差的原因，并及时加以修正、重新测算和预测。修正或重新预测的常用方法是：增加样本容量，增加解释变量个数，改变预测模型，改变预测方法等。

6. 提出预测报告

预测报告是预测结果的文字表述，不仅是对预测全过程的总结，而且是预测全过程的综合反映。预测结果能不能对决策产生影响，与能否写好预测报告有很大关系。预测报告的主要内容有：预测目标、预测时间、参与人员、主要资料来源、预测方法与模型、实际预测结果以及分析评价等。

7. 追踪验证预测结论

预测结果的得出，预测报告的撰写，并不意味着预测工作已经全部结束，还必须对预测对象未来各期的实际结果进行追踪，将未来各期的实际结果同对应的预测值进行比较，计算其差异程度。一般来说，预测值与实际值的误差在 10%～15% 范围内，就是一项成功有效的预测；误差在 5%～10% 范围内，就是一项优良的预测；误差小于 5% 的，就属于高精度预测。如果预测值与实际值误差很大，则应进一步收集补充资料，重新选择预测方法进行预测。追踪验证预测结论，不仅为进行下一次预测做好准备工作，而且有助于不断地提高预测水平。

 任务实施

教师可组织学生通过查阅资料、网络调查等方式获取下面的解决方案：

对天猫销售额的预测，可以采取多种方法，如移动平均法、指数平滑法等。本题可以应用 Excel 快速预测出 2020 年天猫"双 11"的销售额。

首先，利用 Excel 绘制历年"双 11"天猫销售额的趋势图，如图 1-1 所示。

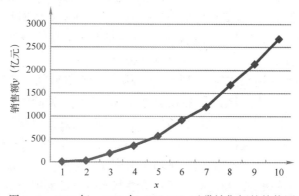

图 1-1　2010 年—2019 年"双 11"天猫销售额的趋势图

其次，利用趋势图拟合出年份和销售额之间的关系方程，如图1-2所示。

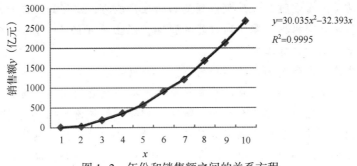

$$y=30.035x^2-32.393x$$
$$R^2=0.9995$$

图1-2　年份和销售额之间的关系方程

最后，利用公式预测2020年"双11"当天天猫销售额：

$$y = 30.035x^2 - 32.393x = 30.035 \times 11^2 - 32.393 \times 11 = 3277.912(亿元)$$

至此，我们预测出2020年"双11"当天天猫销售额为3277.912亿元，感兴趣的读者可以自行验证。

1-2　预测销售额

 **任务小结**

预测是根据过去和现在推测未来，由已知推测未知，即在调查研究的基础上，根据过去和现在的已知因素，运用已有的知识、经验和科学方法，去预计和推测事物未来可能的发展趋势，并对这种发展趋势做出定量化的估计和判断。所谓市场预测，是指在对影响市场供求变化的诸多因素进行系统的调查研究和掌握信息资料的基础上，运用科学的方法，对未来市场的供求发展趋势以及有关的各种变化因素进行分析、预见、估计和推断，并做出一种合乎逻辑的解释说明。

市场预测的作用主要体现在以下几个方面：市场预测为科学计划与政策的制定提供依据；市场预测是企业从事经营决策的前提和营销活动的起点；市场预测对满足和促进消费需求具有显著作用。

市场预测的步骤主要有确定预测目的和预测对象、制订预测计划、收集与整理相关预测资料、选择恰当的预测方法等。

任务拓展

课堂研讨

案例：多种预测方法在市场销售中的应用

奥伯梅尔公司是美国流行滑雪服市场上的主要供应商。20世纪80年代中期，公司的生产开始出现一些问题。

首先，随着公司的销售量增加，在生产高峰期生产能力受到制约。在夏季关键的几个月中，它无法从高质量的滑雪服加工厂预订到足够的生产能力，以保证加工出满足全部订货要求的产品。结果，它只得根据对零售商订货的预测，在上一年的 11 月份，或者在商品销售之前大约一年，就开始预订加工能力。

其次，降低生产成本和增加产品品种的压力，迫切要求公司建立更加复杂的供应链。为了克服供应链变长、供应商能力限制以及零售商要求尽早交货的困难，奥伯梅尔公司采用各种方法来缩短交货期。然而，这些努力并未解决缺货和不断降价的问题。公司生产仍有约一半是根据需求预测安排的。在生产高度复杂多变的时尚产品的行业，这很危险。奥伯梅尔公司依靠一个由其各个职能部门经理组成的专家小组，对公司每一种产品的需求进行一致性预测。但是，这项活动并不特别有效。例如，1991 年—1992 年销售期，有几款女式风雪大衣比原先的预测多销售了 200%，同时，其他款式的销售量比预计销售量低了 15%。为了改进预测，公司责成专人来调研这些问题，由此提出了"正确响应"（accurate response）的方法。他们认识到，问题在于公司不能预测人们将买什么。生产风雪大衣的决策，实质上是就"风雪大衣会有销路"这一判断在打赌。为了规避这种风险，必须寻求一种方法，来确定在"早期订货"之前生产哪些产品是最安全的，哪些产品应该延期到从"早期订货"收集到可利用的信息后再生产。

同时，他们发现，专家小组的初步预测尽管有些是不符合实际的，但约有一半是相当准确的，与实际销售量的误差不到 10%。为了在获得实际订货之前确定哪些预测可能是准确的，他们考察了专家小组的工作方式。专家小组传统上是对每一种款式和颜色都通过广泛的讨论达成一致性预测。于是，公司对德尔菲法进行改进。公司决定请专家小组的每一位成员对每一种款式和颜色做出独立预测。采用这种方法，个人要对自己的预测负责。

这种改革非常有价值。首先，一致性预测往往并非真正意义上的一致。小组中的主要成员，如资深经理，常常过度地影响集体预测的结果；如果每个人都必须提出自己的预测，就可消除这种过度的影响。其次，也是更重要的，新方法有利于对预测结果进行统计处理，以得出更精确的预测结果。

通过独立预测过程确实获得了重要发现。例如，虽然对两种款式大衣预测的平均趋势可能是一样的，但个人预测值的离中趋势却截然不同。例如，每个人对 Pandro 大衣的预测值都接近平均值，面对 Entice 宽松大衣的预测值却是分散的。因此，对 Pandro 大衣的预测可能比对 Entice 宽松大衣的预测更可行。1992 年—1993 年销售期末，公司验证了上述假设——当专家小组每位成员所做的预测相类似时，所获得的一致性预测将更加精确。因此，利用个人预测之间的差异，可以有效地估计预测精度。

对于如何处理需求不可预测的品种，公司也获得了重要发现，即尽管零售商需求是不可预测的，从而使精确预测成为不可能，但是，奥伯梅尔公司零售商的总体购买模式却惊人地相似。例如，只要根据最初的 20% 的订货来修正专家小组的预测，预测精度就能显著提高。随着订货的增加，预测精度会不断改善。

接着，他们开始着手设计一种能够识别和利用上述信息的生产计划方法。设计这种方法关键是要认识到，在销售初期，当公司还未接到订货时，所预订的加工能力是"非反应性"的，即生产决策完全是根据预测而不是根据实际市场需求做出的。以"早期订货"程序为起点，随着订货信息的渗入，所确定的加工能力变得具有"反应性"了。这时，公司可以根据市场信息提高预测精度，从而做出生产决策。

最后要重视由于预测失误所造成的机会损失。预测失误将导致库存过少或过多。库存过少导致缺货可能失去潜在的顾客，造成销售额损失；库存过多可能导致不得不降价促销，减少企业的利润。因此，必须估计缺货和降价所造成的损失。但是，我国企业通常缺乏这方面的信息，特别是由于缺货所造成的销售额损失的信息。然而，估计销售额损失是非常重要的，但即使精确的会计方法也难以评估损失情况。

（资料来源：麦克丹尼尔，盖兹．当代市场调研［M］．范秀成，等译．北京：机械工业出版社，2000）

讨论题：奥伯梅尔公司采用了不同的预测方法，分别取得了怎样的结果？

课后自测

1. 什么是市场预测？有何作用？

2. 市场预测有哪些类型？

实操演练

到图书馆或者通过网络查找因为进行了市场调查活动而取得成功的实例（个人或企业的均可，但要注意是关于市场调查的实例）；或者相反，查找一个因为没有进行科学的、系统的市场调查而导致失败的例子。不论是哪一类，都要求总结和分析成功或失败的原因，字数不限。

任务 1.3　项目综合实训

学生在教师指导下分成若干小组，查阅相关资料，思考当前的热点经济话题，并结合学校生活的实际情况，提出一两个比较关心的产品或市场问题，经讨论最终形成统一的意见，以此确定本学期小组调研项目，以下题目供参考。

1.3.1　养老行业市场调查

调研背景：按联合国标准，当一个地区 60 岁以上老人达到总人口的 10%，或 65 岁老人占总人口的 7%，则该地区视为进入老龄化社会。第七次全国人口普查数据显示，2020 年我国 60 岁及以上人口有 2.6 亿人，比重达到 18.7%，其中 65 岁及以上人口 1.9 亿人，比重达到 13.5%。受长期低生育率、不断增长的人口预期寿命以及人口年龄动态累积效应的影响，到 2060 年，中国的人口年龄结构将呈现出老年人口规模迅速扩大、老年人口比重持续提高以及老龄化速度远高于其他国家等显著特征。

调研内容：所在地区养老行业市场环境，包括但不局限于政策环境、经济环境、社会文化环境；养老行业市场基本状况，主要包括养老形式、市场规范、总体需求量、市场的动向、同行业的市场占有率等；销售可能性，包括现有和潜在用户的人数及需求量，市场需求变化趋势，本企业竞争对手的产品在市场上的占有率，扩大销售的可能性和具体途径等；养老行业消费者及消费需求、企业产品、产品价格、销售渠道等。

1.3.2　企业市场调查

调研背景：针对某企业的市场需求展开调研。

调研内容：企业产品需求、消费者习惯、企业营销环境等。

1.3.3　生态环境调查

调研背景：2017年10月18日，习近平同志在十九大报告中指出，坚持人与自然和谐共生。必须树立和践行绿水青山就是金山银山的理念，坚持节约资源和保护环境的基本国策，像对待生命一样对待生态环境，统筹山水林田湖草系统治理，实行最严格的生态环境保护制度，形成绿色发展方式和生活方式，坚定走生产发展、生活富裕、生态良好的文明发展道路，建设美丽中国，为人民创造良好生产生活环境，为全球生态安全作出贡献。

调研内容：美丽河湖创建问题、农村饮用水问题、厕所革命、垃圾分类与处理等。

项目 2　市场调查方案的设计

任务 2.1　市场调查方案策划概述

 任务目标

知识目标

1. 了解市场调查方案策划的含义
2. 了解市场调查方案策划的特点
3. 了解市场调查方案策划的作用

能力目标

1. 能进行市场调查方案流程的设计
2. 能把握市场调查方案策划的特点并将其运用到方案设计中

 **任务引例**

××休闲服装市场调研背景资料

地处广州的某服饰公司欲开发一种新的休闲服装，但是面对国内休闲服装市场品牌众多、市场竞争激烈的局面，公司决策层认为要取得产品开发与市场推广的成功，需要对目前的市场环境有一个清晰的认识，从现有市场中发现机会，做出正确的市场定位和市场策略。

因此，决策层决定委托市场调研机构开展市场调研与预测分析，通过对市场进行深入的了解，确定如何进行产品定位，如何制定价格策略、渠道策略、促销策略以及将各类因素进行有机整合，发挥其资源的最优化配置，从而使新开发的服饰成功占领市场。

问题：

现在，某调研公司接受了该服饰公司的委托，欲承担项目的市场调研任务，调研公司应当首先开展哪些工作呢？

 知识链接

2.1.1　市场调查方案策划的含义

市场调查方案策划，就是根据调查研究的目的和调查对象的性质，在进行实际调查之前，对整个调查工作的各个方面和全部过程进行的通盘考虑和总体安排，以做出相应的调查实施方案，制定合理的工作程序。

[小资料]

现代市场调查是一项十分复杂且技术性较强的调查研究活动。为了保证圆满完成市场调查任务，达到预期目的，在进行实际调查之前，必须对整个市场调查工作的各个方面和各个阶段进行通盘考虑和安排，对调查工作的内容、对象、时间、方法和组织等做出统一的规定和部署，使整个市场调查工作有计划、有组织、有领导地按统一协调的步骤进行。

市场调查的范围可大可小，但无论是大范围的调查，还是小范围的调查，都会涉及相互联系的各个方面和各个阶段。这里所讲的调查工作的各个方面，是指要考虑到调查所要涉及的各个组成项目。

市场调查方案策划所指的全部过程，是指调查工作所需要经历的各个阶段和环节，即调查资料的搜集、记录、整理和分析等。只有对此预先做出统一考虑和安排，才能保证调查工作有秩序有步骤地顺利进行，减少调查误差，提高市场调查工作质量。而依据市场调查方案策划形成的书面文件就是市场调查方案，它详细地描述了获得信息和分析信息所必须遵循的程序，包括调查目的、对象、内容、方法、步骤、时间安排等，这一程序是顺利和高效地完成营销调研课题的前提和保证，如图 2-1 所示。

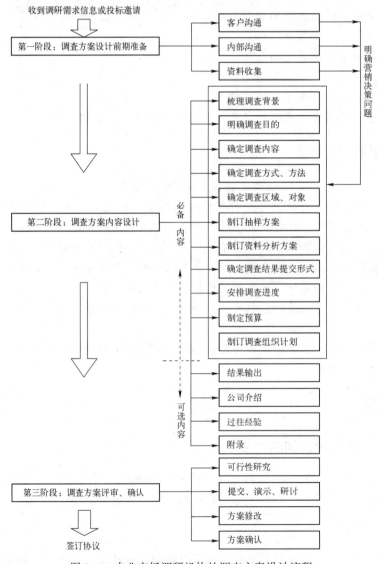

图 2-1 专业市场调研机构的调查方案设计流程

2.1.2 市场调查方案策划的特点

1) 可操作性。这是决定市场调查方案实践价值的关键环节，也是任何一个实用性方案的基本要求。如果不可操作，市场调查策划就是一个失败的策划，市场调查方案就失去了它存在的价值。

2) 全面性。市场调查方案策划本身就具有全局性与规划性的特点，它必须像指挥棒一样统领全局、直指调查目标，保证调查目的的实现，因此全面性是其又一个显著特征。

3) 规划性。市场调查方案策划本身正是对应整个调查统筹规划而出台的，是对整个调查工作各个环节的统一考虑和安排。

4) 最优性。调查方案的最后定稿是多方反复协调磋商、多次修改和完善的结果，这样可以保证调查方案的效果最好而费用较少。有时客户还会要求专业调查机构同时拿出两个以上的方案供其最后选择定案。

2.1.3 市场调查方案策划的作用

市场调查是市场预测和决策的基础。市场调查方案是市场调查工作的起点，如果对整个市场调查工作没有统一的考虑和安排，目的不明，对象不清，方法失当，组织不力，那收集到的调查资料势必残缺不全，不真实可靠。根据这样的调查资料进行市场预测和经营决策，势必会给企业带来巨大的市场风险和不可挽回的经济损失。为了在调查过程中统一思想，统一认识，统一内容，统一方法，统一步调，圆满完成调查任务，就必须制订出一个科学、严密、可行的工作计划，以使所有参加调查工作的人员都步调一致、有章可循。因此，市场调查方案策划是顺利完成市场调研工作的首要环节，其重要作用主要表现在以下两个方面：

1) 市场调查方案策划是调查项目委托人与承担者之间的合同或协议，由于主要的一些内容已明确写入策划报告，例如调查目的、范围、方法等，有关各方都能保持一致的看法，有利于避免或减小后期出现误解的可能性。

2) 市场调查方案策划是市场研究者对市场从大量定性认识到大量定量认识的连接点。任何调查工作都是先从问题的定性认识开始的，比如在具体调查之前，首先要对该单位经营活动状况、特点等有详细的了解，然后要明确调查什么和怎样调查，调查谁，解决什么问题，应该如何解决等，所有这些考虑都是研究者的定性认识。在此基础上设计相应的指标以及收集、整理资料的方法，然后再去实施。所以说，市场调查方案策划是从定性认识到定量认识的过渡。

 **任务实施**

教师可组织学生通过查阅资料、网络调查等方式获取下面的解决方案：

市场调查是一个科学性很强、工作流程系统化很高的工作。它是由调研人员收集目标材料，并对所收集的材料加以整理统计，然后对统计结果进行分析以便为决策提供正确的方法。在实际中，面对一个调研项目，需要工作人员做的第一项工作是明确市场调查的任务，科学设计调查方案需要关注以下问题：

1) 一个好的市场调查方案的设计思路。

2) 一份书面的市场调查方案的一般格式和内容。

3) 任务2.1引例的市场调查方案主要的特点。

在此基础上，学习项目内容之后，学生应当选择一个市场调查项目，制作一份项目规划书，并提交指导老师。

2-1 调研公司首先开展的工作

 任务小结

市场调查方案策划，就是根据调查研究的目的和调查对象的性质，在进行实际调查之前，对整个调查工作的各个方面和全部过程进行的通盘考虑和总体安排，以做出相应的调查实施方案，制定合理的工作程序。

任务拓展

课堂研讨

市场调查合同

委托方（以下称甲方）：×××公司

受托方（以下称乙方）：××××调研公司

协议签订地点：×××

为了充分了解本专业的就业市场情况，特委托乙方进行一项市场调查。

甲乙双方经过协商一致，由乙方向甲方以书面报告或电子文件提供市场营销就业市场研究报告，并依下列条件进行有关市场调查活动：

1. 抽样调查 。

2. 调研项目内容、形式、验收标准和进度要求（PPT形式）

3. 协议酬金总金额和支付方式：

3.1 本协议酬金总金额为人民币 20 000 元。

3.2 协议签订后 5 日内甲方付给乙方本协议酬金总金额 20 %的预付款。

3.3 乙方按照本协议及附件约定如期完成项目并经甲方验收合格后，甲方于验收合格之日起 15 日内付清余款。

4. 调研项目的进行：

4.1 甲方有权对乙方为调研项目所做工作进行监督检查，乙方同意在调研项目进行过程中接受甲方的监督检查。

4.2 乙方应如实将调研项目的进行情况以及在项目进行中遇到的问题和取得的进展及时向甲方报告。

5. 调研项目的完成验收：

5.1　乙方应按照协议及附件约定的方式及进度进行调研工作，并于＿＿2021＿＿年＿＿8＿＿月＿＿15＿＿日前按照协议和附件的约定向甲方提交调研报告及有关文件。

5.2　甲方在收到乙方调研报告之日起＿＿10＿＿日内按照附件约定的标准进行验收，验收不合格但甲方认为调研报告经过补充或修改能够达到约定标准的，乙方应在收到甲方通知之日起＿＿7＿＿个工作日内按照甲方要求修改完成并提交甲方，否则乙方应承担违约责任。

6.　知识产权及保密条款：

6.1　本调研项目的成果特指乙方因完成本协议项下市场调研工作而形成的所有分析报告、分析数据、分析结论，乙方对于报告中所涉及的基础数据享有再次使用并提供给第三方的权利。甲方不得将上述报告、数据、结论向第三方提供并从中获利，但甲方有权自行使用。

6.2　本条第2款（6.2）所约定之保密，期限为＿＿一个月＿＿；自本协议签订之日起计算，保密期限不受本协议有效期的限制。在该保密期限届满后，乙方仍应尊重并保证不侵犯甲方因本调研项目获得之成果及其所附的一切权益。

6.3　乙方应告知并以适当方式要求其参与本调研项目之雇员遵守本条规定，若参与本调研项目之雇员违反本条规定，乙方应承担连带责任。

7.　保证条款：

7.1　乙方保证在为甲方提供服务时，未经甲方书面同意，不把该服务项目的全部或部分工作委托第三方。

7.2　乙方保证提交甲方之数据、资料及任何信息没有侵犯任何第三方的知识产权及其他权益。

8.　违约责任：

8.1　乙方未按照约定日期完成调研项目并向甲方提交有关文件的，每逾期一天乙方应向甲方支付本协议酬金总金额＿＿20＿＿%的违约金。

8.2　超过协议约定时间＿＿15＿＿日（宽限期）仍未完成项目的，甲方有权解除协议，乙方除退还甲方已付酬金外，还应向甲方支付本协议酬金总金额＿＿15＿＿%的违约金。

8.3　甲方未按照约定向乙方支付调研项目酬金的，每逾期一天，向乙方支付本项调研工作酬金总值＿＿25＿＿%的违约金；逾期超过＿＿15＿＿日，甲方除继续履行协议外，应向乙方支付本协议酬金总金额＿＿20＿＿%的违约金。

9.　争议的解决：因本协议引起的一切争议，双方首先应当友好协商解决，协商不成，可向本协议签订地法院提起诉讼。

10.　生效及其他事项：

10.1　本协议一式两份，甲乙双方各执一份。

10.2　本协议签订于＿＿2020＿＿年＿＿6＿＿月＿＿15＿＿日，于签订之日生效，任何于协议签订前经双方协商但未记载于本协议之事项，对双方皆无约束力。

10.3　本协议及其附件对双方具有同等法律约束力，但若附件与本协议相抵触时以本协议为准。

10.4　未尽事宜由双方友好协商解决。

附件（略）

甲方（盖章）：_____   乙方（盖章）：_____

代表（签字）：_____   代表（签字）：_____

问题：仔细研读上述资料，总结归纳市场调查合同的要点和注意事项。

课后自测

1. 市场调查方案策划的含义和作用是什么？
2. 市场调查方案策划的步骤有哪些？

实操演练

根据自己小组选定的调研题目，画出调查方案设计流程。

任务 2.2　市场调查方案的主要内容、可行性分析

 任务目标

知识目标

1. 掌握市场调查方案的主要内容
2. 了解调查方案可行性分析的方法
3. 了解调查方案的总体评价

能力目标

1. 会撰写市场调查方案
2. 能对市场调查方案进行可行性分析

 **任务引例**

让德鲁克头疼的老板

美国管理学家彼得·德鲁克有一次进行企业调研咨询时，一开始老板就对他这样说："我不知道你在研究些什么，也不想知道。你自己看着办吧！"在这种情况下，根据企业的背景准确地界定调研目的显得极为重要，因为老板是不会白白扔钱的。而企业工作有一个永恒的主题，那就是：减少投入，提高产出。因此，当我们遇到调研项目太抽象或范围太大时，不妨多从这个角度对调研项目进行理解。

问题：

什么是市场调查的目的？市场调查方案包含哪些内容？

 知识链接

2.2.1　市场调查方案的主要内容

市场调查方案的设计应包括整个调查工作的全部内容，是对市场调查工作各个方面和全

部过程的通盘考虑。调查方案是否科学、可行关系到整个调查工作的成败。

市场调查方案的主要内容包括确定调查目的、调查对象和单位、调查内容和调查表、调查方法、调查项目定价和预算、调查资料整理和分析方法以及调查工作的组织等。

1. 确定调查目的

市场调查是具有很强目的性的科学调研活动，进行市场调查的第一步就是确定调查目的，这是市场调查的首要问题。确定调查目的，就是指在市场调查中要解决什么问题、取得哪些资料。调查目的决定调查对象和单位、调查内容和方法。衡量市场调查方案是否科学，主要是看调查方案是否能够体现调查目的和要求。每次组织市场调查，必须有很强的针对性，目的要十分明确。为什么要进行这次市场调查？通过市场调查解决什么问题？收集哪些资料？有什么用途？对这些问题都必须有明确答复，否则不能叫调查目的明确。如果市场调查目的不明确，在进行实际调查中势必出现盲目性和混乱状态，不该调查的进行了调查，不该收集的资料进行了收集，而应该调查的反而没有得到调查，应该收集的资料反而没有收集，既浪费了人力、物力、财力，又达不到市场调查的目的，无法完成市场调查的任务。因此，市场调查目的的确定十分重要，是关系到市场调查是否有用和成功的第一步。

2. 确定调查对象和调查单位

确定了市场调查目的之后，接下来的工作就是要确定调查对象和调查单位，其目的在于解决向谁调查及由谁来具体提供相关资料的问题。调查对象是指依据市场调查的任务和目的确定的本次调查的范围及涉及的对象总体。它是由某些大体性质相同的许多调查单位组成的。调查单位是指所要调查的社会经济现象总体中的个体，是我们在调查中要进行调查研究的各个调查项目的一个个具体的承担者。

3. 确定调查内容和调查表的设计

1）调查项目如何转化为调查内容，是调查项目的概念化和操作化。将调查项目转化为调查内容是非常专业的问题。

2）调查内容如何转化为调查表。如何根据调查内容设计调查问卷，这一问题在任务2.4中会有专门介绍。

4. 确定调查方法

调查方法有普查、典型调查、重点调查、抽样调查等。采用何种调查方法，主要视其调查目的而定。为了准确、及时、全面地收集市场调查资料，应注意多种调查方法的综合运用。

5. 调查项目定价与预算

调查的开支费用会因调查课题的不同而不同。在制定预算时，应当制作较为详细的细分工作项目费用计划。通常调查前期——计划准备阶段的费用安排应占到总预算的20%左右，具体实施调查阶段的费用安排可占到40%左右，后期分析报告阶段的费用安排也将占总费用的40%。因此，必须全面考虑各个不同阶段的费用支出情况，并避免节外生枝影响调查工作的进行。其中，以下两点需要点关注：

1）用户指定课题的定价。相关费用包括调查员劳务费、被访者礼品费、交通费、材料费、资料印刷费、办公费用、一定的利润等。

2）调查机构选择调查项目的预算编制。编制内容包括调查经费的来源以及经费开支预算。

6. 确定调查资料整理和分析方法

通过市场调查收集的原始资料一般零星、分散、不系统，对这些资料无法进行分析研究，无法认识其本质和规律。因此，必须对其进行加工整理，使之成为系统的、条理化的、全面反映总体特征的资料。目前这种工作大多采用计算机进行，所以还应确定采用何种软件、使用何种统计技术等。

调查资料的分析方法主要有定性分析和定量分析，每种分析方法都有自身特点和适用性，在调查方案中应事先确定，应根据市场调查的目的和要求选择适当的分析方法。

7. 确定调查工作的组织

市场调查是一项有计划、有组织的调研活动，为保证市场调查有计划、有秩序地进行，取得预期成果，必须有一定的组织保障。根据市场调查目的和任务要求，建立专门的市场调查组织领导机构，配置相应的工作人员，组织、指挥、协调市场调查工作，检查调查工作进度，确保完成调查任务。选择合适的市场调查人员，这是完成市场调查任务的关键。调查人员的素质高低关系到市场调查工作的成败，因此，一定要选择业务素质高、敬业精神强、热爱市场调查工作和有一定市场调查经验的人承担市场调查工作。还要注意对市场调查人员的培训，以统一要求，统一行动。对市场调查人员要规定必要的调查期限和调查工作进度，加强调查工作的协作配合，提高调查工作效率。

2.2.2　市场调查方案的撰写

1. 市场调查方案撰写的基本要求

市场调查方案是市场调研工作的行动指南，直接关系到市场调查工作的成败，其撰写是否科学，对做好市场调查工作十分重要。因此，在市场调查方案的撰写中应该做到以下几点：

1) 调查方案的撰写切忌闭门造车。

2) 调查方案内容力求全面完整，为调查工作提供全方位指导。

3) 市场调查方案的撰写要做到科学性与经济性相统一。

2. 市场调查方案的格式

市场调查方案有两个作用：一是用来提供给雇主即调研委托方审议检查，以作为双方的执行协议；二是用来作为市场调查者实施执行的纲领。作为一个完整的市场调查方案，必然有一定的格式。我们不妨从市场调查方案所涵盖的主要内容谈起：

市场调查方案的格式一般包括以下六个部分：

1) 前言部分：简明扼要地介绍整个调查项目出台的背景原因。

2) 调查项目目的和意义：较前言部分稍微详细一些，应指出项目的背景，想研究的问题和可能的几种备用决策，指明该项目的调研结果能给企业带来的决策价值、经济效益、社会效益，以及在理论上的重大价值。

3) 项目调查的内容和范围界定：指明课题调查的主要内容，规定所必需的信息资料，并列出主要的调查问题和相关的理论假说，明确界定此次调查的对象和范围。

4) 调查研究将采用的方法介绍：指明所采用的研究方法的主要特征，抽样方案的步骤和主要内容，所取样本量的大小和要达到的精度指标，最终数据采集的方法和调查方式，调查问卷设计方面的考虑和问卷的形式，数据处理和分析的方法等。

5）课题的研究进度和有关经费开支预算。切记，计划应该设计得有一定的弹性和余地，以应付可能的意外事件的影响。

6）附件部分：列出课题负责人及主要参加者的名单，并可简要介绍团队成员的专长和分工情况，抽样方案的技术说明和细节说明，如调查问卷设计中有关的技术参数、数据处理方法、所采用的软件等。

3. 撰写市场调查方案时应注意的问题

1）一份完整的市场调查方案，上述六个方面的内容均应涉及，不能有所遗漏，否则就是不完整的。

2）具体格式方面，如编辑排版的要求并不是唯一的，规定内容可适当合并或细分。总之应根据具体的案例背景加以灵活处理。

3）应特别指出的是，市场调查方案的书面表达，是一项非常重要的工作。一般来说，方案的起草与撰写应由课题的负责人来完成。

2.2.3　市场调查方案可行性分析的方法

针对市场调查方案进行可行性研究的方法有很多，常见的有经验判断法、逻辑分析法、试点调查法等。

1. 经验判断法

经验判断法是指通过组织一些具有丰富市场调查经验的人士，对设计出来的市场调查方案进行初步研究和判断，以说明调查方案的合理性和可行性。

2. 逻辑分析法

逻辑分析法是指从逻辑的层面对调查方案进行把关，考察其是否符合逻辑和情理。例如对于学龄前儿童进行问答调查，这就有悖于常理和逻辑，也是缺乏实际意义的。

3. 试点调查法

试点调查法即小范围内选择部分单位进行试点调查，对调查方案进行实地检验，以说明调查方案的可行性。具体来说，试点的用意在于以下两点：

1）试点调查目的在于对调查方案进行实地检验。

2）试点调查还可以理解成实战前的演习，可以在大规模推广应用前及时了解调查工作哪些是合理的，哪些是薄弱环节。

2.2.4　市场调查方案的总体评价

市场调查方案的总体评价涉及以下几个方面，即方案是否体现了调查目的，方案是否具有可操作性，方案是否科学和完整。

 **任务实施**

教师可组织学生通过查阅资料、网络调查等方式获取下面的解决方案：

市场调查的第一步就是确定调查目的，这是市场调查的首要问题，详细内容请扫描二维码获取更多信息。

任务小结

市场调查方案的主要内容包括确定调查目的、调查对象和单位、调查内容和调查表、调查方式和方法、调查项目定价和预算、调查资料整理和分析方法以及调查工作的组织等。

市场调查方案的格式一般包括以下六个部分：前言部分；调查项目目的和意义；项目调查的内容和范围界定；调查研究将采用的方法介绍；课题的研究进度计划和有关经费开支预算；附件部分。

针对市场调查方案进行的可行性研究的方法有很多，常见的有经验判断法、逻辑分析法、试点调查法等。

市场调查方案的总体评价涉及以下三个方面，即方案是否体现了调查目的，方案是否具有可操作性，方案是否科学和完整。

任务拓展

课堂研讨

如何科学安排市场调查的费用

想做市场调查的企业，往往担心市场调查所花的费用太多。越是小企业和经营情况差的企业越不愿意支付这方面的费用，其实越是困难企业越有必要开展市场调查。从成功企业的统计资料看，企业的销售额越少，市场调查费所占的比例越高，要对销售的增长情况、产品的竞争情况及市场的变动情况制订一个市场调查计划，确定市场调查经费的概算，这样既可以保证经费的合理使用，又可以促进市场调查的正常进行。那么，如何科学安排市场调查的费用呢？

课后自测

1. 市场调查方案策划的内容有哪些？步骤是什么？
2. 市场调查方案的格式一般包括哪几部分？

实操演练

根据自己小组选定的调查题目，拟订调查方案的主要内容。

任务 2.3　市场调查问卷的设计

任务目标

知识目标

1. 理解市场调查问卷的基本概念，掌握调查问卷的格式
2. 掌握调查问卷设计的原则与程序

3. 理解和掌握调查问卷设计应注意的问题

能力目标

1. 具备设计整体调查问卷的能力

2. 具备设计询问问句和合理安排问句顺序的能力

3. 学会问卷设计技术

 **任务引例**

A 休闲服装调查问卷设计

目前，温州某服饰公司与市场调研机构达成共识，围绕 A 休闲服装市场调查项目制定了市场调查方案，明确了调查的目的、调查对象、调查时间、调查时限及相关的调查内容，现在，调研公司的项目组需要草拟一份消费者个体调查问卷，问卷设计需要充分考虑调查方案中确定的调查主体与内容，符合调查目的的需要及下一个阶段市场信息资料整理的需要。

问题：

针对 A 休闲服装市场调查方案中所涉及的消费者调查，项目组在调查问卷设计中需要考虑哪些技术性的问题？

 知识链接

2.3.1 市场调查问卷的含义

现代市场调查中，应有事先准备好的询问提纲或调查表作为调查的依据，这些文件统称市场调查问卷。它系统地记载了所需调查的具体内容，是了解市场信息资料、实现调查目的和任务的一种重要书面文件。采用市场调查问卷进行调查是国际通行的一种市场调查方式，也是我国近年来推行最快、应用最广的一种市场调查手段。

市场调查问卷是询问调查中使用的以问题的形式系统地记载所需要调查的具体内容，让调查者向被调查者获取市场信息，以搜集第一手市场信息资料的书面文件。

问卷设计是设计人员在明确某项调查目标、确定询问调查的方法之后，将需要调查的内容细化为具体的问题，采用与调查内容、调查方式、调查对象相适应的提问方式和问句形式，并按照一定的逻辑顺序将问句系统地排列组合，并最终印制成书面的文件所进行的一系列工作。

设计完整、规范的调查问卷，是从事市场调查工作相关专业人员必须掌握的基本技能。问卷设计过程如图 2-2 所示。

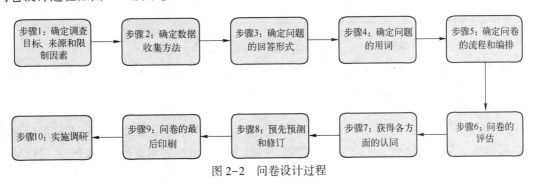

图 2-2 问卷设计过程

2.3.2 市场调查问卷的格式

不同的调查问卷在具体结构、题型、措辞、版式等设计上会有所不同，但在结构上一般都由开头部分、甄别部分、主体部分和背景部分组成。

1. 开头部分

开头部分一般包括问候语、填表说明和过程记录项目等内容，不同的问卷开头部分所包括的内容会有一定的差别。调查问卷开头部分示例如图 2-3 所示。

一审：_____　　　　问卷编号：_____

二审：_____　　　　访问员编号：_____

漂白剂概念使用测试问卷

女士：

您好，我是环球市场研究社的访问员，我们正在进行一次有关家用清洁用品的访问，您是否愿意回答下面一些问题呢？

多谢您的合作！

姓名：_____　　　　电话：_____

地址：_____

时间：___月__日__时___分至___时___分。时间共计：　　　分

访问员保证：我保证本问卷所填写的各项资料皆由我本人依照作业程序规定访问所得，绝对真实无欺，若有一份作假，我所完成的全部问卷一律作废，并赔偿公司损失。

图 2-3　调查问卷开头部分示例

2. 甄别部分

甄别也称为过滤，它是先对被调查者进行过滤，筛选掉不合格的被调查者，然后针对特定的被调查者进行调查。

通过甄别或过滤，一方面可以筛选掉与调查事项有直接关系的人，以达到避嫌的目的；另一方面，也可以确定哪些人是合格的被调查者，哪些人不是。甄别的目的是确保被调查者合格，能够作为该市场调查项目的对象，从而符合调查研究的需要。甄别问卷示例如图 2-4 所示。

3. 主体部分

该部分是调查问卷的核心内容，包括了所要调查的全部问题，以及这些问题的所有可供选择的答案。问卷的这部分内容通常在数据分析中承担因变量的角色，最为市场调查研究人员所关注，也是后面讨论的焦点。主体问卷示例如图 2-5 所示。

4. 背景部分

背景部分通常放在问卷的最后，主要是有关被调查者的一些背景资料。这部分所包含的各项问题通常在数据分析中承担自变量角色，可使研究者根据背景资料对被调查者进行分类比较分析。调查问卷背景部分示例如图 2-6 所示。

甄别问卷

因我们的问题只是针对某一部分人，故先提问以下几个问题：

S1. 请问您是本地居民吗？（单选）

是--1

不是--2 终止

S2. [出示卡片]请问您或您的家人是否从事下列职业？（单选）

市场研究、广告、公共关系公司------------------------1 终止

市场调查、咨询公司--------------------------------2 终止

新闻媒介（电台、电视台、报社、杂志社等）---------3 终止

清洁用品生产销售部门------------------------------4 终止

以上均无--5

图 2-4　甄别问卷示例

主体问卷

访问员：出示概念板及瓶子，大声读出概念。此后，收起所有的概念板及瓶子。

Q1：假设您必须向您的朋友解释刚才您看到的产品，您会说些什么？还有呢？

_____

_____

_____

Q2：根据您的理解，在我刚刚给您读出的产品介绍中，产品制造商想传达的主要信息或者最重要的内容是什么？

第一提及：_____

_____

还有吗？（记录所有答案）

图 2-5　主体问卷示例

背景情况问卷

B1：[出示卡片]请告诉我您的职业？（单选）

专业/技术人员/教师/医生----------------------------　1

党政机关干部/机关事业单位工作人员------------------　2

企业管理人员--------------------------------------　3

企业单位职工/雇员----------------------------------　4

离退休人员--　5

自由职业者--　6

待业人员--　7

家庭主妇--　8

其他--（　　）

B2：[出示卡片]请问您的受教育程度？（单选）

初中或以下--1

高中或技校--2

大专--3

本科或以上--4

图 2-6　调查问卷背景部分示例

【典型案例】

大学生精神文化消费调查的问卷

1. 你经常逛书店吗？（　　）A. 经常　　　B. 有时　　　C. 很少　　　D. 从不

2. 你订阅报纸吗？（　　）A. 有　　　　B. 无

3. 你喜欢看报纸的哪一类文章？（　　）（可多选）

A. 时事政治　　　B. 体育　　　C. 娱乐　　　D. 文艺　　　E. 其他

4. 你喜欢看书吗？（　　）A. 喜欢　　　B. 不喜欢

5. 你喜欢看的书有（　　）。A. 文艺百科　　　B. 科幻　　　C. 中外名著　　　D. 漫画
E. 言情　　　F. 武侠　　　G. 其他

6. 你所看的书的来源（　　）。A. 朋友借的　　　B. 图书馆借的　　　C. 买的
D. 学校发的　　　E. 租的　　　F. 其他

7. 你是否常因为学习而不得不放弃读课外书的时间？（　　）A. 是　　　B. 否

8. 你认为书的价格如何？（　　）A. 贵　　　B. 较贵　　　C. 一般　　　D. 便宜

9. 你一周花费在书、报上的钱大约为（　　）。

A. 低于10元　　　B. 10~30元　　　C. 30~50元　　　D. 50元以上

10. 你经常上网吗？（　　）A. 经常　　　B. 有时　　　C. 很少　　　D. 从不

11. 你一周的上网时间为（　　）。A. 低于3小时　　　B. 3~5小时　　　C. 5~10
小时　　　D. 10~20小时　　　E. 更多

12. 你在哪儿上网？（　　）A. 网吧　　　B. 家中　　　C. 学校　　　D. 其他

13. 你上网做什么？（　　）（可多选）

A. 聊天　　　B. 查资料　　　C. 游戏　　　D. 购物　　　E. 其他

14. 你觉得上网费用如何？（　　）A. 贵　　　B. 较贵　　　C. 一般　　　D. 便宜

15. 你觉得上网会影响学习吗？（　　）A. 会　　　B. 不会　　　C. 不一定

问题：请指出上述调查问卷需要改进的地方。

点评：

1. 调查问卷要有前言。

2. 要让每个被调查者都只需回答适合自己的问题。

3. 调查内容设计要完善，要覆盖精神文化消费的大部分内容。

4. 要考虑是否有必要了解被调查者的背景（性别、年龄、专业等）。

修改后的前言设计：

这是一份关注大学生精神文化消费的问卷。请在每道题后的括号里填上最适合你实际情况的选项号码。本次调查不记名，请勿担心它会给你带来任何麻烦。请你与我们配合，我们将不胜感激！

设计跳跃式选题，例如：

你平时上网吗？（　　）（本项选B者，请跳过11~13题，从第14题开始作答）

A. 上网　　　B. 从不

2.3.3 问题的类型及答案设计

理想的问句设计应使调查人员获得所需的信息，同时被调查者又能轻松、方便地回答问

题。这就要求市场调查人员能依据具体调查内容要求，设计选用合适的问句进行调查。

1．按照问题的内容划分

按问题的内容可分为事实性问句、意见性问句、阐述性问句等。

（1）事实性问句

事实性问句是要求被调查者依据现有的客观事实来回答问题，不必提出主观看法。诸如"您使用的电视机是什么牌子的""您家庭的年收入是多少""您的职业是什么"等。这类问题常用于了解被调查者的特征（如职业、年龄、收入水平、家庭状况、居住条件、受教育程度等）以及与消费商品有关的情况（如产品商标、价格、购买地点、时间、方式等），从中了解消费某些商品的现状。这类问题对调查人员确定某类产品的目标市场有很大的帮助。

事实性问句的主要特点是问题简单，回答方便，调查覆盖面广，调查结果便于统计处理，但也存在着不足，如由于时间长等，被调查者对某些事实记忆不清，或由于某些被调查者的心理因素影响，而使回答的结果在一定程度上失真。

[**例**] 您的家庭月收入是：

1）3000 元以下　　　　　　2）3000~5000 元

3）5001~10 000 元　　　　4）10 001~20 000 元

5）20 000 元以上

（2）意见性问句

意见性问句又叫态度性问句，主要是用于了解被调查者对有关问题的意见、看法、要求和打算。例如"您希望购买哪个品牌的电视机""您打算何时购买液晶电视机"等。这类问题可以帮助调查人员了解被调查者对商品的需求意向，使企业能够根据消费者需求不断改进产品设计，经营对路的商品，从而增强企业的生存能力。

意见性问句的主要特点是从这类询问中可以广泛地了解消费者对需求的要求、打算、意见，为决策者提供未来需求情息。但它也存在着不足：①这类询问仅能了解被调查者的意见、看法，而无法了解产生这些意见、看法的真正内在原因。如上面提到的问题"您希望购买哪个品牌的电视机"，询问这一问题，调查者只能知道消费者喜欢哪个品牌的电视机，而并不能了解消费者究竟喜欢这个品牌的哪些方面，是质量、式样、价格，还是其他。②这类问题在一定程度上受心理因素影响。如在了解消费打算等问题时，被调查者会因涉及家庭财产问题而不愿说真话等。

（3）阐述性问句

阐述性问句（又称动机性问句）主要是调查者用来了解被调查者消费的行为、意见、看法等产生的原因。根据询问是否给出问题的选择答案，相应的可分为封闭式阐述性问句和开放式阐述性问句。这类问句可以在一定程度上弥补意见性问句存在的不足。如前面提到的意见性问句"您希望购买哪个品牌的电视机"，若想进一步了解购买行为的原因，可提出"您为什么希望购买这个品牌的电视机"，这就是阐述性问句。

阐述性问句的主要特点是能够较为深入地了解消费者的心理活动，从而找到问题及其产生的原因，为解决问题提供依据。但是这种询问也存在不足：①结果统计较为复杂，尤其是开放式的阐述性问句，答复的结果不易整理；②此类问题涉及被调查者的主观因素较前面两种问句多，被调查者有时会因各种原因而回避问题，或只讲问题的次要方面，从而使调查结果的真实性受到影响。

[例] 您选用高露洁牙膏的原因是什么？_____

还有呢？_____

2. 按照被调查者的回答形式划分

按照被调查者回答的形式，可以把各种形式的问句归纳为两类：一类是开放性问句，另一类是封闭性问句，如图2-7所示。

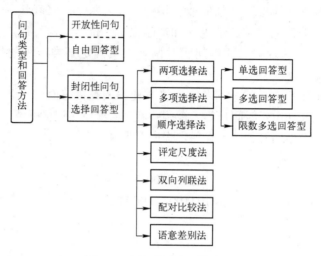

图2-7 问句类型和回答方法

（1）开放性问句

开放性问句是指对问句的回答未提供任何具体的答案，由被调查者根据自己的想法自由做出回答的问句，属于自由回答型。开放性问句的主要形式见表2-1。

表2-1 开放性问句的主要形式

形式	解 释	例 子
自由发挥	任意发挥	您对本旅行社有何意见或建议？
连字式	提供相应的字词让对方发挥	当听到下列词时，您想到的是什么？旅行社、九寨沟、旅行。
完成句子	请对方完成一个未完成的句子	我出去旅行时，选择旅行社的标准是：_____
续写故事	请对方发挥想象，完成一个未完成的故事	我来到旅行社门前，走下出租车，……（请您完成下面的故事）
看图说话	提供一幅画请对方做描述	（略）

开放性问句的优点为：气氛轻松，被调查者不会感到拘束，能搜集更深层次的信息，特别适用于那些尚未弄清各种可能答案或潜在答案类型较多的问题，适合于某些意愿调查；可以使被调查者充分表达自己的意见和想法，有利于被调查者发挥自己的创造性。

开放性问句的缺点为：由于不给被调查者任何限制，因此可能出现各种各样的答案，差异很大，范围很广，给调查后的资料整理带来一定的困难；资料难以量化，因此无法做深入的统计分析；最大的缺点是容易"跑题"，尤其是碰到健谈的被调查者，可能把问题引得很远，因而延长调查时间，导致成本提高。

开放性问句一般只用于文化程度较高的顾客、对本企业产品较喜爱的忠诚顾客的调查。如果对一般性顾客，采用这种提问形式，问卷回收率一般不会高。

以下为几个开放性问句的例子，可供参考：

[例]

您服用这种中药制剂后，对它的感觉怎么样？

_____

请您说出（写出）您在听到（看到）下列词语时最先联想的词语：

微波炉：_____

请您在听到"摩丝"这一词语后按提示的词语说出引发的相关联想：

联想提示：硬扎、服帖、蓬松、_____

（2）封闭性问句

封闭性问句是指事先列出了各种可能答案由被调查者从中选择的问句。这种问句的优点在于非常简明，一下就深入到问题的实质，比较经济，但这同时也成为其缺点。由于答案是固定的，所以答案也就比较简单。

封闭性问句的答案标准化，这有利于被调查者对问题的理解和回答，同时也有利于调查后的资料整理。但封闭性问句对答案的要求较高，对一些比较复杂的问题，有时很难把答案设计周全。一旦设计有缺陷，被调查者就可能无法回答问题，从而影响调查的质量。因此，如何设计好封闭性问句的答案，是问卷设计中的一项重要内容。

封闭性问句的答案是选择回答型，因此设计出的答案一定要穷尽和互斥。穷尽即要求列出所有答案，不能有遗漏。对有些问句，当答案不能穷尽时，则加上"其他"一类，以保证被调查者能有所选择或回答。互斥即要求各答案间不能相互重叠或包含。

根据提问项目或内容的不同，封闭性问句回答的设计方法主要有以下几种：

1）两项选择法。两项选择法又称是否式问句，两项选择题的答案只有两项，要求被调查者选择其中之一来回答。

[例] 您是否打算在近三年内购买住房？是（   ）否（   ）

[例] 您以前是否看到过免费换赠活动？（1）看到过 （2）没有看到过

这种问句回答简单，调查结果易于统计归类。但这种问句也有一定的局限性，主要是被调查者不能表达意见程度差别，回答只有"是"与"否"两种选择。若被调查者还没有考虑好这个问题，即处于"未定"状态，则无从表达意愿。

2）多项选择法。多项选择法是在设计问卷时，对一个问句给出三个或三个以上的答案，让被调查者从中选择进行回答。根据要求选择的答案多少不同，多项选择法有以下三种选择类型：

① 单选回答型：要求被调查者在所给出的答案中选择其中的一项。

[例] 如果给你人民币200元，下列哪一项商品是你的首选？

A. 旅游券　　　　　　　F. 自行车

B. CD 碟片　　　　　　G. 滑冰鞋

C. 衣服　　　　　　　　H. 外出进餐

D. 体育用具　　　　　　I. 其他_____

E. 书籍

② 多选回答型：要求被调查者在所给出的答案中，选出自己认为合适的，数量不受限制。

[**例**] 请问您平常较多接触的是哪种媒体广告？

A. 报纸广告　　　　　　　B. 电视广告

C. 网络广告　　　　　　　D. 灯箱广告

E. 杂志广告　　　　　　　F. 其他

③ 限数多选回答型：要求被调查者在所给出的答案中，选出自己认为合适的，但数量受限。

多项选择法问句保留了是否式问句的回答简单、结果易整理的优点，避免了是否式问句的不足，能有效地表达意见的差异程度，是一种应用较为广泛、灵活的询问形式。使用这种问句有一点值得注意，即在设计答案时，应结合调查实际考虑所有可能出现的答案，否则，会使得到的信息不够全面、客观。

3）顺序选择法。顺序选择法的答案也有多个，要求被调查者在回答时，对所选的答案按要求的顺序或重要程度加以排列。其中，对所选的答案数量可以进行一定的限制，也可以不进行限制。

[**例**] 您在选购电视机对，对下列各项，请按照您认为的重要程度以1、2、3、4为序号进行排序：

A. 图像清晰 （　　）　　　　　　　B. 音质好 （　　）

C. 外形漂亮 （　　）　　　　　　　D. 使用寿命长 （　　）

也可以对不同品牌的同类产品的喜爱程度进行排序。

[**例**] 下列品牌牙膏中，请根据您的喜爱程度，以1、2、3、4、5、6为序号进行排序：

A. 佳洁士 （　　）　　　B. 高露洁 （　　）　　　C. 中华 （　　）

D. 舒适达 （　　）　　　E. 康齿灵 （　　）　　　F. 云南白药 （　　）

这种询问方式回答较为简单，易于归类统计。但须注意避免可供选择的答案的片面性。

4）评定尺度法。评定尺度法中的答案由表示不同等级的形容词组成，并按照一定的程度排序，由被调查者依次选择。

[**例**] 您对我厂生产的自行车质量有何看法？请在相应的 （　　）中打√。

很好 （　　）　　较好 （　　）　　一般 （　　）　　较差 （　　）　　很差 （　　）

　　　2　　　　　　　1　　　　　　　0　　　　　　　-1　　　　　　　-2

将全部调查表汇总后，通过总分统计，可以了解被调查者的大致态度。若总分为正分，则表明被调查者的总体看法是肯定的；若总分为零分，则表明肯定与否定意见持平；若总分为负数，则表明总体上是持否定看法。

评定尺度法又称量表法，量表是一种工具，旨在将一些主观的、抽象的概念定量化。例如，温度计就是一种测量冷热程度定量化的工具。在市场调查中，量表通常是将态度量化的工具，故很多文献干脆视量表为态度量表的简称。

根据所测量的变量有四种级别，量表也从低级到高级有四种水平，分别是定类量表、定序量表、定距量表、定比量表，每个量表都有各自不同的统计分析方法。

① 定类量表可对研究客体进行平行的分类或分组，使同类同质，异类异质。例如，按照性别将人口分为男、女两类，按照经济性质将企业分为国有、集体、私营、混合制

企业等。这里的"性别"和"经济性质"就是两种定类尺度。定类尺度是最粗略、计量层次最低的计量尺度，利用它只可测度事物之间的类别差，而不能了解各类之间的其他差别。

[**例**] "您家里的空调机是什么牌子?"

A. 科龙　　B. 美的　　C. 海尔　　D. 春兰　　E. 三菱

F. 松下　　G. 开利　　H. 珍宝　　I. 惠而浦　　J. 其他

[**例**] 请问您所在单位属于哪种行业?

A. 农产品加工工业　　　　B. 生物制药业　　　　C. 信息产业　　　　D. 教育

② 定序量表是一种排序量表，它比定类量表的水平高，不仅指明了各类别，同时还对个体给出数字表示其具有某种特征的相对程度，如销量的顺序、质量等级等。这里给出的只是相对的程度，并不能指明其绝对差距。定序量表一般是关于看法或态度的问题。普通的等级有：非常重要/重要/一般/不重要/不知道；很好/好/一般/不好/很不好；非常同意/同意/无所谓/不同意/非常不同意。

例如"产品等级"就是一种测度产品质量好坏的定序尺度，它可将产品分为一等品、二等品、三等品、次品等；"考试成绩"也是一种定序尺度，它可将成绩分为优、良、中、及格、不及格等；"对某一事物的态度"作为一种顺序尺度，可将人们的态度分为非常同意、同意、保持中立、不同意、非常不同意；等等。

③ 定距量表比定序量表又进了一步，它不仅指明大小，而且还给出距离，以表示对应个体在所测量特征之间距离的数值，即可以比较个体之间的实际差值，它就等于定距量表上对应值之差，但它没有绝对零点。量表上 1 与 2 之差等于 3 与 4 之差。在调查中，用得分给出的态度数据、满意度数据等也常按定距数据来处理。可以运用定距量表测量数据的统计方法除了适用于定类量表和定序量表的全部方法之外，还可以计算算术平均值、标准差、积矩相关系数、t 检验和 F 检验等。

例如收入用人民币"元"度量，考试成绩用"百分制"度量，温度用摄氏或华氏的"度"来度量，质量用"千克"度量，长度用"米"度量等。区间尺度的计量结果表现为数值。区间尺度的数值可做加、减法运算，例如，考试成绩 80 分与 90 分之间相差 10 分，一个地区的温度 20°C 与另一个地区的 25°C 相差 5°C，等等。但不能做乘、除法运算。而且，区间尺度没有绝对零点。

④ 定比量表具有定类量表、定序量表和定距量表的所有属性，还具有绝对零点。例如："您家平均每月收入_____元人民币""您家每月购买_____瓶××品牌的洗发水"。定比量表常见的例子还有对出生率、性别比例、工资增长速度等反映两个数值之间的比例或比率关系的测量。定比量表的数量化程度比定距量表更高了一个层次。其测量结果不仅能进行加减运算，而且可以进行乘除运算，并能做各种统计分析。

5）双向列联法。这种方法是将两类不同的问题综合到一起，通常用表格来表现，表的横向是一类问题，纵向是另一类问题。这种问题结构可以反映两方面因素的综合作用，提供单一类型问题无法提供的信息，同时也可以节省问卷的篇幅。

6）配对比较法。这种方法是设计一组具有两个不同选项的问题，要求被调查者从每个问题的一对选项中选择一项作为答案，由于问题的选项是成对的，且每对选项彼此相异，分布平衡，可以消除单项设计所难免的偏向。使用配对比较法的结果与顺序选择法相当，但提供了较多的两两比较的详细内容。

[例] 请您从下列每一对牌子的碳酸饮料中选择最喜欢喝的一种：

☐ 可口可乐　　　　　☐ 百事可乐

☐ 雪　　碧　　　　　☐ 七　　喜

☐ 可口可乐　　　　　☐ 非常可乐

☐ 非常可乐　　　　　☐ 百事可乐

☐ 美年达　　　　　　☐ 芬　　达

7）语意差别法。语意差别法是设计一组具有两个相反选项的问题，并将其作为极端情况，在两个极端之间指定等距分值（例如1~5或1~10等），要求被调查者从每个问题的两个极端之间选择一个分值作为答案。语意差别法与配对比较法相似是由于问题的选项是成对的，且每对选项彼此相异，分布平衡，可以消除单项设计所难免的偏向。不同的是语意差别法采用的是打分来刻画差别，而不是直接选择答项。表2-2为一具体示例。

[例]

表2-2　调查消费者对某超市的看法

	-3	-2	-1	0	1	2	3	
服务不周								服务周到
店址不便								店址方便
等候过长								等候不长
环境不佳								环境良好

3. 问题顺序的设计

设计问题的顺序时，应注意以下几点：

（1）问题的安排应具有逻辑性

设计问卷时，问题的安排应具有逻辑性，以符合被调查者的思维习惯，使其能够顺利地提供确切答案。

（2）问题的安排应先易后难

把简单的、受人关注的、有趣的和容易回答的问题放在前面，而复杂的、平淡寡味的和较难的问题放在后面。这样可以使被调查者开始时感到轻松有趣，有意愿有信心继续回答下去。如果让被调查者一开始就感到很难回答，就会影响他们回答的情绪和积极性。

（3）问题排列的一般顺序

构成问卷的一系列问题不能随意排列，前面介绍的关于问卷开头、甄别、主体、背景四个部分的顺序，可以看成四类问题的总的顺序，但是每个部分特别是主体部分内部的问题排列顺序是另外的事情。主体部分内部的问题排列顺序要具有逻辑性，要有助于与被调查者的沟通。

2.3.4　市场调查问卷设计应注意的问题

对问卷设计措辞总的要求是：问卷中的问句表达要简明、生动，注意概念的准确性，避免提似是而非的问题，具体应注意以下几点：

1. 避免提一般性的问题

一般性问题对实际调查工作并无指导意义，如"您对某百货商场的印象如何？"这样的问题过于笼统，很难收到预期效果，可具体提问您认为某百货商场商品品种是否齐全、营业时间是否恰当、服务态度怎样等。

2. 避免用不确切的词

如"普通""经常""一些"等，以及一些形容词如"美丽"等，这些词语，各人理解往往不同，在问卷设计中应避免或减少使用。如"你是否经常购买洗发液"，回答者不知道"经常"是指一周、一个月还是一年，可以改问"你去年共购买了几瓶洗发液"。

3. 避免使用含糊不清的句子

如"你最近是出门旅游，还是休息"，出门旅游也是休息的一种形式，它和休息并不存在选择关系，正确的问法是"你最近是出门旅游，还是在家休息"。

4. 避免提断定性的问题

如"你一天抽多少支烟？"这种问题即为断定性问题，被调查者如果根本不抽烟，就会造成无法回答。正确的处理办法是此问题可加一条"过滤"性问题，即"你抽烟吗"，如果回答者回答"是"，可继续提问，否则就可终止提问。

5. 避免提令被调查者难堪的问题

如果有些问题非问不可，也不能只顾自己的需要、穷追不舍，应考虑回答者的自尊心。如直接询问女士年龄也是不太礼貌的，可列出年龄段：20 岁以下，20～30 岁，31～40 岁，40 岁以上，由被调查者挑选。

6. 问句要考虑到时间性

时间过久的问题易使人遗忘，如"您去年家庭的生活费支出是多少？用于食品、衣服分别为多少？"除非被调查者连续记账，否则很难回答出来。一般可问"您家上个月生活费支出是多少？"显然，这样缩小时间范围可使问题回忆起来较容易，答案也比较准确。

7. 拟定问句要有明确的界限

对于年龄、家庭人口、经济收入等调查项目，通常会产生歧义的理解，如年龄有虚岁、实岁，家庭人口有常住人口和生活费开支在一起的人口，收入是仅指工资，还是包括奖金、补贴、其他收入、实物发放折款收入在内。如果调查者对此没有很明确的界定，调查结果也很难达到预期要求。

8. 问句要具体

一个问句最好只问一个要点，一个问句中如果包含过多询问内容，会使回答者无从答起，也会给统计处理带来困难。防止出现此类问题的办法是分离语句中的提问部分，使得一个语句只问一个要点。

9. 不要过多假设，这是一个相当普遍的错误

问题撰写者默认了人们的一些知识、态度和行为。例如，"您对总统关于枪支控制的立场倾向于同意还是反对？"这一问题假设了应答者知道总统对枪支控制有一个立场并知道立场是什么。

10. 避免引导性提问

如果提出的问题不是"执中"的，而是暗示出调查者的观点和见解，力求使回答者跟

着这种倾向回答，那么这种提问就是"引导性提问"。例如"消费者普遍认为××牌子的冰箱好，你的印象如何？"引导性提问会导致两个不良后果：一是被调查者不加思考就同意所引导问题中暗示的结论；二是由于引导性提问大多是引用权威或大多数人的态度，被调查者考虑到这个结论既然已经是普遍的结论，就会产生心理上的顺向反应。此外，对于一些敏感性问题，在引导性提问下，被调查者不敢表达其他想法等。因此，这种提问是调查的大忌，常常会得出与事实相反的结论。

11. 穷尽性原则

该原则是指每个问题中所列出的备选答案应包括所有可能的回答。这是为了使所有被调查者都能在给定的备选答案中至少选择出一项适合自己的答案，不至于因所列出的答案中没有合适的答案可选而放弃回答。

您家是否有存款或债务？

① 有比较满意的存款　　② 有小部分存款　　③ 无存款无贷款　　④ 有小部分债务

对该问题若只设计以上四个备选答案就违背了穷尽性原则。因此，必须加上第五个备选答案"有一定的债务"，这时答案才穷尽了。

12. 互斥性原则

该原则是指每个问题中所有备选答案必须互不相容、互不重叠。互斥性是为了避免被调查者在选择时出现双重选择的现象。

例　您平均每月支出中，花费最多的是哪项？

① 食品　② 服装　③ 书籍　④ 报刊　⑤ 日用品

⑥ 娱乐　⑦ 交际　⑧ 饮料　⑨ 其他

备选答案中食品和饮料、书籍和报刊等都不是互斥的。

 任务实施

教师可组织学生通过查阅资料、网络调查等方式获取下面的解决方案，详情请扫描二维码。

2-3　调查问卷设计中需要考虑的技术性问题

 任务小结

通过学习市场调查问卷的基本概念，明确市场调查问卷设计的原则，掌握市场调查问卷设计技术，最终灵活运用市场调查问卷设计技巧，达到会恰当设计市场调查问卷的目的。

课堂研讨

问卷内容不同导致结果不同

某班级两个不同的研究小组 A、B 都选择了"如何利用音乐调节人的情绪"作为研究课题，在选择研究方法时也都确定了问卷调查为其中一项重要方法。两组学生经过认真设计，都各自拿着打印好的调查问卷分别深入到学生中进行调查。可在收回问卷、整理分析后，两组的调查结果却产生了很大的差距，以至于最后研究成果的水平也相差很远。问题究竟出在哪里呢？后来经过老师和学生的比较与分析发现：原因就出在两个小组设计的这两份不同的调查问卷上。

实训要求、步骤：

1. 分组（自由组合，4~6 人为宜）。请仔细比较问卷 A、B 的区别，以小组合作的形式讨论：哪份问卷设计得更好？好在哪里？

2. 通过比较问卷 A、B，探讨问卷设计的类型、程序和原则，谈谈设计一份科学合理的调查问卷应该注意哪些问题。

3. 完成一份改进的问卷。通过项目策划训练，要求学生掌握问卷设计的技巧和方法。

问卷 A：

音乐对情绪的调节作用调查问卷

亲爱的同学：

你好！为了让大家能很好地利用音乐调节自己的情绪，更为了找到一把开启快乐之门的钥匙，让我们的生活更加和谐美好，我们"跳跃音符"调查小组设计了此次调查问卷。希望拿到这份问卷的朋友用心填写，你的回答对我们的研究会很有价值，谢谢！

1. 当你情绪低落时会听什么音乐？

A. 流行　　　　B. 民族　　　　C. 经典（老歌）　　　　D. 其他

2. 当你心情烦躁时会听什么音乐？

A. 抒情　　　　B. 劲爆　　　　C. 欢快　　　　　　　　D. 其他

3. 你认为听自己喜欢的音乐能让情绪变得好一点吗？

A. 可以　　　　B. 不一定　　　C. 没有效果

4. 为了舒缓内心的压力，排解压抑的情绪，你会听哪种类型的音乐？

A. 轻音乐　　　B. 抒情音乐　　C. 流行　　　D. 其他

5. 课余时间，你喜欢听哪种音乐作为放松和娱乐？

A. 爵士乐　　　B. 古典音乐　　C. 流行音乐　　　　D. 其他

6. 你认为不同类型的音乐对人的心情有什么不同的影响？（简答题）

"跳跃音符"调查小组

问卷 B：

音乐与情绪的调查问卷

你好！请配合填写此次调查问卷！谢谢！

1. 你经常听音乐吗？

A. 经常　　　B. 有时　　　C. 偶尔　　　　　　　D. 极少　　　E. 从不

2. 你认为学生听音乐的利弊关系是怎样的？

A. 利大于弊　B. 弊大于利　C. 没关系

3. 人开心的时候一定很喜欢听欢快的音乐吗？

A. 是　　　　B. 否

4. 你喜欢的音乐方面的明星是哪个地区的？

A. 中国大陆　B. 中国港台　C. 日韩　　　　　　　D. 欧美

5. 你经常是哪种情绪多一些？

A. 喜　　　　B. 怒　　　　C. 哀　　　　　　　　D. 恐惧

6. 你认为音乐与人的情绪有关系吗？

A. 关系密切　B. 有点关系　C. 毫无关系　　　　　D. 不清楚

7. 你认为情绪低落时人会喜欢听伤感的音乐吗？

A. 是　　　　B. 否

8. 请你准确地说出音乐的分类。

9. 请你准确地说出人的情绪的分类。

10. 你喜欢听什么类型的音乐？

11. 你认为什么样的音乐对人的心情有什么样的影响？

12. 请你对本次问卷调查进行评价。

"跳跃音符"调查小组

课后自测

1. 案例分析：根据下面的问卷回答在设计问卷时应该注意哪些方面。

房产电话问卷（房主）

电话号：　　　　　　日期：　　　　　时间：

您好，我是在和男主人/女主人讲话吗？　　（如果不是，请求和他/她谈话）

我叫×××，为一家营销调研公司×××工作，我们正在进行一项针对当地居民的营销调研项目；这项调研要解决的是房产评估服务问题。您可不可以帮助我们回答几个问题？您的答复将是保密的，并且只用于连同其他人答复的综合分析。

（1）A. 您是住自己家还是租房？

自己家（跳到C）　　　　　　租房（继续B）

B. 如果租房，您计划下一年买房吗？

是　　　　　　　　　　　否（终止）

C. 您家里有人为房产评估商或房产经纪工作吗？

是（终止）　　　　　　　否

D. 您家里最近有人买房吗？

是　　　　　　　　　　　否

（2）您清楚可以获得的房产评估服务吗？

是　　　　　　　　　　　否

如果是，有什么看法？

如果否〔解释〕，在房产评估时，一个房产经纪到您要买或卖的房子，评估它的损害程度或存在的问题，比如电、水、房顶、地基、绝缘性，以及很多小的问题。

（3）选择这项服务时，哪个因素对您影响最大？（可以多选）

房产经纪的推荐　　　朋友的推荐　　　　　　口头传言

好的声望　　　　　　服务价格　　　　　　　是否省钱

评估商资历　　　　　其他

（4）您计划买房时，下列哪一个是您了解房产评估最有效的途径？〔可以多选〕

房产经纪　　　　　　电视广告　　　　　　　报纸广告

名片　　　　　　　　邮寄　　　　　　　　　广告/宣传品

车牌广告　　　　　　房地产杂志　　　　　　其他

（5）请评估您对下列房产评估服务的兴趣点：

A. 构造

_____很感兴趣　　　_____有点兴趣　　　_____没有兴趣

B. 电

_____很感兴趣　　　_____有点兴趣　　　_____没有兴趣

C. 地基

_____很感兴趣　　　_____有点兴趣　　　_____没有兴趣

D. 供热和空调

_____很感兴趣　　　_____有点兴趣　　　_____没有兴趣

E. 地势（从院落到房子的坡度）

_____很感兴趣　　　_____有点兴趣　　　_____没有兴趣

F. 一氧化碳测试

_____很感兴趣　　　_____有点兴趣　　　_____没有兴趣

G. 易燃瓦斯测试

_____很感兴趣　　　_____有点兴趣　　　_____没有兴趣

H. 每月家庭能源排序和评估

_____很感兴趣　　　_____有点兴趣　　　_____没有兴趣

I. 自来水检验

_____很感兴趣　　　_____有点兴趣　　　_____没有兴趣

J. 室内空气污染检验

_____很感兴趣　　　_____有点兴趣　　　_____没有兴趣

（6）您住在：

（7）您住在当地多久了？

_____0~2 年　　　　　_____3~5 年　　　　　_____6~12 年

_____13~20 年　　　　_____超过 20 年　　　_____拒答

（8）现在还有一些关于您的问题。您是：

_____单身且没有孩子　　　　　_____已结婚且没有孩子

_____已结婚且孩子在家　　　　_____单身且孩子在家

_____已结婚且孩子不在家　　　_____单身且孩子不在家

（9）您在哪一年龄段？

_____	18~24 岁	_____	25~34 岁	35~44 岁	
_____	45~54 岁	_____	55~64 岁	_____	65 岁及以上
_____	拒答				

（10）您的家庭收入属于哪一级别？

少于 15 000 元	15 000~24 999 元
25 000~34 999 元	35 000~49 999 元
50 000~64 999 元	65 000~79 999 元
80 000~94 999 元	95 000~109 999 元
110 000 元以上	拒答

（11）您是：

_____	高中毕业生	_____	高中毕业生读过大学
_____	大学毕业生	_____	大学毕业生读过研究生
_____	研究生毕业	_____	拒答

（12）性别：

_____	男	_____	女

非常感谢您的支持与合作！

2. 请为母校的毕业生跟踪调查设计两份调查问卷，分别针对毕业生本人和毕业生的就业单位。

实操演练

1. 演练内容

（1）大学生应该有怎样的衣着形象。

（2）大学生衣着攀比心理带来的危害。

（3）现阶段大学生衣着观念和状态。

（4）现阶段流行的大学生穿着与正确的大学生衣着观。

（5）过于夸张的服饰对大学生的影响。

2. 演练目的

（1）了解目前大学生的衣着观念存在哪些认识上的误区。

（2）让大学生明白我们现阶段的衣着应注重整洁、得体、协调和舒服，端正以前不正确的认识取向。

（3）消除大学生从衣着反映出的攀比心理。

（4）让大学生认识到不同性格、不同地域乃至不同国情造成了不同的着装风格，最主要的是寻找适合自己的衣着服饰。

（5）通过我们的研究，让大学生更加明确自己对穿着的认识，更好地塑造大学生形象。

3. 演练要求

（1）自由组合调查小组，5~8 名学生为 1 组。

（2）根据以上提供的内容设计调查问卷。

（3）提交给导师，由导师和学生共同对问卷进行评价。

任务 2.4 态度量表的设计

任务目标

知识目标
1. 了解测量量表的基本原理
2. 了解测量量表的类型及应用
能力目标
1. 能对测量量表进行分类
2. 学会测量的基本技术

任务引例

BBDO 的度量系统

BBDO 是一家广告代理商，已经研制出一个度量系统，可以评价消费者对广告的情绪反应。这种情绪度量系统采用了一种专有技术，这种技术使用参与者的脸部照片帮助消费者选择其对广告的反应。BBDO 的研究人员认为，这个过程从实质上消除了传统文本测试的固有偏差。在传统体系中，消费者通常会低估他们的情绪反应，因为他们感觉将情绪反应用语言表达出来会显得很傻，而且语言可以有不同的解释方法。这样，传统的文本测试就倾向于度量思想而不是感觉，因此也就不能充分度量消费者在情绪上的反应。

BBDO 代理商设计了 53 张照片——是从 1800 张照片中挑选出来的，代表了 BBDO 所谓的"情绪世界"，而不只是让消费者从简单的列表中挑选或者是用自己的语言书写其感受。每一张照片代表着 6 名参与者各自不同的表情，从高兴（顽皮）到厌恶（反感），共包含了 26 个类别的情绪。情绪度量系统是如何工作的？正如大部分的文本测试一样，先向参与者展示某个单一的广告或一组场景，然后再给出一份问卷，测试他们是否记住品牌名称或者文本要点。在这一过程中的任何环节，调查人员都要分发照片，并要求所有参与者不要写出或者谈论广告场景，而是迅速地将照片进行分类，留下任何或者所有能够反映出他或她在看过广告之后的感受的照片。

问题：
根据你的理解，上述广告代理商运用什么方法对消费者进行了测试？

知识链接

2.4.1 测量量表

1. 态度测量基本原理

在营销研究中，"态度"主要有三方面的含义：一是指对某事物的了解和认识；二是指对某事物的偏好；三是指对未来行为或状态的预期和意向。

消费者在购买商品时内心的尺度，在心理学中称为量表。态度测量表法是量度被调查者对某些事物态度强度的一种表格测量方法。

量表的设计包括两步：

第一步，设定规则，并根据这些规则为不同的态度特性分配不同的数字。

第二步，将这些数字排列或组成一个序列，根据被调查者的不同态度，将其在这一序列上进行定位。

2. 测量量表的类型

基本的测量量表主要有四种，即类别量表、顺序量表、等距量表和等比量表，见表2-3。

表2-3　测量量表的四种类型

类　型	规　则　描　述	基　本　操　作	应　用　实　例	统　计　计　算
类别	用数字识别对象，对其分类	判断相等或不等	品牌编号、商店编号、被调查者性别分类	频数、百分比、卡方检验、二项检验
顺序	除识别外，数字表示对象的相对顺序，但不表示差距的大小	判断较大或较小	产品质量等级评价、对商店的偏好程度	百分位数、中位数、秩次数
等距	除排序外，可比较对象之间差别的大小，但原点不固定	判断间距相等性	温度、品牌认知水平等复杂概念和偏好的测量	极差、均值、方差或标准差、Z检验、T检验、因子分析
等比	具有上面三种类型的性质，并有固定原点	判断等比相等性	销售量、市场份额、产品价格、家庭收入等精确数据的测量	几何平均数、变异系数

量表实例见表2-4。

表2-4　量表实例

电视栏目名称	类别量表	顺序量表	等距量表	等比量表
	栏目编号	按喜好程度排序	按喜好程度打分（1~7分）	上个月内收视时间/h
A	1	7	5分	20
B	2	2	7分	40
C	3	8	7分	0
D	4	3	6分	35
E	5	1	7分	50
F	6	5	5分	30
G	7	9	4分	0
H	8	6	5分	20
I	9	4	6分	35
J	10	10	2分	2

2.4.2　测量的基本技术

量表作为一种测量工具，它试图确定主观的、有时是抽象的定量化测量程序，即用数字来代表测量对象的某一特性，从而对测量对象的不同特性以多个不同的数字来表示。

量表表现为四种不同的测量水平，又有一维量表和多维量表之分。这里主要介绍用于态度测量的一维顺序量表和等距量表，包括评价量表、等级量表、配对比较量表、沙氏通量表、李克特量表和语意差异量表。

1. 评价量表

评价量表也称为评比量表，是由研究人员事先将各种可能的选择标示在一个量表上，然后要求应答者在量表上指出他（她）的态度或意见。根据量表的形式，评价量表又分为图示评价量表和列举评价量表。

一般来说，图示评价量表要求应答者在一个有两个固定端点的图示连续体上进行选择，列举评价量表则是要求应答者在有限类别的表格标记中进行选择。评价量表获得的数据通常作为等距数据使用和处理。

（1）图示评价量表

（2）列举评价量表

您认为下列电视机品牌的知名度是：

	非常低	低	一般	高	非常高
康佳	□5	□4	□3	□2	□1
长虹	□5	□4	□3	□2	□1
厦华	□5	□4	□3	□2	□1
佳丽	□5	□4	□3	□2	□1
熊猫	□5	□4	□3	□2	□1

2. 等级量表

等级量表是一种顺序量表，它是将许多研究对象同时展示给受测者，并要求其根据某个标准对这些对象排序或分成等级。如下例子：

请您根据对下列电冰箱品牌的喜爱程度进行排序，分别给予1~7个等级，等级1表示你最喜爱的品牌，等级7表示您最不喜欢的品牌。

品牌名称　品牌等级

美　菱

上　菱

容　声

海　尔

新　飞

万　宝

海　信

3. 配对比较量表

在配对比较量表中，受测者被要求对一系列对象进行两两比较，并根据某个标准在两个被比较的对象中做出选择。配对比较量表实质上是一种特殊的等级量表，不过要求排序的是两个对象而不是多个。如下例子：

下面是十对牙膏品牌，对于每一对品牌，请指出你更喜欢其中的哪一个。在选中的品牌旁边的"□"中打钩（√）。

十对牙膏品牌配对比较

佳洁士 □　　高露洁 □

佳洁士 □　　两面针 □

佳洁士 □　　中　华 □

佳洁士 □　　黑　妹 □

高露洁 □　　两面针 □

高露洁 □　　中　华 □

高露洁 □　　黑　妹 □

两面针 □　　中　华 □

两面针 □　　黑　妹 □

中　华 □　　黑　妹 □

4. 沙氏通量表

沙氏通量表通过应答者在若干（一般在 9~15 条）与态度相关的语句中选择是否同意的方式，获得应答者关于主题的看法。一个测量态度的沙氏通量表，其构建的基本步骤如下：

1）收集大量的与要测量的态度有关的语句，一般在 100 条以上，保证其中对主题不利的、中立的和有利的语句都占有足够的比例，并将其分别写在特制的卡片上。

2）选定 20 人以上的评定者，按照各条语句所表明态度的有利或不利的程度，将其分别归入 11 类。第 1 类代表最不利的态度……第 6 类代表中立的态度……第 11 类代表最有利的态度。

3）计算每条语句被归在这 11 类中的次数分布。

4）删除那些次数分配过于分散的语句。

5）计算各保留语句的中位数，并将其按中位数进行归类，如果中位数是 n，则将该态度语句归到第 n 类。

6）从每个类别中选出一两条代表语句（即各个评定者对其分类的判断最为一致的），将这些语句混合排列，即得到所谓的沙氏通量表。如下例子：

电视商业广告态度测量的沙氏通量表

1. 所有的电视商业广告都应当由法律禁止。

2. 看电视广告完全是浪费时间。

3. 大部分电视商业广告是非常差的。

4. 电视商业广告枯燥乏味。

5. 电视商业广告并不过分干扰欣赏电视节目。

6. 对大多数电视商业广告我无所谓好恶。

7. 我有时喜欢看电视商业广告。

8. 大多数电视商业广告是挺有趣的。

9. 只要有可能，我喜欢购买在电视上看到过广告的商品。

10. 大多数电视商业广告等能帮助人们选择更好的商品。

11. 电视商业广告比一般的电视节目更有趣。

5. 李克特量表

李克特量表形式上与沙氏通量表相似，都要求受测者对一组与测量主题有关的陈述语句发表自己的看法。它们的区别是，沙氏通量表只要求受测者选出他同意的陈述语句，而李克特量表要求受测者对每一个与态度有关的陈述语句表明他同意或不同意的程度。另外，沙氏通量表中的一组有关态度的语句按有利和不利的程度都有一个确定的分值，而李克特量表仅仅需要对态度语句划分是有利还是不利，以便事后进行数据处理。李克特量表构建的基本步骤如下：

1）收集大量（50~100条）与测量的概念相关的陈述语句。

2）研究人员根据测量的概念将每个测量的项目划分为"有利"或"不利"两类，一般测量的项目中有利的或不利的项目都应当有一定的数量。

3）选择部分受测者对全部项目进行预先测试，要求受测者指出每个项目是有利的还是不利的，并在下面的方向—强度描述语中进行选择，一般采取所谓的"五点"量表：

a. 非常同意　b. 同意　c. 无所谓（不确定）　d. 不同意　e. 非常不同意

4）对每个回答给出一个分数，如从非常不同意到非常同意的有利项目分别为1、2、3、4、5分，对不利项目也先给出与有利项目相同的1、2、3、5分，只是在最后计算分数或做数据处理的时候将分数颠倒过来。

5）根据受测者的各个项目的分数计算代数和，得到个人态度总得分，并根据总分多少将受测者划分为高分组和低分组。

6）选出若干条在高分组和低分组之间有较大区分能力的项目，构成一个李克特量表。如可以计算每个项目在高分组和低分组中的平均得分，选择那些在高分组平均得分较高并且在低分组平均得分较低的项目。

例如：

测量对商场态度的李克特量表

下面是对A商场的一些不同意见，请指出您对这些意见同意或不同意的程度，1=非常不同意，2=不同意，3=无所谓，4=同意，5=非常同意

	非常不同意	不同意	无所谓	同意	非常同意
A商场出售的商品质量高	1	2	3	4	5
A商场的服务很差	1	2	3	4	5
我喜欢在A商场购物	1	2	3	4	5
A商场没有提供足够的品牌	1	2	3	4	5
A商场的信用制度很糟糕	1	2	3	4	5
大多数人都喜欢在A商场购物	1	2	3	4	5
我不喜欢A商场的广告	1	2	3	4	5
A商场出售的商品种类很多	1	2	3	4	5
A商场的商品价格公道	1	2	3	4	5
A商场的购物环境很差	1	2	3	4	5

6. 语意差异量表

语意差异法是一种常用的测量事物印象的方法。语意差异法可以用于测量人们对商品、品牌、商店的印象。在设计语意差异量表时，首先要确定与测量对象相关的一系列属性，对于每个属性，选择一对意义相对的形容词，分别放在量表的两端，中间划分为几个连续的等级。要求受访者根据他们对测量对象的看法评价每个属性，在合适的等级位置上做标记。例如：

你认为 A 商场

可靠	├──┼──┼──┼──┼──┼──┤	不可靠
时髦	├──┼──┼──┼──┼──┼──┤	过时
方便	├──┼──┼──┼──┼──┼──┤	不方便
友好	├──┼──┼──┼──┼──┼──┤	不友好
昂贵	├──┼──┼──┼──┼──┼──┤	便宜
选择多	├──┼──┼──┼──┼──┼──┤	选择少

7. 选择量表时应当考虑的一些基本因素

（1）量表种类多的选择

绝大多数研究人员都倾向于使用制作简单，而且测量操作也非常容易的量表。究竟选择哪种量表，原则上还取决于所要解决的问题和想要知道的答案。通常，在一份问卷中可以结合使用多种不同的量表。

（2）平衡量表和非平衡量表

平衡量表是在量表中肯定态度的项目数目与否定态度的项目数目相等，反之则为非平衡量表。一般来说，如果研究人员要得到广泛的意见，并且估计有利意见和不利意见是对称的，则采用平衡量表比较好。如果以往的经验表明，大多数的意见都是肯定的，那么量表就应该给出更多的肯定答案。

（3）量级层次的个数

如果量表的量级层次个数太少，比如只有同意、无所谓、不同意三层，那么量表就不够全面。一般来说，评比量表、李克特量表等采用 5~9 层为宜。

（4）量级层次的奇数与偶数选择

偶数个量级的量表意味着没有中间答案。没有中间答案，被调查者就会被迫选择一个正向或负向答案。因此，给出奇数个量级层次就可以给被调查者提供一个简单的出路。

（5）强迫性和非强迫性量表的选择

强迫性与非强迫性量表的选择与上述的奇数、偶数量表有关。强迫选择就是剔除量表中的中立答案，使被调查者被迫给出正面的或负面的答案。

 **任务实施**

教师可组织学生通过查阅资料、网络调查等方式获取下面的解决方案：

BBDO 广告代理商运用一个度量系统评估消费者对广告的情绪反应。这种技术使用一些脸部照片帮助测试参与者选择其对广告的反应。详情请扫描下面的二维码。

 **任务小结**

在市场特征的测量中，有四种基本的尺度，类别量表、顺序量表、等距量表和等比量表。量表作为一种测量工具，它试图确定主观的、有时是抽象的定量化测量程序，即用数字来代表测量对象的某一特性，从而对测量对象的不同特性以多个不同的数字来表示。量表表现为四种不同的测量水平，又有一维量表和多维量表之分，包括评价量表、等级量表、配对比较量表、沙氏通量表、李克特量表和语意差异量表。

📁 **任务拓展**

课堂研讨

现有一新上市的小电扇产品，准备销往你学校，请设计一张市场调查问卷。

课后自测

1. 在市场特征的测量中，有哪几种基本的尺度？

2. 何为态度测量技术？它细分为哪几类？

实操演练

根据生活实际，任选一个主题，设计一份李克特量表。

任务 2.5 项目综合实训

结合本部分内容，要求学生根据确定的调查主题，设计市场调查问卷。

2.5.1 养老行业市场调查问卷

××市养老地产市场需求调查问卷

尊敬的朋友：

您好！我是××大学的学生，正在参与一项关于养老地产需求的调查。该问卷的目的是了解老年人居住情况及其对养老地产的需求意愿等真实情况，希望能够得到您的协助和配合。我们保证您的回答不会给您带来任何不利，仅用于此次问卷统计分析，绝不外泄，请您在填写时不要有任何顾虑。请您在选项内打"√"或在"____"上写上相应的答案。再次衷心感谢您的合作！

**

一、基本情况调查

1. 请问您的年龄是：____岁

2. 您的性别：____

A. 男　　　　B. 女

3. 您当前居住的家庭人口数总计是：____ 人

4. 您的身体状况是：____

A. 很好　　　　B. 良好　　　　C. 一般　　　D. 较差　　　E. 很差

5. 您的经济来源（可多选）：____

A. 职业收入　　　　　　　　B. 退休金　　　　　　　　C. 子女或亲戚资助

D. 国家补助　　　　　　　　E. 自我储蓄　　　　　　　F. 其他

6. 您之前的职业种类为：____

A. 科/教/文/卫/体人员　　　B. 政府机关　　　　　　　C. 国有企业及事业单位职工

D. 外资、民营企业人员职工　E. 个体　　　　　　　　　F. 其他（农业等）

7. 您的收入状况大概为：____ /月

A. 2000 元以下　　　　　　　B. 2000~5000 元　　　　　C. 5001~10 000 元

D. 10 001~15 000 元　　　　　E. 15 001~20 000 元　　　　F. 20 000 元以上

8. 每年提供给您的赡养费大致有：____ /年（不需子女赡养可不填）

A. 1000~3000 元　　　　　　B. 3001~5000 元　　　　　C. 5001~8000 元

D. 8001~10 000 元　　　　　 E. 10 000 元以上

二、居住状况调查

1. 您当前居住形式是：_____

A. 与子女同住　　　　B. 与配偶单独居住　　　　C. 独居　　　　D. 与他人合住

2. 您当前住房所处的地理位置：_____

A. 城市中心地段　　　B. 城市一般地段　　　　　C. 边缘地段

3. 您当前住房的面积大致有：____

A. 50 m² 以下　　　　B. 50~90 m²　　　　　　　C. 91~120 m²

D. 121~150 m²　　　　E. 151~200 m²　　　　　　F. 200 m² 以上

4. 您的子女数是：____ 人

5. 您当前住房的性质是：____

A. 房改房　　　　　　B. 普通商品房　　　　　　C. 自建房

D. 经适房　　　　　　E. 租赁房　　　　　　　　F. 公房

6. 您当前住房的建筑形式是：____

A. 低层 1~3 层　　　　B. 多层 4~7 层　　　　　　C. 小高层 8~12 层

D. 高层住宅 13~30 层　E. 超高层住宅 30 层以上

7. 当前住房用于养老，你的评价是（请在方框内打"√"）：

	很满意	满意	一般	不满意	很不满意
所处楼层	☐	☐	☐	☐	☐
房屋内部设计	☐	☐	☐	☐	☐
电梯、楼道、过道等设计	☐	☐	☐	☐	☐
住宅外环境	☐	☐	☐	☐	☐
内外配套设施	☐	☐	☐	☐	☐

三、需求意向调查

养老地产将房地产业和其他相关老年人产业进行整合，将贴近老年人生活方式的服务镶嵌到房地产的规划、开发、运营和服务的整个流程之中，让老人既可以得到家人的关怀和照顾，又可以享受到社区养老服务（如社区养老设施服务、社区上门服务、社区医疗救助服务和社区休闲活动等），使老年人的生活能在熟悉的邻里居住环境中得到很好的延续。

1. 您是否愿意入住专为老年人开发设计的养老地产：＿＿＿

A. 是 　　　　　B. 否

2. 如果您不愿意入住，说明理由（可多选）：＿＿＿

A. 有子女照顾　　　　B. 经济上负担不起　　　　C. 对服务、设施等质量担忧

D. 子女反对　　　　　E. 离子女家远　　　　　　F. 影响不好

G. 自己有房子养老

3. 如果您愿意入住，那么愿意以何种方式入住（可多选，并请继续回答以下问题）：＿＿＿

A. 一次性购买产权　　B. 缴纳月租或年租　　　C. 现有房屋置换

D. 现有房屋以租换租　E. 剩余生命周期内购买使用权

4. 您愿意租购/入住的主要原因是（可多选）：＿＿＿

A. 子女没有时间照顾　　　　　　　　　B. 原住房不适合养老

C. 城市中的隔离感，希望与老人住一起

D. 服务更专业　　　　E. 地理环境好　　　　F. 投资　　G. 其他

5. 您愿意选择哪种专门的老年房地产（可多选）：＿＿＿

A. 高档型老年住房（度假型）　　　　　B. 专业集中式老年公寓

C. 普通型老年居住社区　　　　　　　　D. 社会保障住房中的老年住房部分

E. 混合型普通居住社区（"多代居"）　　F. 其他种类（请填写）：＿＿＿＿

6. 您愿意老年房地产坐落在什么地理位置：＿＿＿

A. 市中心　　　　　　B. 普通地段　　　　　C. 城市郊区

D. 环境、配套等俱佳的地点　　　　　　E. 无特别要求

7. 您愿意承担的入住费用大致是：＿＿＿元/月

A. 500~800　　　　　B. 801~1500　　　　　C. 1501~2500

D. 2501~3000　　　　E. 3001~5000　　　　　F. 5001~7500

G. 7501~10 000　　　H. 10 000 以上

8. 您愿意入住的房屋面积是：＿＿＿m^2

A. 10~30　　　　　　B. 31~60　　　　　　　C. 61~90

D. 91~120　　　　　　E. 121~150　　　　　　F. 大于150

9. 您愿意入住的楼层是：＿＿＿

A. 1~3 层　　　　　　B. 4~7 层（带电梯配套）　C. 7~12 层（带电梯配套）

D. 13~30 层（带电梯配套）　　　　　　E. 30 层以上（带电梯配套）

10. 您期望住房相关配套设施、设备有（可多选）：＿＿＿

A. 超市商业中心　　　B. 医院　　　　　　　C. 娱乐康体设施

D. 老年食堂　　　　　E. 银行　　　　　　　F. 应急响应呼叫中心

G. 物管　　　　　　　H. 老年活动中心　　　I. 老年大学

J. 幼儿园　　　　　　K. 其他

（资料来源：高雅琦. 成都市养老地产市场需求研究［D］. 重庆：重庆大学，2014. 编者进行了适当修改）

2.5.2 企业市场调查问卷

电商促销行为对消费者的影响

您好！非常感谢您愿意用几分钟的时间，完成以下答卷。答案没有对错之分，所有答卷信息也都将保密，仅供分析使用，请您放心填写。现在，我们就马上开始吧！

1. 您的性别是？

A. 男　　　　　　　B. 女

2. 您的年龄是？

A. 20 岁及以下　　B. 21~25 岁　　C. 26~30 岁　　D. 31~40 岁　　E. 40 岁及以上

3. 上网的频率？

A. 每周 5 次或更多　B. 每周 2~4 次　　C. 每周 1 次　　D. 几周或更长时间才 1 次

4. 你平时是否网购？

A. 是　　　　　　　B. 否

5. 在哪些网站进行过购物？

A. 淘宝网　　　　　B. 天猫　　　　　C. 唯品会　　　　D. 京东商城

E. 聚美优品　　　　F. 苏宁易购　　　G. 亚马逊　　　　H. 其他，请注明_____

6. 你现在习惯于用哪些工具进行网购？

A. 计算机　　　　　B. 手机　　　　　C. 计算机和手机都常用

7. 你知道"双 11"狂欢活动吗？

A. 知道　　　　　　B. 不知道

8. 你通过什么途径得知"双 11"狂欢活动的？

A. 户外灯箱广告　　B. 报纸杂志　　　C. 电视　　　　　D. 网络

E. 朋友告诉　　　　F. 其他，请注明_____

9. 你觉得"双 11"最吸引你去网上购物的影响因素有？

A. 价格吸引　　　　B. 为了使用活动的优惠券、现金券

C. 感到新奇　　　　D. 正好有购物需求　E. 其他，请注明_____

10. 你认为"双 11"的商品比平常便宜吗？

A. 便宜很多　　　　B. 便宜一点点　　C. 和平时价格一样　　D. 反而还比平时卖得贵

11. 你在"双 11"消费中遇到过哪些问题？

A. 没遇到过　　　　B. 容易缺货　　　C. 先涨价后降价的假优惠

D. 物流紧张，延时发货　　　　　　　E. 客服沟通不及时

F. 退换货困难，理赔困难　　　　　　G. 产品以次充好

H. 其他，请注明_____

12. 你有参与过"双 11"购物网站推出的促销活动吗？

A. 有　　　　　　　B. 无

13. 你参与过以下哪些购物网站的"双11"促销活动?

A. 淘宝网   B. 天猫   C. 唯品会   D. 京东商城

E. 聚美优品   F. 苏宁易购   G. 拼多多   H. 其他,请注明_____

14. 哪一种促销方式让你影响深刻?

A. 创意广告宣传片   B. 现金券   C. 网站小游戏,如抽宝箱、抽免单

D. 微博微信的关注和转发   E. 准点抢购   F. 其他

15. 你会不会因为某种促销方式而产生购买行为?

A. 会   B. 不会

16. 具体是哪种方式?请补充_____

17. 当你看到网上的"双11"推广信息时,选择打开页面的原因是?

A. 恰好看到自己想买的   B. 全网最低价等广告语的吸引

C. 有好玩的相关活动小游戏,如抽宝箱   D. 图片上显示出优惠,想认真了解

E. 知名品牌促销   F. 正好有我喜欢的名人明星代言

G. 其他,请注明____

18. 你对网站发放的优惠券做何评价?

A. 很有用,真的有享受到优惠   B. 感觉没什么用,使用的门槛过高

C. 没感觉,觉得可有可无

19. 你对"双11"的建议和意见是?

_____

20. 你参加××网 2022 年的"双11"活动的可能性有多大?

谢谢你的参与!

(资料来源:根据问卷星有关资料编写)

2.5.3 生态环境调查问卷

垃圾分类调查问卷

朋友您好:

我是××大学的学生,我们正在完成一项有关垃圾分类的社会实践调查,希望您抽空帮我们完成这份问卷,为环保贡献出您的一分力量,我们将感激不尽。

1. 您的年龄是?

A. 18 岁以下   B. 18~30 岁   C. 31~60 岁   D. 60 岁以上

2. 您受教育的程度?

A. 小学   B. 初中   C. 高中   D. 专科   E. 本科及以上

3. 您所在的城市级别?

A. 省会城市及以上 B. 地级市   C. 县级市   D. 城镇   E. 乡村

4. 处理垃圾时您有将垃圾分类的习惯吗?

A. 经常   B. 偶尔   C. 很少   D. 从来没有

5. 您能否清楚地分辨可回收和不可回收垃圾?

A. 能,十分清楚   B. 有一点了解   C. 完全不了解

6. 您生活的地区垃圾投放点是以什么样形式安放的?

A. 分类垃圾桶   B. 传统垃圾桶

C. 无垃圾桶随意堆积   D. 固定垃圾站

7.【多选题】您认为可能影响您没有将垃圾分类的原因有哪些?

A. 时间匆忙   B. 不知如何分类

C. 没有分类的垃圾桶   D. 其他人没有分类

E. 认为分不分类影响不大   F. 与自身利益无关

G. 其他

8. 您认为垃圾桶上的分类信息对您有帮助吗?

A. 有,清晰易懂   B. 没有,看不懂,还是无法分类

C. 没有注意

9. 您一般会如何处理废旧电池和金属?

A. 放到指定回收处   B. 和普通垃圾一样处理   C. 随手乱扔

10.【多选题】您可能会对下列哪些物品进行分类处理?

A. 废电池   B. 塑料   C. 玻璃   D. 纸类

E. 食物类   F. 金属   G. 其他   H. 从不分类

11. 您接受过有关垃圾分类的教育或宣传吗?

A. 有,经常在课本、电视、杂志上看到

B. 一点点,偶尔在广告上看到

C. 从来没有,不了解

12. 您认为最有效的宣传途径是?

A. 电视广告   B. 杂志、书本宣传

C. 政府的号召和规定   D. 网络媒体的宣传   E. 其他

13.【多选题】您认为我国的垃圾分类还存在哪些问题?

A. 宣传力度不够   B. 公众环保意识不强

C. 我国垃圾处理技术落后   D. 政府没有明确的规则制度

E. 基础设施不完善   F. 公众对垃圾分类的方式还不了解

G. 其他

14.【多选题】如果您对垃圾分类有了一定的了解,基础设施也完善后您会参与垃圾分类的活动吗?

A. 会,非常乐意   B. 看情况,有时间会   C. 没兴趣

15. 您对垃圾分类还有什么好的建议吗?

———————————

谢谢您的参与!

(资料来源:https://www.wenjuan.com/lib_detail_full/520c8b219b9fbe52edd70d53)

项目 3　市场调查的技术方法

任务 3.1　实 地 调 查

任务目标

知识目标

1. 了解实地调查的方法种类
2. 掌握询问法、观察法、实验法调查技术

能力目标

1. 能运用询问法、观察法、实验法进行调查
2. 会对定量研究法与定性研究法进行比较

任务引例

康宝的调查

市场调查的起源可追溯到 N. W. Ayer 于 1879 年组织的首次调查活动和 Charles C. Parlin 于 1911 年在 Curtis 出版社建立的首个商业调查机构。

而 Parlin 的市场调查又始于数美国费城垃圾场中的罐头盒！Parlin 当时受雇为《星期六晚邮报》（*Saturday Evening Post*）推销广告位。康宝公司拒绝 Parlin 的推销，认为该杂志的读者主要为工薪阶层——这些人宁愿自己做汤也不会花 10 美分购买准备好的汤罐头。康宝公司将其产品的目标客户定位为愿意出钱买方便的高收入人群。作为回应，Parlin 开始数他从不同社区的垃圾场收集来的罐头盒。出乎康宝公司的意料，Parlin 的调查揭示汤罐头更多是工薪阶层而非富有阶层来买——后者有家里的厨师为他们做汤。康宝公司于是成为《星期六晚邮报》的客户。有趣的是，至今垃圾仍是营销调研人员的优良情报来源之一。

问题：

康宝公司应用了哪种调查方法？这种调查方法有什么特点？

知识链接

实地调查主要是收集第一手资料。第一手资料也称为原始资料，它是指市场调查人员通过实地调查而获得的资料，具有直观、具体、零碎等特点，是直接感受和接触的现象。

获取第一手资料，按照采取的形式不同可将其分为访问法、观察法、实验法、定性研究法等。选择哪种方法与调查目标、调查对象和调查人员的素质等有直接关系。每种调查方法其反馈率、真实性和调查费用都有不同的特点。

3.1.1 询问法

询问法又称访问法，是指通过调查者与被调查者双方的询问交谈，向被调查者调查了解市场情况的一种常用调查方法。询问法（访问法）分为面谈调查、电话调查、留置调查、堵截调查和网上访问等。

1. 面谈调查

面谈调查是调查者与被调查者双方直接面谈、询问调查问题、收集市场资料的一种方法。面谈调查有个人面谈、小组面谈、集体座谈、一次面谈、多次面谈等多种方式。它是市场营销调查中最通用和最灵活的一种调查方法。

面谈调查要求市场调查人员在面谈前先熟悉所要调查的问题，明确问题的核心和重点，并事先设计好问卷或调查提纲，也可以采用围绕调查主题进行"自由交谈"的形式。面谈调查的程序见表3-1。

表3-1　面谈调查的程序

工 作 程 序	工 作 内 容
1. 培训访问人员	形象、礼仪、访谈技巧
2. 确定访问者	依据调查目的设定样本
3. 预约	说明理由和条件
4. 访问	标准化式或自由交谈
5. 访问结果检查	判定资料真实性，是否需二次访问
6. 致谢	以书面或电话形式

（1）面谈调查的优点

第一，灵活性强。交谈的主题可以突破时间、次序的限制；对一些争议较大的问题，可以采取灵活委婉的方式迂回提问，逐步深入；对某一问题误解或不理解时，调查者可以当面予以解释澄清。

第二，调查资料的质量好。可以对访问的环境、被调查者的表情、态度等身体语言进行详尽的观察，也可以对被调查者回答问题的质量加以控制，从而使得调查资料的准确性和真实性大大提高。

第三，便于进行深度访谈。直接访问可以使被调查者的兴趣保持较长时间，可以深入了解被调查者的状况、意愿或行为。

第四，拒答率低。面对面的压力使人不容易轻易做出拒绝的选择。

第五，面对面的交流可以互相启发，收集到一些不曾预料到的资料和信息。

（2）面谈调查的缺点

第一，调查费用高。这主要表现为调查者的培训费、交通费、工资以及问卷、调查提纲的制作成本费等较高。

第二，对调查者的要求高。调查结果的质量很大程度取决于调查者本人的访问技巧和应变能力。

第三，调查不匿名，对一些敏感问题往往难以通过面谈调查法取得预期效果。

第四，调查方向、结果受调查者主观因素——头脑中固有的"条条框框"影响较大。

第五，对调查者的管理比较困难，主要表现在：有的调查者出于便利或急于完成任务，随意破坏样本的随机性要求和其他质量要求；有的调查者在取得一些资料后即擅自终止调查，根据不完备样本做出结论；还有一些人根本不进行调查，自己编造调查结果等。

（3）面谈调查的方式

1）个人面谈。个人面谈是由调查者与被调查者两人单独面谈。个人面谈具有灵活方便、谈话可伸缩性强、彼此可相互沟通思想、易产生激励效果、谈话集中、针对性强、效率高的优点。但费时长、费用大、易受面谈环境的影响。

2）小组面谈。小组面谈是将选定的调查样本分小组进行交谈。它具有个人面谈的优点，且在时间和费用方面优于个人面谈，但要求调查者具有一定的组织会议的能力与技巧。

3）集体座谈。集体座谈是将调查样本集中，以召开座谈会的方式听取意见，收集资料。其座谈规模大于小组面谈，具有小组面谈的优点，且能相互启发，集思广益，有助于发现新问题、新思路。

2. 电话调查

电话调查是指通过电信网络，采用电话征询方式，向被调查者了解市场情况的一种调查方法。电话调查可以坐在办公室内进行，省时节费，而且调查范围较大，还可以电话簿为基础进行随机抽样调查。电话调查常用是非法，即在是与非、有与无中"二中取一"的调查，所以电话调查一定要注意问答简捷，便于记录汇总，不占用被调查者太多的时间。

1）电话访问的程序：①根据调查目标及范围划分地区；②确定在每个地区的样本数；③编制电话号码单；④调查者（也可采用全自动电话访谈）根据电话单与被调查者进行电话沟通并记录；⑤电话访问后致谢。

2）电话访问的优点：①成本较低；②速度快、节省时间；③资料统一性高。

3）电话访问的缺点：①问题不能深入，电话调查的项目比较简单明确，通话时间又不能太长；②拒答率高，电话访问时与被调查者不见面，对对方当时的心态、手头正在从事的工作均无法判断，拒答率较高；③资料不够完整，电话访问只能够访问有电话的对象，不利于资料搜集的全面性；④资料的真实性较难把握，由于调查者不在场，很难根据被调查者的反应判断所获信息的准确性和有效性；⑤不能够使用视觉辅助手段，比如，无法得到被调查者对一些图片、广告或设计等的反应。

4）电话访问需要注意以下几个问题：①设计好问卷调查表，调查问题应当尽量简洁明了，调查时间应尽量控制在 15~20 min 之内；②挑选和培训好调查员，调查员的语言表达能力要强，要口齿清楚、语气亲善；③选择好调查样本和调查时间，样本的选择应尽量具有代表性，调查时间尽量选择被调查者可能比较方便的时间。

3. 留置调查

留置调查是指将事先印制好的调查问卷提供给被调查者，说明填写要求，让被调查者按时自行填写，最后，由调查人员定期回收的一种调查方法。这种方法回收率高、延续性好，适用于跟踪调查，但易受地域空间的限制。使用这种调查方法要注意被调查者应相对固定不变，以保证不中断的连续调查。

4. 堵截调查

堵截调查又称为街头访问、商场拦截。堵截调查的程序如图 3-1 所示。

1）堵截调查的优点：①由于访问地点比较集中，访问时间短，可节省对每个样本的访问费和交通费等；②避免了入户困难，也便于对调查员进行监控；③被调查者时间比较充分，调查员提出的问题一般都能够得到回答。

2）堵截调查的缺点：①不适合内容较长、较复杂或不能公开的问题的调查；②由于调查对象在调查地点出现带有偶然性，影响调查的精确度；③拒访率较高，可附带一定的物质奖励。

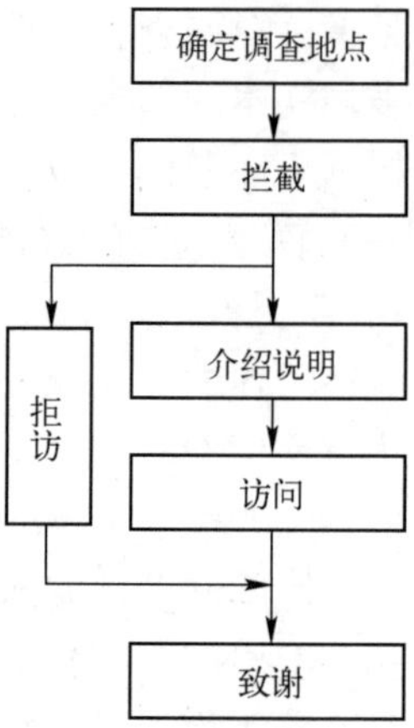

5. 网上访问

网上访问是随着互联网的发展而兴起的一种新的访问方式。前面讲述的一些调查方法都可以借助互联网这个媒介得到新的应用。

图 3-1　堵截调查的程序

（1）网上访问的方式

1）调查者将调查问卷通过电子邮件传给被调查者，由被调查者填好后发回。

2）调查者将调查问卷制作成网页，浏览者填写后保存。

3）在线小组讨论也是一种较好的网上访问方式。在线小组讨论由调查者充当实际的主持人，小组成员在网上平等讨论，自由沟通。

4）在线监控。通过网络计数器统计浏览者对某种产品信息的点击次数，搜集相关信息。

（2）网上访问的优点

1）辐射范围广。

2）访问速度快，信息反馈及时。

3）匿名性好，便于被调查者畅所欲言。

4）费用低廉。

5）能够提供独特的视觉音响效果。

（3）网上访问的缺点

1）样本对象具有一定的局限性。

2）所获信息的准确性和真实性难以判断。

3）需要配备一定的技术人员。

6. 常见访问方式的比较

常见访问方式的比较见表3-2。

表 3-2　常见访问方式的比较

评价标准	面谈调查	留置调查	电话调查	网上访问
处理复杂问题的能力	很好	较好	差	一般
搜集大量信息的能力	很好	一般	好	很好
敏感问题答案的标准性	一般	一般	一般	很好
对调查者效应的控制	差	一般	一般	很好
样本控制	很好	很好	好	差
搜集资料的周期	一般	一般	很好	很好

评价标准	面谈调查	留置调查	电话调查	网上访问
灵活程度	很好	一般	好	一般
调查费用支出	差	差	好	很好
回收情况	好	很好	较好	一般
搜集资料的真实性	好	好	一般	一般

3.1.2 观察法

观察法是指通过调查者的耳听、眼看、手触等方式或借助照相机、录音机、摄像机或其他仪器，观察被调查者的言行举止而取得第一手资料的调查方法。观察法要求人员直接进入市场、商店、展销会、订货会、博览会或消费者集中的场合，记录被调查者的活动、行为。在观察法中，被调查者活动不受干扰，其表现处于自然放松状态下，因此，资料接近实际，无虚假作假之成分。但要真正观察到实质内容，也非易事，有的需要反复多次观察。同时，还要求观察者具有丰富的经验、阅历和精湛的业务能力，才能看出名堂，得出科学结果，正所谓"内行看门道，外行看热闹"。

观察法按观察的对象分，有对人的观察，即对消费者的行为活动的观察，观察其言行举止及情感流露；还有对物的观察，即对商品、库存、销售数量、设施使用等状况的观察。若按观察者介入程度分，有作为旁观者的观察，如记录员、摄像员等；也有作为市场经济活动的一员所进行的观察，如售货员、业务员等。要搞好市场观察，要求观察者具有良好的记忆能力、判断分析能力，具有敏锐的洞察能力，能掌握观察法的要领，并有丰富的经验。

市场观察的内容广泛，丰富多彩，如：①商品资源观察。观察产品生产状态，判断商品资源数量；观察农作物的长势，判断收获数量。②顾客观察。观察顾客的活动，判断消费者的构成；观察营业员活动，判断待客方式、接待频率、成交率，用以改进商业服务，改善商品经营结构。③客流量观察。观察每天进出商店、车站的总人数，观察平常、节假日客流量的变动，研究日营业高峰、低谷等客流变化规律，对改善企业经营、调整劳动组织、合理安排劳动时间、指导劳动力资源的调配具有现实意义。④营业状况观察。观察营业场所商品陈列、货位分布、现场广告、商品供求状况等，判断企业经营管理水平。⑤商品库存观察。观察商品库存的商品分类结构、仓储条件、库存成本、积压残次品的处理问题等，以改进商品库存管理。⑥痕迹观察。观察销售场所、商品订货会的顾客留言簿、意见本上的留言，订货回执单上的意见，判断供求状况，了解顾客要求，改进售后服务。⑦其他观察。这包括除上述六点以外的其他活动观察，如：观察城市人流、物流变化，判断目标市场发展前景；观察商品使用状况，判断商品质量和性能的满足程度；观察市场监管、检查结果，判断市场管理水平；等等。

观察法的主要特点是，调查者同被调查者不发生直接接触，而是由调查者从侧面直接或间接地借助仪器将被调查者的活动按实际情况记录下来，避免让被调查者感觉正在被调查，从而提高调查结果的真实性和可靠性，使取得的资料更加接近实际。

观察法的优点为：①客观、真实，被观察者不受调查者的影响，行为、动作比较自然，所获得资料比较真实、准确；②直接、简单易行，只要选择合适的时间和地点，具备一定的观察设备即可进行调查。

观察法的缺点为：①观察的深度不够，只能观察表面现象，对被调查者的内在原因和动机无法确定；②限制性较大，观察法一般仅适用于较小的微观环境，并且受到观察者的身体条件、观察能力、记忆能力、分析能力的限制；③调查时间长、费用较高。

3.1.3 实验法

实验法是指通过实验对比来取得市场情况第一手资料的一种市场调查方法。实验法把自然科学中的物理学、化学实验求证理论、证明结论成立的研究方法移植到市场调查实验中来，在给定的条件下，对市场经济活动加以验证，从而获得市场调查资料。实验法比较客观，可信程度高，但只适用对当前市场的实验，而对历史或未来的市场实验则不可能。实验法的最大特点是把调查对象置于非自然状态下开展市场调查。实验法的核心问题是将实验变量或因素的效果从众多因素的作用中分离出来并予以鉴定。

实验法的工作程序如下：

1）根据调查项目和要求，提出需要研究的假设，确定实验变量。

2）进行实验设计，确定实验检验方法。

3）严格按实验设计的进程进行实验，并对实验结果进行认真的观测和记录。

4）对观测结果进行整理分析，得出实验结果。

5）写出调查报告

实验法的优点为：①实验结果具有较大的客观性和实用性；②方法具有主动性和可控性；③可以探索在环境中不明确的市场关系；④实验的结论具有较强的说服力。

实验法的缺点为：①时间长、费用大；②有一定的局限性；③有一定的时间限制。

1. 事前事后对比实验

事前事后对比实验是指在同一个市场内，先在正常经营情况下得出市场测量值 y_1，然后改变实验参数后得出市场测量值 y_2，最后将前后两期收集到的资料进行对比观察，得出实验变数效果的一种实验方法。其表达式为

$$实验变数效果＝事后测量值－事前测量值＝y_2-y_1$$

例 1 某平价超市拟对 A、B、C、D、E 五种瓜子进行调价实验，实验期为 1 个月，实验效果等有关资料见表 3-3。

表 3-3 调价实验

品牌\测量	售价（元/包）		销售（包）		市场占有率（%）		变动（%）
	实验前	实验后	实验前	实验后	实验前	实验后	
A	2.80	2.60	4000	5200	19.70	24.41	4.71
B	2.65	2.50	4100	5000	20.20	23.48	3.28
C	2.20	2.25	3800	3700	18.72	17.37	−1.35
D	2.10	2.15	3900	3800	19.21	17.84	−1.37
E	1.70	1.90	4500	3600	22.17	16.90	−5.27
合计			20 300	21 300	100.00	100.00	

可见，A、B品牌瓜子的价格下调后，其市场占有率分别上升4.71%、3.28%；而C、D、E品牌瓜子价格上调后，其市场占有率分别下降1.35%、1.37%与5.27%。这说明，消费者对瓜子价格变动较为敏感。

2. 控制组与实验组对比实验

控制组与实验组对比实验是指以非实验单位作为控制组，以实验单位作为实验组，两组同时（同起始、同终止）进行测量、对比的一种实验方法。此法因控制组与实验组在同一时间内进行实验对比，可以排除由于前后两期对比因时间不同而产生的实验误差，从而提高实验结果的准确性。另外，要注意控制组与实验组之间的可比性，即两组的主客观条件要基本相同或相似，两组在规模、类型、经营产品的种类、品质、购销环境等方面要大体一样，以增强实验效果的可信度。控制组的事后测量为y_2，实验组的事后测量为x_2，其对比实验的公式为

$$实验变数效果 = 实验组事后测量 - 控制组事后测量 = x_2 - y_2$$

例2 某公司拟以A、B、C为控制组，D、E、F为实验组（两组均为同等的市场规模、人口数量、城区特征和经济发达程度的超市），对其进行营养面霜调价实验，两组测量数据见表3-4。

表3-4 对比实验

控制组			实验组			实验变数效果（元）
超市	价格（元/瓶）	销售额（元）	超市	价格（元/瓶）	销售额（元）	
A	64.00	99 840	D	57.60	101 376	1536
B	60.00	100 800	E	54.00	103 148	2348
C	62.00	99 200	F	55.80	100 440	1240
合计		299 840	合计		304 964	5124

表中控制组实行原价格，实验组D、E、F分别比A、B、C下调10%，两组同时实验一个月。结果表明D比A增加1536元销售额，而E、F比B、C分别增加2348元、1240元销售额；实验组比控制组增加5124元销售额，表明降价促销可行。

3. 有控制组的事前事后对比实验

有控制组的事前事后对比实验是指对控制组事前事后实验结果与实验组事前事后实验结果分别进行测量，然后再进行对比的一种实验调查方法。这种方法既不同于在同一个市场上进行的事前事后对比实验，也不同于在同一段时间内进行的控制组与实验组的对比实验。而是在同一段时间内，在两个不同市场（组）上分别进行事前事后测量的基础上，再进行对比，以得到实验变数效果。这种方法由于实验的变数多，有利于消除外来因素变动的影响，从而大大提高实验变数效果的准确性。其计算公式为

$$实验变数效果 = 实验组变动结果 - 控制组变动结果 = (x_2 - x_1) - (y_2 - y_1)$$

式中　x_1、x_2——实验组的事前、事后测量值；

　　　y_1、y_2——控制组的事前、事后测量值。

例3 某鞋业公司拟对某品牌旅游鞋进行降价实验，选A专卖店作为控制组，B专卖店作为实验组。4月份A专卖店销售额为40 000元，B专卖店为50 000元；5月份A专卖店按原价销售，销售额为48 000元，B专卖店降价销售，销售额为76 000元。试用有控制组的

事前事后对比实验法分析降价的影响，具体计算见表3-5。

表3-5 有控制组的事前事后对比实验

组　　别	事前测量（元）	事后测量（元）	变动（元）	实验效果（元）
实验组（B）	$x_1 = 50\,000$	$x_2 = 76\,000$	$(x_2 - x_1) = 26\,000$	$(x_2 - x_1) - (y_2 - y_1) =$
控制组（A）	$y_1 = 40\,000$	$y_2 = 48\,000$	$(y_2 - y_1) = 8000$	$26\,000 - 8000 = 18\,000$

由表3-5可见，实验组B事前事后对比实验的变动效果26 000元中，既有实验变数（降价）的影响，又有外来变数（其他因素）的影响。其中，外来变数影响（由控制组A事前事后对比实验得出）的变动效果为8000元，排除外来变数影响，B专卖店调价实验效果为18 000元。采用有控制组的事前事后对比实验，有利于排除实验变数的影响，从而提高实验结果的准确性。

4. 随机对比实验

随机对比实验是指按随机原则确定实验单位而进行的实验调查方法。当实验单位数目多且情况复杂时，采用随机抽样法来选定实验样本，可以提高实验结果的代表性、准确性。

3.1.4 定量研究法与定性研究法的比较

定量研究法通常通过图表、数理模型、统计方法等将分析资料量化处理。定性研究法是对研究问题的质的规定性进行科学抽象和理论分析的方法，这种方法一般选定较小的样本对象进行深度的、非正规性的访谈，以进一步弄清问题、发掘内涵。

许多调查者都不愿意根据小样本调查结果进行重大的战略决策，因为它在很大程度上仅仅依赖于调查者的主观认识和个人解释。但定性研究调查成本低，能够了解被调查者内心的动机和感觉，所以定性研究也得到了广泛的应用。

定量研究和定性研究的差异（见表3-6）决定了二者之间的应用场合、使用力度、研究问题的类型以及对研究人员的要求各不相同，这就要求我们有重点、有针对性地加以选择和综合。

表3-6 定性研究与定量研究的差异

比较维度	定性研究	定量研究
问题的类型	推测性	有限的推测性
样本规模	较小	较大
每一访谈对象的信息	大致相同	不同
执行人员	需要特殊的技巧	不需要太多的特殊技巧
分析类型	主观性、解释性的	统计性、摘要性的
硬件条件	录音机、摄像机、投影仪、讨论提纲	计算机、调研问卷
重复操作的能力	较低	较高
对调查者的培训内容	心理学、社会学、社会心理学、消费者行为学、营销学、市场调查	统计学、决策模型、决策支持系统、市场调查
研究的类型	试探性的	说明性的、因果性的

常用的定性研究方法主要包括小组座谈法、深度访谈法、案例研究等。

 **任务实施**

教师可组织学生通过查阅资料、网络调查等方式获取下面的解决方案:
康宝的调查采用的调查方法是观察法。详情请扫描二维码。

3-1　康宝公司的调查方法及特点

 任务小结

实地调查法是根据市场调查目的、要求和调查对象的特点，通过直接接触调查对象来取得第一手资料的方法，它具有针对性强、适应性广、材料真实的特点。但由于实地调查涉及范围广，且需用大量人力，因此具有费时、费钱的不足之处。

📁 **任务拓展**

课堂研讨

1. 某公司为扩大保健品销量，研究认为应当改变原来的包装，但对新设计的包装效果没有把握，为此公司决定采用事前事后对比实验的方法进行调查。

公司选择了该厂三种具有代表性的保健品包装作为实验对象，实验期为两个月。先记录三种原包装保健品在两个月内的市场销售额（实验前测量），改用新包装两个月后再计算这三种新包装保健品的市场销售额（实验后测量）。结果见表3-7。

表3-7　实验销售结果对比

保　健　品	实验前销售额（元）（y_1）	实验后销售额（元）（y_2）	变动（元）（y_2-y_1）
A	8000	8700	700
B	3100	4500	1400
C	8200	9100	900
总计	19 300	22 300	3000

提示：从实验结果看，采用新包装可增加收入3000元。因此，对公司而言，采用新包装是可行的。

2. 某公司计划在春节期间降低M品牌西装的价格，决定采用有控制组的事前事后对比实验方法来检验降价效果。公司将分布在全国的12家专卖店分成控制组和实验组。假设实验前两组月销售额均为16 000元。一个月后，实验结果见表3-8。

表 3-8　实验结果对比

组　　别	实验前（元）	实验后（元）	变化量（元）
实验组	16 000	21 000	5000
控制组	16 000	18 000	2000

实验组增加销售额 5000 元，但这并不完全是降价带来的结果，其中还包括外来变量，即春节这个特殊时期造成的影响。它导致的销售额增加部分可以从控制组实验前后的销售额变化中反映出来，即 2000 元。这一部分应当从实验组的变动量中剔除，即真正由于降价导致的销售额增量为 5000 元－2000 元＝3000 元。

课后自测

1. 询问法包括哪几种？都有什么特点？

2. 假定您所在的学校想要了解有多少人在学生食堂吃饭，可以采用几种方法得到这一信息？哪一种方法是最好的？

3. 假定某国外冰淇淋厂家想将其产品打入中国市场，请问在前期的市场调查中，应当采用什么方法最为合适？

实操演练

从以下题目中任选一个，在你的班上组织一次焦点小组访谈（小组面谈的一种）。（学生对学院学生会的感受；冷冻食品、快餐和其他可能会受欢迎的食品的质量；学生平时的娱乐项目，以及他们可能会喜欢的新项目。）

任务 3.2　二手资料的收集

任务目标

知识目标

1. 了解二手资料的优缺点和收集步骤

2. 掌握文案调查法的含义

3. 了解网络调查法的类型

能力目标

1. 能运用文案调查法对二手资料进行调查

2. 会使用网络对二手资料进行调查

任务引例

文案调查法

日本一家公司通过查阅美国有关法律和规定获知了美国对美国本国商品的定义为："本国一件商品，美国制造的零件所含价值必须达到这件商品价值的 50% 以上。"根据这条信息，这家公司找到了应对的方法：进入美国的产品共有 20 种零件，在日本生产 19 件，从美国进口 1 件，这 1 种零件价值最高，其价值超过 50%，在日本组装后再送到美国销售，就成了美国商品，可以直接与美国厂商竞争。

问题：

以上案例的调查方法有何优点，不足之处又在哪里？

 **知识链接**

3.2.1 二手资料概述

二手资料，也称次级资料，是指特定的调查者按照原来的目的已搜集、整理的各种现成的资料，如年鉴、报告、文件、文集、报刊、各种公报、在线数据库等所提供的资料。

1. 二手资料的优缺点

二手资料是在某处已经存在，并为某种目的而收集起来的信息。二手资料为整个营销调研提供了基础性资料。

二手资料的优点是：①获得迅速；②成本低；③容易获取；④为实地调查提供经验和背景资料。

二手资料的缺点是：①资料的研究目的、标准与公司实际需要不一致；②资料零散，缺乏系统性、针对性；③资料过时。

2. 二手资料的来源

二手资料主要包括公司内部资料和外部资料。

内部资料的主要来源有：①业务资料；②统计资料；③财务资料；④其他资料。

外部资料的主要来源有：①国家及各地方统计机关公布的统计资料；②行业协会发布的行业资料；③图书馆存档的商情资料、技术发展资料等；④出版单位提供的书籍、文献、报纸杂志、工商企业名录、商业评论、产业研究、市场行情报告、各类分析报道等；⑤银行、证券公司的经济调查、评估报告；⑥各类专业组织的调查报告、统计数字、分析报告；⑦各类研究机构、广告公司、市场调查公司、咨询公司等的调查报告；⑧国内外各种博览会、展销会、交易会、订货会等促销会议以及专业性会议上发放的文件和资料。互联网的出现为二手资料的调查、使用，提供了简便快捷的手段。

3. 二手资料的收集步骤

（1）明确需要调查哪些资料

当目标越清晰的时候，完成工作所需要的时间、精力、费用就会越少。在收集资料时要注意兼顾调查的现实目的和长远目的。现实目的就是此次调查的目的、需要解决的问题、所需要的资料以及对资料本身的要求。长远目的就是注意公司对资料的长远要求，通过资料的查阅、收集、统计、分析，为公司经常性的经营活动和方案制订提供基础性材料。

（2）审查、分析现有材料

现有资料是公司内部已经取得或积累起来的二手资料。资料主要包括：①公司内部与本次调研相关的记录资料，如生产、销售方面的记录；②已经公布的统计资料；③公司前期积累的相关研究资料；④有关定性分析的资料；⑤检查资料是否需要补充。

对以上资料审查与分析的标准有：

1）内容：是否全面、可靠，能切实满足调查要求。

2）水平：资料的专业程度。

3）重点：资料是否针对了调查的有关内容。

4）时间：资料涉及的时间是否恰当，是否能满足某些资料的时序要求。

5）可信度：是否真实。

（3）寻找资料信息来源

从一般线索到特殊线索是每个调查人员收集情报的必由之路。随着调查的进一步展开，调查的资料也就逐渐深入和完善。

（4）对资料进行筛选和分析

围绕调查的目的和内容，根据事先的调查计划，选择正确的统计方法和统计指标，必要时制成图表来进行分析比较，对所要调查的问题提出科学、客观的解释。

（5）撰写调查报告

传统的调查报告的基本内容包含以下几个方面：标题页、目录、执行摘要、背景、方法论、结果和附录。

4. 二手资料价值的评价

营销调研者收集的二手资料往往不都是真实可靠的。因此在使用这些资料时，必须对其进行评价。主要评价以下几个方面：

（1）资料的真实性

主要考察资料的出处或资料的作者，及其研究目的。

（2）资料的可用性

确定资料的可用性是指检查资料的属性。对数据性文献资料，要特别注意检查数据的测量尺度、分组状态是否与本次调查要求相适应。确定资料的可用性还应当包括对资料时效性、完整性的确定。

（3）资料的综合价值

分析资料的综合价值是指结合本次调查的目的和要求，对资料的各个方面进行全面的分析评价。

下面介绍几种具体方法。

3.2.2　文案调查法

1. 文案调查法的含义

文案调查法又称间接调查法，是指调查者不亲临被调查者现场进行访问、观察和实验，而是通过搜集已有的各种信息（资料、情报），对调查对象进行分析研究的一种方法。文案所获的信息属于二手资料。

文案调查法与实地调查法相比，有如下几个特点：搜集已经加工过的二手资料非原始资料；收集过去的资料，而非现在的资料；相对而言节约人力、物力和财力，不受时空限制，但所获资料不一定与调查目的相吻合，需进行再加工才能使用。

2. 文案调查的功能

在市场调查中，文案调查有着其特殊的地位，它作为市场信息收集的重要手段，一直受到世界各国的极大重视。例如，接近60%的受访者认为目前全球饥饿问题严重。超过35%的受访者认为全球粮食生产不够，46%的受访者认为足够。超过80%的受访者认为全球粮食分配不平均。大部分人认为，分配不均才是饥饿问题的核心，而非与粮食产量有关。至于对基因改造农作物技术，可以增加粮食产量，有助于解决全球饥饿问题的说法，有超过30%的受访者不同意，接近55%的受访者同意。以上是绿色和平组织、乐施会对世界粮食问题态度与基因改造食物进行的调查。如果期望了解这方面的内容，只要查阅这份现成的资料就行了，完全没有必要再去自己收集原始资料。

文案调查的功能具体表现在以下几个方面：文案调查可为实地调查提供背景材料；文案调查可用于有关部门和企业进行经常性的市场调查；文案调查不受时空限制。

3. 文案调查的资料来源

从企业的角度出发，文案调查的资料来源主要有企业内部资料与外部资料。内部资料是存在于企业内部的资料，它们是在企业的正常运转过程中收集、整理并使用的"内部资料"，包括各个部门提供的各种业务、统计、财务及其他相关资料。对于现代企业管理来说，建立管理信息系统将企业的内部资料全部放入信息系统的数据库中，便于查、修、删、改，进行动态管理。外部资料是存在于企业外部各种各样信息源（如书籍、报刊、政府出版物、名录、在线数据库等）上的资料。下面分别对内部资料来源和外部资料来源加以说明。

（1）内部资料来源

收集企业内部资料实际上是指收集企业经济活动的各种记录，主要包括以下几种：

1）业务资料。业务资料主要包括与企业业务经营活动有关的各种原始记录资料，如订货单、进货单、发货单、合同文本、发票、销售记录、业务员访问报告等。可以从中了解用户的需求情况和地理位置、供应单位的情况、产品的运输情况等。业务资料一般从企业业务部门搜集。

2）统计资料。统计资料主要包括各类统计报表，反映企业生产经营活动的各种资料、各类统计分析资料等，如工业企业的产品产值、产量、销售量、库存量、单位成本、原材料消耗量等统计数据。统计资料可以用来研究企业经营的规律，以便进行预测和决策，一般从企业统计部门搜集。

3）财务资料。财务资料是企业财务部门提供的各种财务、会计核算和分析资料，包括生产成本、销售成本、各种商品价格及经营利润等。财务资料可以用来加强企业管理、研究产品市场、考核企业的经济效益等，一般从企业财会部门搜集。

4）企业积累的其他资料。企业积累的各种上级文件资料、政策法规、调研报告、经验总结、工作总结、顾客意见和建议、照片、录音录像、剪报等，可以作为企业市场调查的参考资料。

（2）外部资料来源

1）国家统计局和各级地方政府定期发布的统计公报、定期出版的各类统计年鉴，例如《中国统计年鉴》、各省统计年鉴、《中国工业经济统计年鉴》和《中国人口年鉴》等。

2）各类经济信息部门、各行业协会和联合会提供的定期或不定期的信息公报或年鉴。例如《中国经济年鉴》《中国对外经济贸易年鉴》《中国金融年鉴》《中国企业管理年鉴》《中国商业年鉴》《中国城市年鉴》等。

3）国内外有关报纸、杂志、电视、广播等大众传播媒介。这些传媒提供种类繁多、形式多样的各种直接或间接的市场信息。例如《人民日报》《光明日报》《中国经营报》，以及中央广播电视总台等。

4）各种国际组织、外国驻华使馆、国外商会等提供的定期或不定期的统计公告或交流信息等。例如《世界经济年鉴》《联合国统计年鉴》《国际贸易统计年鉴》《国际收支年鉴》《国际金融年鉴》《美国统计摘要》等。

5）国内外各种博览会、交易会、展销订货会等营销性会议，以及专业性、学术性会议上发放的文件和资料。例如世界博览会、中国-东盟博览会、中国进出口商品交易会（广交会），各类专业性、学术会议等的相关资料。

6）各种信息中心和信息咨询公司提供的市场信息资料。专业的调查公司有尼尔森、盖洛普、零点、慧聪国际、中国广视索福瑞等。

7）各级政府部门公布的有关市场的政策法规，以及执法部门的有关经济案例。例如《中华人民共和国民法典》《中华人民共和国消费者权益保护法》《中华人民共和国保险法》《中华人民共和国食品安全法》《中华人民共和国专利法》等。

8）研究机构、高等院校发表的学术论文和调查报告等。

3.2.3　网络调查法

互联网是个全球性网络。它连接服务器，同时也把互联的企业、科研院所、商贸协会、政府部门、医疗机构、科学设施以及个人连接起来。它使得计算机及其使用者能获得世界范围内的数据、图像、声音和文件。互联网在许多方面使二手资料的搜集工作产生革命性的变化，借助网络几乎可以找到任何东西。对有些调研者来说，跑图书馆可能已成为历史。

互联网涉及的领域宽广，覆盖了几乎所有的主题，其主要优势是速度快、信息量大、成本低廉。目前传统的市场调查中已有资料的收集也越来越多地通过网络来进行。互联网信息资料的收集主要是通过引擎搜索所需信息的网址，然后访问所需查找信息的网站或网页。如果事先知道所需信息的网址，只要在浏览器的地址栏中键入网址即可查找到需要的信息。

网络已经成为人们日常生活中不可或缺的一部分。据环球网报道[⊖]，2019 年全球已经有45.4 亿人接入了互联网，占据全球总人口的近 60%，其中，泰国用户成为最痴迷上网的国家，每日联网时长达到了 6.66 h，日本用户平均每日联网时长 6.29 h。从全球网民的联网习惯上看，周末联网人数最多，周二联网人数最少，V 字分布趋势明显，全球移动互联网用户日活跃指数在 19:00—21:00 期间形成峰值。网络调查逐渐成为最受欢迎的数据收集方式。网络调查是指利用互联网开展的市场调查活动。网络调查可分为网络直接市场调查和网络间接市场调查。

1. 网络直接市场调查

网络直接市场调查是指利用互联网技术，通过网上问卷等形式调查网络消费者行为及其意向的一种市场调查类型。从不同的角度，网络直接市场调查分为不同的种类。

（1）按调查的思路不同分类，可以分为网上问卷调查、网上论坛调查等

1）网上问卷调查。网上问卷调查是将问卷在网上发布，被调查者在网上完成问卷调查。在实际操作中有两种网上问卷调查途径：①通过网站发布和回收问卷。将问卷放置在WWW 站点上，等待访问者访问时填写问卷，如中国互联网络信息中心（CNNIC）每半年进行一次的"中国互联网络发展状况调查"就是采用这种方式。这种好处是采取自愿性填写，

⊖　见 https://baijiahao.baidu.com/s？id=1662666012113640263&wfr=spider&for=pc

缺点是无法核实问卷填写者的真实情况。为达到一定的问卷数量，站点还必须进行适当宣传，以吸引大量访问者。②通过电子邮件发送和回收问卷。通过电子邮件方式将问卷发送给被调查者，被调查者完成后结果通过电子邮件返回。这种方式的好处是，可以有选择地控制被调查者，缺点是易遭到被调查者的反感。用这种方式时首先应争取被调查者的同意，并向其者发送小礼物。

小贴士　　　　　　在线问卷供应商——问卷星

问卷星（https://www.wjx.cn/）是一个专业的在线问卷调查、测评、投票平台，专注于为用户提供功能强大、人性化的在线设计问卷、采集数据、自定义报表、调查结果分析系列服务。与传统调查方式和其他调查网站或调查系统相比，问卷星具有快捷、易用、低成本的明显优势，已经被大量企业和个人广泛使用，其典型应用包括：

① 企业。例如客户满意度调查、市场调查、员工满意度调查、企业内训、需求登记、人才测评、培训管理。

② 高校。例如学术调研、社会调查、在线报名、在线投票、信息采集、在线考试。

③ 个人。例如讨论投票、公益调查、博客调查、趣味测试。

2）网上论坛调查。网上论坛调查是指通过 BBS 和新闻组对企业的产品进行网上调查。尽管网上问卷调查方法有比较客观直接的优点，但也存在不能对某些问题进行深入的调查和分析原因的缺点。为了弥补网上问卷调查的不足，许多企业设立 BBS 以供访问者对企业产品进行讨论，或者与某些专题的新闻组进行讨论，以更多深入调查获取有关资料。及时跟踪和参与新闻组和 BBS，有助于企业获取一些问卷调查无法发现的问题。因为问卷调查是从企业角度出发考虑问题，而新闻组和 BBS 是用户自发的感受和体会，这样传达的信息也往往是比较客观的，网上论坛调查的缺点是信息不够规范，需要专业人员进行整理和挖掘。

小贴士　　　　　　新　闻　组

新闻组是在互联网上与其他专业人士和某个兴趣小组进行沟通的一个主要渠道。新闻组的功能和 BBS 差不多，是针对某个话题或兴趣组建的，话题涉及各个方面，从公司、运动、产品、服务、投资、品牌到动物。用户将信息发给新闻服务器，服务器再将它们发送给其他参与者。这样，其他用户就能够获取信息，阅读公告。

3）博客。博客是使用特定的软件，在网络上出版、发表和张贴个人文章的人，或者是一种通常由个人管理、不定期张贴新的文章的网站。博客上的文章通常以网页形式出现，并根据张贴时间，以倒序排列，通常具备 RSS（简易信息整合）订阅功能。如今，一些公司也借助博客与顾客或其他商业伙伴进行交流。市场调查人员可以使用博客（及微博）来监测品牌、追踪趋势、描述顾客和识别未被满足的需求。此外，博客也能作为深度访谈的一种形式。新浪博客提供了较丰富的内容（详见 http://blog.sina.com.cn/），有兴趣的读者可自行查看。

4）移动网络调查。2020 年全球智能手机用户达 35 亿，其中来自中国的用户占据超过1/4。智能手机不仅能让研究者通过地理定位、地理围栏技术或者移动分析观察受访者所在的地点，还能够在移动调查中询问他们的实时反馈。地理围栏即在一个地点周围建立一个虚拟边界。移动网络调查的好处还有：提高回答率（和一般方法相比，顾客在移动设备上回答率更高且速度更快）、增强便利性、扩大受访面、丰富调研内容、扩大受访人群、及时反馈、节约成本等。移动调查问卷设计时要注意以下几点：①移动问卷必须短，这也是最重要的一点，10个问题或更少一些最好；②一个好的移动调查问卷必须将页数降到最少；③问题的类型要简单；④所有的无关内容都应该降到最少。

5）社交媒体市场调查。社交媒体，如微信等给了调查人员从未有过的机会来了解他们的顾客。公司可以问自己"谁是我们的粉丝?""关于我们的品牌他们能教会我们什么?"要回答这些问题，首先要和消费者建立对话并成立关于公司品牌的消费者组织。

小贴士   **X社交网**

当你决定注册一个新账号时，X社交网在你的浏览器中插入两个Cookie：一个临时Cookie和一个浏览器Cookie。自此，每当你访问有X社交网分享选项或可以用X社交网登录的网页时，该社交媒体网站会获取你点击网页的地址、时间和日期，其他信息（如IP地址、操作系统和浏览器版本等）也会被记录下来。如果你在登录X社交网的时候上网，临时Cookie会记录你的活动，还会记下你的姓名、电子邮件、朋友和所有与你特征相关的数据。如果你没有登录，或者你不是它的用户，浏览器Cookie会执行记录并给出你唯一编号，但不会记录其他个人信息。对广告商来说，X社交网提供了转换跟踪。转换跟踪通过监测人们在看过这些广告之后的行为来帮助企业监测其在X社交网广告的投资回报。此外，X社交网的分析能使广告商的单位印象成本（将广告送达一个潜在顾客的成本，一般以千人成本为表达标准）收益最大化，所以最可能转换的人也最有可能看到广告。

（2）按组织调查样本的行为不同分类，可以分为主动网上调查法和被动网上调查法

主动网上调查法，即调查者主动组织调查样本，完成统计调查的方法。被动网上调查法即调查者被动地等待调查样本造访，完成统计调查的方法。被动网上调查法的出现是统计调查的一种新情况。

（3）按采用的调查技术不同分类，可以分为站点法、电子邮件法、随机IP法和视频会议法等调查方法类型

1）站点法。它是将调查问卷的HTML文件附加在一个或几个网络站点上，由浏览这些站点的网上用户回答调查问题的调查方法。站点法属于被动网上调查法。

2）电子邮件法。它是通过给被调查者发送电子邮件的形式将调查问卷发送给一些特定的用户，由用户填写后以电子邮件的形式再反馈给调查者的调查方法。电子邮件法属于主动网上调查法，优点是大大提高时效性。

3）随机IP法。它是以产生一批随机IP地址作为抽样样本的调查方法。它属于主动网上调查法，其理论基础是随机抽样。

4）视频会议法。它是基于Web的计算机辅助访问的调查方法，是将分散在不同地域的被调查者通过互联网视频会议功能虚拟地组织起来，由主持人引导来讨论调查问题的调查方法。视频会议法最主要的形式是焦点小组访谈。

2. 网络间接市场调查

网络间接市场调查主要是利用互联网收集与企业营销相关的市场、竞争者、消费者以及宏观环境等方面的信息，一般通过搜索引擎搜索有关站点的网址，然后访问所想查找信息的网站或网页。

（1）收集竞争者信息的方法

1）利用搜索引擎进行检索。利用所有的相关关键词和喜爱的搜索引擎进行一系列的互

联网检索是搜索竞争者信息的首选方法。查找不同类型的信息要选择合适的搜索引擎。一些机构和国际组织的网站也能提供大量的信息，如中华人民共和国国家统计局网站、中华人民共和国商务部网站、中华人民共和国教育部网站、搜数网、世界贸易组织网站、世界银行网站、经济合作与发展组织网站、国际货币基金组织网站等。寻找全球性竞争对手信息的最好方法是在全球知名网站中查找，如美国市场营销协会（www. ama. org 或 www. marketingpower. com）、美国数据检索（www. factfinder. census. gov）、谷歌（www. google. com）等。收集国内竞争对手的信息可以利用百度等。值得注意的是，由于很多企业没有将重要信息在网上发布，通过搜索引擎可能只能搜索到部分信息，往往还需要配合传统方法收集完整信息。

2）访问竞争者的网站。竞争者的网站会透露其当前及未来的营销策略。应该认真研究竞争者网站的风格、内容和主要特色。虽然调查者在网站上可能发现不了什么内幕消息，但浏览竞争者的网站是获得大量信息的好办法。

3）收集竞争者网上发布的信息。

4）在线数据库。根据各类数据库中包含信息性质的不同，通常将在线数据库分为文献类数据库、数据类数据库和指南类数据库。文献类数据库指的是包含期刊、图书、报纸、政府文件全文或引用部分的数据库。常用的国外文献类数据库有 ScienceDirect、EBSCO、John Wiley、Taylor & Francis 等。常用的国内文献类数据库有清华大学主办的中国知识资源总库、万方数据资料系统、维普中文科技期刊数据库、中国财经报刊数据库、超星数字图书馆、方正阿帕比电子书库等。数据类数据库是指包含各类数据的数据库。国内常用的数据类数据库有中国资讯行高校财经数据库、CCER 经济金融数据库、中宏数据库、Wind 中国金融数据库、中经网统计数据库、中经网产业数据库等。指南类数据库是指关于某个特定机构、个人或政府部门等信息的数据库。

5）从其他网上媒体获取竞争者的信息。如果企业没有自己收集竞争者信息的资源或技术，就只能外购竞争者的信息了。外购信息优点是外部的咨询人员是客观的，他们具有丰富的专业经验，他们可以更快地完成报告，他们可以定期更新信息。外购的缺点是成本高，包括初始成本和更新信息的成本。

6）从有关新闻组和 BBS 中获取竞争者的信息。在网上有许多关于竞争者信息的讨论组，参加其中的任何一个都会得到很多有价值的信息。

（2）收集市场行情信息的方法

企业所收集的市场行情信息主要是指产品价格变动、供求变化方面的信息。收集市场行情信息，首先要了解可能用来收集市场行情信息的站点。这一类站点数目较多，大致有三种：

1）实时行情信息网，如关于股票和期货市场的网站。

2）专业产品商情信息网。一般来讲，不同商情信息网侧重点不同，最好是能同时访问若干家相关但不完全相关的站点，以求找出最新的最全面的市场行情。

3）综合类信息网。

（3）收集消费者信息的方法

消费者信息是指消费者的需要、偏好、意见、趋势、态度、信仰、兴趣、文化和行为等方面的信息。通过互联网了解消费者的偏好，可以通过网上调查的方法来实现。了解消费者的偏好也就是收集消费者的个性特征，为企业细分市场和寻找市场机会提供基础。

1）利用 Cookie 技术收集消费者信息。Cookie 是用户硬盘里的一个小的文本文件，它可以把用户的上网信息储存在浏览器的存储器中。一旦用户浏览某个使用 Cookie 技术的网站超过一定时间，网站就会把相关的信息下载到用户的浏览器上并存储起来。利用 Cookie 技术，企业可以更详细地了解消费者的上网特征甚至购买行为。Cookie 是收集消费者信息的优秀工具。利用 Cookie 与通过电子问卷调查等手段收集的信息，调查者就可以了解用户上网特征，包括用户人口统计数据、消费心理数据等。收集这些重要的消费者信息可以帮助调查者实施更有效的一对一营销。

2）通过二手资料获取消费者信息。互联网可以让调查者迅速收集到遍布全球的二手消费者信息。有大量组织机构提供内容广泛的消费者信息，调查者可以在互联网上找到各种商业报告、贸易杂志、数据库和政府的人口普查数据。有些服务是免费的，但很多是付费的，一般来讲，购买二手数据比收集一手数据更快更便宜。

3）利用专业统计软件和网上订单收集消费者信息。有的公司还通过网页统计方法了解消费者对企业站点感兴趣的内容，现在的统计软件可以如实记录下每个访问页面的 IP 地址、如何找到该网页等信息。目前许多公司为了方便消费者，在公司网站架设 BBS，允许消费者对公司的产品进行评述和提意见。有的公司允许消费者直接通过网络下订单，提出自己的个性化需要，公司因此可以获取消费者直接的一手资料。

（4）收集环境信息的方法

环境信息是指与企业营销战略有关的宏观环境变量的总和。宏观环境主要是指直接或间接影响企业的生存与发展的社会、技术、经济和政治因素。环境信息调查应该看成是对主要的环境变量信息进行收集、评价并把它们与企业的日常决策和长期战略计划结合在一起的过程。在当今全球一体化趋势下，任何地方发生的事情或出现的问题都可以对企业实现其短期和长期目标的能力产生影响。

总之，网络调查是利用网络针对特定的营销环境进行市场调查活动，与传统的市场调查活动相比，网络调查是一种集经济、方便、快速等优点于一体的市场调查方法。

3．网络调查策略

（1）通过电子邮件或来客登记簿获得市场信息

电子邮件和来客登记簿是在互联网上企业与顾客交流的重要工具和手段。电子邮件可以附有 HTML 表单，访问者可在表单界面上点击相关主题并且填写附有收件人电子邮件地址的有关信息，然后发回给企业。来客登记簿是让访问者填写并发回给企业的表单。通过电子邮件和来客登记簿，不仅可使所有顾客了解企业的情况，而且也可以帮助市场营销调查人员获得相关的市场地址。比如，在确定访问者的邮编后，就可以知道访问者所在的国家、地区等地域分布范围；对访问者回复的信息进行分类统计，就可以进一步对市场进行细分，而市场细分是企业制定营销策略的重要依据之一。

（2）科学地设计网络调查问卷

一个成功的网络调查问卷应具备两个功能：一是能通过网络将所调查的问题明确地传达给访问者；二是设法取得对方的合作，使访问者能给以真实、准确的回复。这就要求认真编辑问卷。拟定问卷主题后，对本次调查做简要介绍；同时，要合理设计问卷长度和问题项目及回答项目。问卷应有一段结束语，并附上问卷设计者和赞助机构的联络方式。

（3）提高访问者的积极性的技巧

1）给访问者一定的奖励以激发其参与调查的积极性。提供奖励可以提高问卷的回收率，主要可以采取物质奖励和向访问者提供调查结果两种方式。物质奖励的方式可以是提供线上折扣券、小礼物和抽奖等形式。

2）给访问者安全的保证。因特网是一个公开的网络，因此安全是网络调查一个十分重要的问题。一方面应当加强安全措施，采用许多最新的防黑技术需要企业和用户做出一些时间和资金投入。同时，企业也应当向用户提供保证，以便使访问者放心大胆地把自己的个人资料透漏给公司。

3）强调调查的重要性。当收到 E-mail 问卷时，许多用户一看是调查便马上将其丢到"垃圾箱"里，因此我们一定要在问卷的开始强调调查的重要性，强调本问卷对公司和用户都有至关重要的作用。被调查者感到自己肩负重任，具有成就感，就能提高积极性。

4）在网络上建立情感的纽带。企业网站上不仅仅展示产品的图片、文字等，而且要有针对性地提供公众感兴趣的时装、音乐、电影、家庭乃至笑话等有关话题，以大量有价值的与企业产品相辅相成的资源地址和免费软件吸引大量的访问者，促使访问者乐于告诉企业有关个人的真实情况，这样调查人员可以较方便地逐步与访问者在网上建立友谊，达到网络调查的目的。

小贴士　　　　　　　　　　　　**网络调查的策略**

1）选择合适的搜索引擎。

2）科学地设计调查问卷，并根据调查情况及时调整问卷内容。

3）给被调查者以奖励，激发其参与调查的积极性。

4）提供大量顾客感兴趣的免费信息，与顾客建立情感纽带。

5）监控在线服务。

6）有针对性地跟踪目标顾客。

7）利用 E-mail 和顾客注册表，获得顾客和市场信息。

8）传统市场调查和网络调查相结合。

9）通过产品网上竞卖掌握市场信息。

4. 网络调查的优势

（1）网络调查信息收集的广泛性

因特网是没有时空、地域限制的。这与受区域制约的传统调查方式有很大不同。

（2）网络调查信息的及时性和共享性

在数字化飞速发展的今天，网络调查较好地解决了传统调查方法所得的调查结果都存在时效性这一难题。只要轻轻一点，世界任何一个角落的用户都可以加入其中，从用户输入信息到公司接收，只不过几秒钟的时间。利用计算机软件整理资料，马上可以得出调查的结果。而被调查者只要单击"结果"按钮，就可以知道现在为止所有被调查者的观点所占的比例，使用户了解公司此次的调查活动，加强参与感，提高满意度，实现了信息的全面共享。

（3）网络调查的便捷性和经济性

在网络上进行市场调查，无论是调查者还是被调查者，只需拥有一台可以上网的设备就可以进行。若是采用问卷调查的方法，调查者只要在企业站点上发出电子调查问卷，提供相关的信息，然后利用计算机对被调查者反馈回来的信息进行整理和分析。这不仅十分便捷，而且会大大地减少企业市场调查的人力和物力耗费，缩减调查成本。

（4）调查结果有较强的准确性

原因有四：其一，调查者不与被调查者进行任何的接触，可以较好地避免来自调查者的主观因素的影响；其二，被调查者接受询问、观察，均是处于自然、真实的状态；其三，站点的访问者一般都具有一定的文化知识，易于配合调查工作的进行；其四，企业网络站点访问者一般都对企业有一定的兴趣，不会像传统方式下单纯为了抽号中奖而被动回答，所以，网络调查结果比较客观和真实，能够反映市场的历史和现状。

5. 网络调查的注意事项

企业要达到网络调查的目的，发挥网络调查的商业价值，还须注意网络调查的一些关键事项：

（1）了解市场需求

把自己想成顾客，从顾客的角度来了解客户需求。因为调查对象往往可能是产品直接的购买者、提议者和使用者，应对他们进行具体的角色分析。

例如某种时尚品牌男装，其目标对象应是年轻男性，但实际的客户市场却不只是这部分人群，还包括他们的母亲、妻子、女友等女性角色。这就要求调查时，将调查市场对象进行角色细分，充分了解市场需求，使调查结果更有针对性、准确性。

（2）制定网络调查提纲

网络调查是企业网络营销全过程的第一步。一个调查项目常包含高度精练的理念，这种理念是无法触及的"虚"，而调查提纲则可以将调查具体化、条理化。调查提纲是调查者与被调查者两者结合的工具，调查项目也许会成为品牌和沟通工具。

（3）寻找竞争对手

利用各种方式搜集竞争对手信息，譬如设定与自己产品相同或相似的关键词来寻找竞争对手，仔细查看竞争对手的网址，注意竞争对手的网络中值得借鉴的地方，并注意竞争对手是否已做过类似的市场调查。

（4）适当的激励措施

因特网毕竟是虚拟世界，若能提供更多人性的东西，在调查中加入适当的奖品激励，那么调查会获得更多的参与者。例如摩托罗拉和惠普在进行网络调查时，都有奖品激励参与者。某医学杂志在做调查时，提供样刊赠阅，也获得了积极的反馈。

（5）数量调查与质量调查相结合

对于一般性的商业经济问题，如消费者的年龄、性别、所在地区及购买动机等问题，可采用数量统计调查方式，设立"是什么""如何"等问题的信息。但针对有关具体产品时，则宜采用质量调查的方式，调查结果包含的多是"为什么"的问题。

6. 网络调查存在的问题及应对措施

（1）网络调查存在的问题

1）网络的安全性问题。利用网络进行调查，有一个坏处——暴露网络于潜在的威胁之下。从国际网络病毒到黑客的数起案例来看，我们的确有必要注意这些问题。

2）企业和消费者对网络调查缺乏认识和了解。很多企业对市场调查，特别是对于网络调查技术，还相当陌生，在观念水平、技术运用方面存在着很大差距。消费者作为重要的调查对象，他们对市场调查和网络技术的不理解、不信任也将直接影响网络调查的实际运用效果。

3）网络调查技术有待完善、专业人员匮乏。目前，网络调查仍处于发展阶段，现有的网络调查专用技术的欠缺将导致调查流程不畅。尽管网络调查的专门研究单位和专门软件迅猛发展，但仍有不尽如人意的地方。虽然我们的企业拥有一些优秀的网络技术人员和市场调查人员，但能熟练地运用网络技术、调查实践经验强的专业网络人员还相当缺乏，给网络调查技术的实际运用带来很大难度。

4）网络普及率不高和拒访现象的大量存在。我国地广人多，各地经济技术发展、文化素质方面存在差异，使 Internet 不大可能在短期内覆盖所有地区及每一个人。这将限制网络调查的适用范围，影响调查结果的科学性和客观性。被调查者会出于各种原因而拒绝参加网上调查活动。拒访率的高居不下，将造成样本的流失，影响调查结果的可靠性。

5）无限制样本令人困扰。由于网络的无限制性，使调查项目极有可能受到网虫的骚扰。如果同一个人重复填写问题的话，那么问题就会变得复杂了。

（2）应对措施

1）加快网络调查普及程度，积极应用网络调查。与传统方式比较，网络方式可以大大缩短项目执行周期，从而使调查项目的时间成本大幅降低。在这个意义上，网络调查是一种通过提高工作效率、缩短项目执行周期以实现项目整体成本（包括经济及时间成本）下降的工具。此外，网络调查的普及而产生的规模效应将使各种固定成本随之下降，它的即时性也从根本上解决了跨国调查执行中的协调问题。所以，应花大力气普及网络调查，催生网络调查的经济效应。

2）剔除垃圾信息，尽量避免信息过载。我们可以采用更多的管理信息系统（MIS）软件把数据处理成更准确的、对决策者有用的信息。开发更强大的智能检索工具、能够"学习"用户喜恶的智能软件，并使越来越多的用户使用这些软件。

3）积极打造互联网诚信度。调查者需要向被调查者更明确地保证匿名原则，并更详细解释收集数据的目的。在线安全交易技术的改进也将有助于解决这个问题。由于所有的调查都将遵循隐私权的原则，网络调查将更加开放和可信。

4）控制被调查者和问卷填报质量。首先，最好不要用配额抽样。网络调查和其他方式一样，一定要坚持随机抽样的原则。其次，控制谁来答题。你无法 100% 保证单击鼠标的人是你要找的人。但是你把邀请发到你要的人的信箱，这时你就假定是他本人接到了邀请，并且答题的。

 **任务实施**

教师可组织学生通过查阅资料、网络调查等方式获取下面的解决方案：
日本这家公司采用的是文案调查法。详情请扫描二维码。

3-2　文案调查法的优点和不足

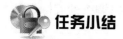 **任务小结**

　　文案调查的资料来源有企业内部资料来源与外部资料来源，内部资料主要有业务资料、统计资料、财务资料和其他资料，外部来源主要是各类出版物（包括纸质版和电子版）、互联网和在线数据库等。

 任务拓展

课堂研讨

宝洁利用在线论坛为新产品线确定香型

　　当宝洁在为其新的产品线开发香型时，它询问了其在线论坛成员的意见，让他们简单地记下他们最近几天遇见的让他们感到愉快的香味。在一周后，他们收集到视频或简单的文字，描述了刚修剪过的青草的味道、橡皮泥的味道，或者是能够引起消费者冒险、竞争、舒适和其他情感的味道。通过使用一个移动 App，论坛成员被要求分享他们的美好瞬间。这些都让调研人员深刻地理解到消费者是如何在一天的不同时间、不同情境下有着不同的感受，又是什么促使消费者使用现有的产品或尝试一个新产品。

　　（资料来源：麦克丹尼尔，盖茨. 当代市场调研：原书第 10 版［M］. 李桂华，等译. 北京：机械工业出版社，2018）

　　讨论题：

　　1. 你认为宝洁对该调研问题使用了正确的调研方法吗？

　　2. 像雅诗兰黛这样的公司如何使用这一信息？它们也应该建立一个在线论坛吗？它们已经这样做了吗？

课后自测

　　1. 什么是文案调查法？资料有哪些来源？

　　2. 简述网络调查法的优点和缺点。

实操演练

网络调查法的运用

　　1. 通过因特网访问 https://www.idataway.com/ 和 http://www.zwzyzx.com/，比较这两个营销调研公司提供的服务。

　　2. 麦肯锡公司为一家全球型管理顾问公司，营运重点是为公私部门的高阶管理层级人士提供正确的解决方案，访问公司中国网站（网址 https://www.mckinsey.com.cn/），并说明该公司的调研能力。

　　3. 访问 https://www.nielsen.com/cn/zh/，向全班同学汇报该调研公司的业务范围。

<h1 align="center">任务 3.3　抽　样　调　查</h1>

任务目标

　　知识目标

　　1. 掌握抽样调查的含义、特点及适用范围

2. 理解随机抽样的种类及相关定义

3. 掌握非随机抽样的种类及相关定义

能力目标

1. 培养学生使用抽样调查技术的意识，使其能够了解抽样技术的优点。

2. 使学生使用随机抽样技术的能力。

3. 培养学生使用非随机抽样技术的能力。

 **任务引例**

大学生通信市场调研

随着社会信息化进程的加快，高新科技产品成为消费热点，手机作为其代表之一，大学生也作为一个潜在的消费群体，两者越来越多地受到关注。粗略观察得知，大学生手机族的消费动力处于一个较高水平。越来越多的手机厂商把目光投向了校园这一潜在的巨大市场。为了了解手机在大学生中的普及情况、使用效果以及消费情况，掌握手机在大学的销售情况和市场前景，调研项目组确定以大学生通信市场调研为主题，了解在校大学生对通信产品的使用情况，对各产品市场满意度、占有率进行调研。

问题：

面对这个调研项目，调研项目组应当如何选定开展调查工作的最好方法呢？

 **知识链接**

3.3.1 抽样调查概述

1. 抽样调查的含义

现在，企业正处在一个激烈的市场竞争时代，企业经营者必须及时把握瞬息万变的市场局势，进而迅速做出决策，这将直接关系到企业的生存和发展，这就要求我们在市场调查的时候不能花费过多的时间，从而可以超越竞争对手做出最快的市场反应。那么，在众多的调查对象当中，如何以最少的时间、人力、物力、财力获得最准确的调查结果，最好的办法是从中抽取少量的样本，然后对这些样本进行调查，并且抽取少量的样本的调查结果可代表总体的情况，也就是采用抽样调查的方式。

抽样调查是市场调查中使用程度较高的一种调查方式，它是按照一定的程序和原则，从所研究的对象的总体中抽出一部分样本进行调查或观察，并在一定的条件下，运用数理统计的原理和方法，对总体的数量特征进行估计和推断。抽样调查是国际上公认的和普遍采用的科学的调查方法，其理论基础是概率论。抽样调查中所抽取的样本代表总体的程度，决定了抽样调查的准确性和可靠性。因此，抽样是市场调查过程中一个十分重要的环节。与抽样调查相对的是普查（全面调查），即调查对象是整个总体。在实际调查中抽样方法多种多样，大体上有两大类：随机抽样和非随机抽样，如图3-2所示。

2. 抽样调查的特点

抽样调查作为一种非全面调查方法，同全面调查相比，具有一系列特点，即使同其他的各种非全面调查比较，它仍呈现出明显的特色。

（1）用样本资料推断总体资料

用样本推断总体是抽样调查的一个重要作用，实质上这也是进行抽样调查的最终目的。能够用样本资料推断总体资料的重要意义在于，通过对部分单位的调查，以少量的投入，即可取得以前只能用普查才能取得的同样的效果，得到所希望了解的现象总体的全面资料，从而节约大量的调查费用，这也是抽样调查得以广泛应用的重要原因之一。

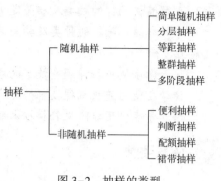

图3-2　抽样的类型

（2）调查的时效性强

抽样调查的速度快、周期短、精度高。由于只调查一部分单位的情况，因此其调查登记及汇总处理的工作量较之全面调查要小得多，所需时间也大大缩短，这为调查速度的加快创造了十分有利的条件，由此调查的时效性得以加强。同时，在调查单位减少后，由于工作量相应减少，则可以较严格地挑选和培训调查员，调查和数据处理的质量比较容易控制，因此可能取得更准确的结果。所以，更能满足统计调查的及时性和准确性要求。

（3）抽样误差可以计算和控制

在抽样推断之前可以计算和控制抽样误差。随着抽样推断理论的不断发展，误差分布理论日趋成熟，与此同时，抽样误差计算和控制的方法也逐步得以完善，而且关于抽样调查的误差问题的讨论，也扩展到了对具有更为广泛意义的非抽样误差的深入研究。这是抽样调查的又一重要特色。

（4）抽样方法灵活、技术性强

各种不同的抽样技术可以分别适用于不同现象的抽样过程，也可在同一现象的抽样中结合运用，从而保证获得最好的抽样效果。可以毫不夸张地讲，凡是可以运用全面调查的场合，都可以使用抽样调查，凡不能使用全面调查的场合，一般也能利用抽样调查方法进行调查研究。同其他调查方式相比，抽样调查的技术性更强。因此，一般需要有统计学的专家做指导，并且要求统计专家不仅要有适当的抽样理论方面的知识，还应有抽样的实践经验。

【拓展阅读】

抽样调查方法的创始人——乔治·盖洛普

乔治·盖洛普是美国数学家，抽样调查方法的创始人、民意调查的组织者，他几乎是民意调查活动的代名词。

20世纪30年代早期，盖洛普在美国很受欢迎。他成为德雷克（Drake）大学新闻系的系主任，然后转至西北大学。在此期间，他从事美国东北部报刊的读者调查。1932年，盖洛普的岳母作为民主党的候选人在艾奥瓦州竞选州务卿。在此之前，艾奥瓦州较高的公职一直都由共和党人把持，因而人们大都猜测他的岳母会落选。但盖洛普没有凭猜测，而是运用他创立的方法进行科学的民意调查，结果发现艾奥瓦州选民对他岳母的支持率超过对她的共和党对手的支持率。盖洛普于是预测说，他的岳母会获得选举的胜利，选举的结果证明了盖洛普应用科学的调查得出的预测是准确的。这样，这次民意调查就成了政治史上第一次科学的民意调查。受这次成功的激励，盖洛普在1935年成立了盖洛普民意调查研究所，成为世界上第一个客观和科学的民意测验机构。1936年，该机构由于盖洛普民意测验正确地预测罗斯福总统将再次当选而异军突起。在后来的60年，它从一个普林斯顿的小小的学会办公室成长为一个位于新泽西的国际性的咨询组织。1948年，盖洛普被认为是艾奥瓦大学新闻业和大众传播名人堂的第一人，登上了很多杂志封面。他在1964年荣获广告金像奖，而在1965年又获得美国市场调研的帕林奖，1977年入选广告名人堂。

3.3.2 随机抽样技术及其应用

随机抽样方式是按照随机原则，科学地组织抽样调查工作。按照其性质和研究目的的不同，随机抽样方式又可分成五种基本的组织形式：简单随机抽样、分层抽样、等距抽样、整群抽样和多阶段抽样。

1. 抽样方法

（1）简单随机抽样技术

简单随机抽样技术是以基本单位作为抽样单位，从总体的 N 个单位中直接抽取 n 个单位作为样本，每次抽取时，使总体中任一单位被抽中的概率相等的抽样方法。实际中多采用不放回简单随机抽样的方式。首先将总体 N 个单位从1到 N 编号，每个单位对应一个号码，如果抽到某号码，则对应单位入样，对于由 n 个单位组成的样本，可以按照抽签法、随机数法抽取样本。

1）简单随机样本的抽取方法。

① 抽签法。当总体单位数较小时，可以用均匀同质材料制作 N 个标签充分混合后，按照下面的方法抽取：1次抽取 n 个标签，或者采取不放回的方式1次抽取1个标签、抽取 n 次，则 n 个标签上所示号码对应的总体单位入样。这种方法适用于总体单位数目较少的情况。

② 计算机生产伪随机数法。利用计算机程序编制产生随机数的程序，由于这些程序具有循环周期，因此应当使循环周期尽可能长一些，保证数字产生的随机性。通过计算机跳号，可以产生 n 个随机数字。例如利用 Excel 软件中的 rand() 函数产生随机数。

[例] 省教育厅派专家组检查某校学生考试试卷，专家组拟对总体进行抽样调查，对学校某班的全体同学随机抽取25名作为调查样本。为了保证结果的非人为性，采用 Excel 帮助专家组做出抽查的结果。

步骤1：打开原始数据表格，制作本实例的原始数据。无特殊要求，只要满足行或列中为同一属性数值即可。实例中显示的是学生学号。

步骤2：选择"工具"→"数据分析"→"抽样"后，出现对话框，如图3-3所示。

输入区域：把原始总体数据放在此区域中，数据类型不限，数值型或者文本型均可。

抽样方法：有周期和随机两种。周期抽样需要输入周期间隔，输入区域中位于间隔点处的数值以及此后每一个间隔点处的数值将被复制到输出列中。当到达输入区域的末尾时，抽样将停止（在本例题中没有采用）。随机抽样是指直接输入样本数，计算机自行进行抽样，不用受间隔的规律限制。

样本数：在此输入需要在输出列中显示的个数。每个数值是从输入区域中的随机位置上抽取出来的，请注意：任何数值都可以被多次抽取！所以抽样所得数据实际上会有可能小于所需数量。后文给出了一种处理方法。

输出区域：在对话框"输出区域"文本框对输出表的单元格 E6 进行绝对引用"E6"，所有数据均将写在 E6 单元格及其下方的单列里。如果选择的是"周期"，则输出表中数值的个数等于输入区域中数值的个数除以"间隔"。如果选择的是"随机"，则输出表中数值的个数等于"样本数"。

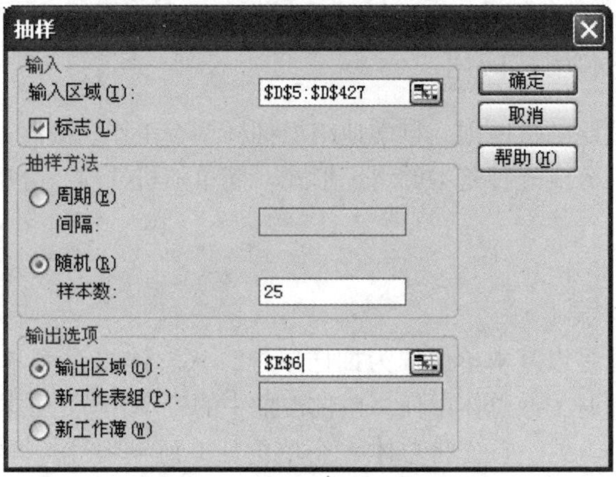

图 3-3　抽样的输出区域示例

步骤 3：然后单击"确定"按钮就可以显示结果了（这是计算机自行随机抽样的结果），如图 3-4 所示。

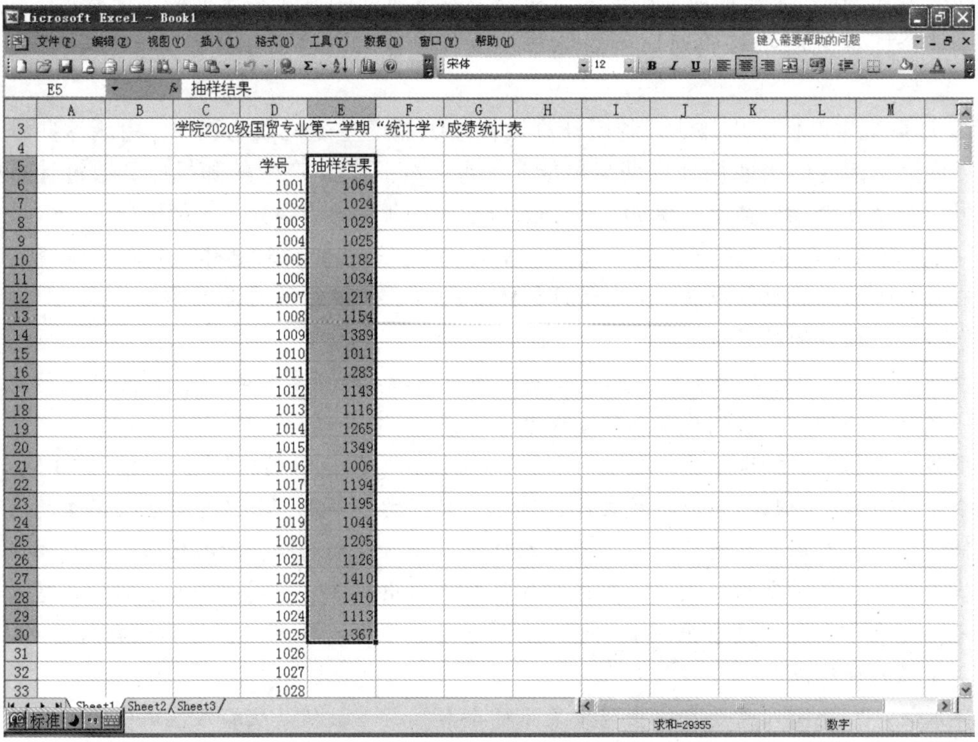

图 3-4　抽样结果

需要说明的情况：由于随机抽样时总体中的每个数据都可以被多次抽取，所以在样本中的数据一般都会有重复现象，解决此问题有待于程序的完善。可以使用"筛选"功能对所得数据进行筛选。选中样本数据列，依次执行"数据"→"筛选"→"高级筛选"，如图3-5所示。

图3-5　高级筛选

最后的样本结果如图3-6所示，请你根据经验适当调整在数据样本选取时的数量设置，以使最终所得样本数量不少于所需数量。

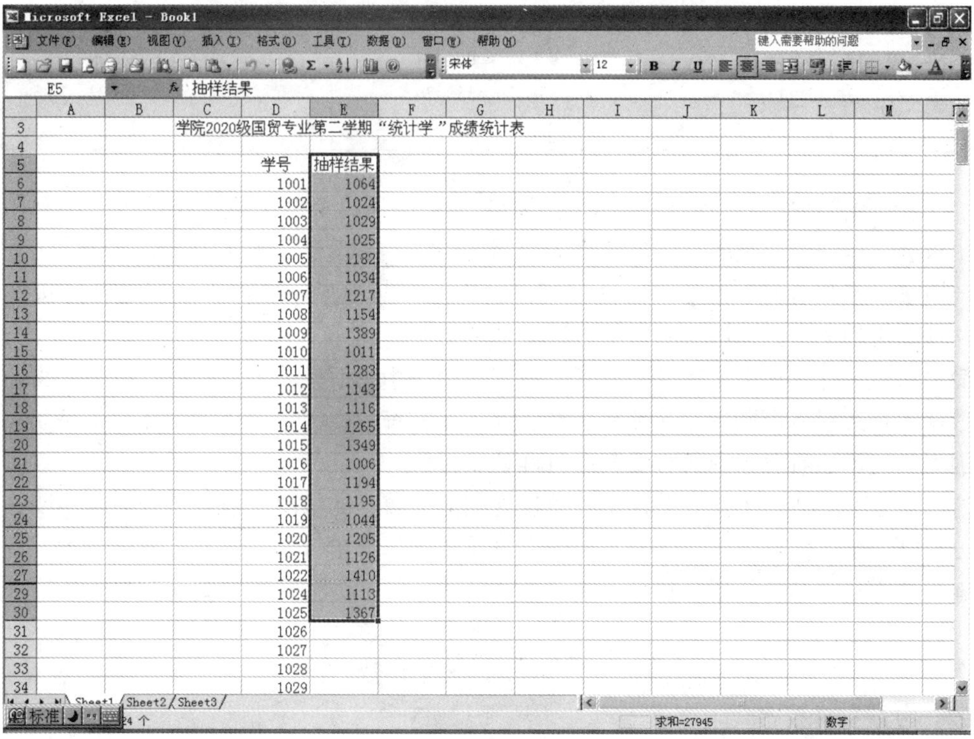

图3-6　最后的抽样结果

③ 随机数表法。由数字0~9组成随机数表，每个数字都有同样的机会被选中。将随机数表中任一行或一列的数字作为开始数，接着可从上而下，或从左至右，或按一定间隔顺序

取数，凡编号范围内的数字号码即为被抽取的样本。如果不是重复抽样，碰上重复数字应舍掉，直到抽足预定样本数目为止。对于页号及起始点的产生方法，要保证其随机性，可随机翻开一本书，对应的页码为起始页号。或者随意抛掷一根火柴，火柴头所指的数字为起始页号。对于起始行号和起始列的选取也可采取同样的方法进行。

[例] 从 94 家上市公司中抽取 12 家作为调查样本，根据表 3-9，可先将 94 家公司由 1~94 编号，$N=94$，然后在乱数表上任意点一个数据作为起点数，从这个数据按上下或左右顺序读起，即为被抽中的单位码号。假定本例是从第四行左边第五个数字向右顺序读起，则所抽取单位是 68、27、31、05、03、72、93、15、55、59、56、35，68 前面的 2 个的 96 因大于 94，舍去不用。因为在顺序抽取的过程中，遇到比编号大的数字，应该舍去。

表 3-9　随机数表（乱数表）

03	47	43	73	86		36	96	47	36	61		46	98	63	71	62
97	74	24	67	62		42	81	14	57	20		42	53	32	37	32
16	76	62	27	66		56	50	26	75	07		32	90	79	78	53
12	56	85	99	26		96	96	68	27	31		05	03	72	93	15
55	59	56	35	64		37	54	82	46	22		31	62	43	09	90
01	22	77	94	39		49	54	43	55	82		17	37	93	23	78
41	11	17	53	71		57	24	55	06	88		77	04	74	47	67
61	26	63	78	59		16	95	55	67	19		98	10	50	71	75
33	21	12	86	29		78	64	56	07	82		52	42	07	44	38
57	60	17	34	44		09	47	27	96	54		49	17	45	09	62
70	28	17	12	13		40	33	20	38	26		78	83	51	03	74
56	62	37	35	18		98	83	50	87	75		83	11	25	93	47

2）简单随机抽样应用场合。简单随机抽样技术保证每个总体单位在抽选时都有相等的被抽中机会，以一个完整的总体单位表为依据抽取样本。由于在现实中编制这样一个完整的表比较困难，多数情况下也是不可能做到的，因此在实际工作中可以通过电话随机拨号功能、从计算机档案中挑选访谈对象等方法实现。

简单随机抽样技术由于获取的样本分散，访谈费用一般较高。当抽样数量多、覆盖面大时，数据收集过程将会既费时又费钱。在实际市场调查中，简单随机抽样往往不是切实可行的，因为我们不能对总体中所有要素进行确认和标识。

这种方法一般适应于调查总体中各单位之间差异较小的情况，或者调查对象不明，难以分组分类时的情况。如果市场调查范围较大，总体内部各单位之间的差异程度较大，则要同其他随机抽样技术结合使用。在简单随机抽样技术条件下，抽样概率公式为

$$抽样概率 = \frac{样本单位数}{总体单位数}$$

（2）分层抽样技术

分层抽样技术又称为分类抽样技术，是把调查总体按其属性不同分为若干互不重复的层次（或类型），然后在各层中独立地随机抽取样本。如果每层都是简单随机样本，则称为分层随机抽样，样本为分层随机样本。例如，调查人口，可按年龄、收入、职业、位置等标志划分为不同的阶层，然后按照要求在各个阶层中进行随机抽样。

1) 分层样本的抽取方法。

首先，选择一个合适的分层标志，把总体各单位分成两个或两个以上的相互独立的完全的组（如，按性别分为男性、女性两组；按收入分为高收入、中收入、低收入三组）。对层进行具体划分时，通常考虑尽可能使层内单位具有相同的性质，可以按调查对象不同类型划分，便于对每一类目标量进行估计；尽可能使层内单位的标志值相近，层间单位差异尽可能大，可以提高抽样的估计精度；按类型和层内单位标志值相近的原则可以进行多重分层。实际中，也可以按行政管理机构设置分层，便于组织实施。例如，正在进行一次新产品销售调查，要预测销售额，通常要按经济收入进行分组，因为经济收入水平不同的人群购买新产品的可能性不一样。

其次，将样本分配到各层，分配方式有三种。

第一种为比例分配，即按各个层中的单位数量占总体单位数量的比例分配各层的样本数量，主要考虑了各层单位数的差异，保证在总体单位数较多的层、规模大的层抽取较多的样本。

[例] 某地有居民 20 000 户，按经济收入高低进行分类，其中：高收入的居民为 4000 户，占总体的 20%；中收入为 12 000 户，占总体的 60%；低收入为 4000 户，占总体的 20%。要从中抽选 200 户进行购买力调查，则各类型应抽取的样本单位数为

高经济收入样本单位数目：200 户×20% = 40 户

中经济收入样本单位数目：200 户×60% = 120 户

低经济收入样本单位数目：200 户×20% = 40 户

第二种为尼曼（Neyman）分配，是按各层总体单位数比重及各层标准差大小分配样本单位数，不仅可以保证在总体单位数较多的层，即规模大的层抽取较多的样本，而且，充分考虑到各层样本的差异，标准差大的层样本差异大，抽取的样本量大。这样抽取的样本可以更加客观地反映总体特征，样本的代表性更好。

第三种为最优分配，在给定的费用条件下使估计量的方差达到最小，或在精度要求（常用方差表示）一定的条件下使总费用最小，将样本分配至各层。这种抽样技术在市场调查中采用较多，方法简便易行，分配合理，计算方便，适应于各类型之间差异不大的分类抽样调查。其计算公式为

$$n_i = n \frac{N_i S_i}{\sum N_i S_i}$$

式中　n_i——各层应抽取样本单元数；

　　n——样本单元总数；

　　N_i——各层的单元数；

　　S_i——各层的样本标准差。

[例] 某地共有居民 4000 户，按经济收入水平高低进行分层，其中高收入的居民占 20%，为 800 户；中收入的居民占总体的 60%，为 2400 户；低收入居民占 20%，为 800 户。某公司拟调查某种商品在该地区的销售前景。因该商品的消费与居民的收入水平有关，故以经济水平高中低分层并采用分层抽样法。抽取的样本单元数为 200 户，用最优分配抽样法。设各层样本标准差分别为 150、100、50，可得表 3-10 所示的数据。

表 3-10　各层单位数与各层样本标准差乘积计算表

各　　层	各层单位数 N_i	各层样本标准差 S_i	乘积 N_iS_i
高收入	800	150	120 000
中收入	2400	100	240 000
低收入	800	50	40 000
总计	4000		400 000

高收入层抽取的样本单元数为

$$200 \ 户 \times \frac{120 \ 000}{400 \ 000} = 60 \ 户$$

中收入层抽取的样本单元数为

$$200 \ 户 \times \frac{240 \ 000}{400 \ 000} = 120 \ 户$$

低收入层抽取的样本单元数为

$$200 \ 户 \times \frac{40 \ 000}{400 \ 000} = 20 \ 户$$

最后，抽取样本进行调查。当总体划分后，从两个或两个以上的层中随机抽样。各层内可以采用不同的抽样方式，一般来说，可以采取分层随机抽样、层内简单随机抽样的方式抽取样本。

2）分层抽样应用场合。分层抽样适合于调查标志在各单位的数量分布差异较大的总体（总体情况复杂、各单位之间差异较大、单位较多的情况）。因为对这样的总体进行合理的分层后可将其差异较多地转化为层间差异，从而使层内差异大大减弱。

当总体有周期现象时，用分层抽样法可以减少抽样方差。通常，在满足下述条件时，分层在精度上会有很大的得益：总体是由一些大小差异很大的单位组成的；分层后，每层所包含的总体单位数应是可知的，也即分层后各层的权重是确知的或可以精确估计的；要调查的主要变量（标志）与单位的大小是密切相关的；对单位的大小有很好的测量资料可用于分层，也即分层变量容易确定。

就分层抽样技术与简单随机抽样技术相比，人们往往选择分层抽样技术，因为分层抽样有以下优点：

一是抽样效率高。分层抽样能够充分地利用关于总体的各种已知信息进行分层，因此抽样的效果一般比简单随机抽样要好，但当对总体缺乏较多的了解时，则无法分层或不能保证分层的效果。由于分层抽样的误差只与层内差异有关，而与层间差异无关，因此，分层抽样可以提高估计量的精度。

二是样本代表性好。由于分层抽样是在每层内独立地进行抽样，因此，分层样本能够比简单随机样本更加均匀地分布于总体之内，所以其代表性也更好些。另外，分层抽样的随机性具体体现在层内各单位的抽取过程之中，也即在各层内部的每一个单位都有相同的机会被抽中，而在层与层之间则是相互独立的。

三是各层的抽样方法可以不同。分层抽样中，由于各层的抽样相互独立，互不影响，且各层间可能有显著的不同，因此，对不同层可以按照具体情况和条件分别采用不同的抽样和估计方法进行处理，从而提高估计的精确度。

四是便于组织实施。分层抽样调查实施中的组织管理及数据收集和汇总处理可以分别在各层内独立进行，层内抽样方法可以不同，因此，较之简单随机抽样更方便，而且便于抽样工作调查与组织实施。如进行全国范围内大型抽样调查，按行政区划分或行业分层后，便于调动各级主管部门的积极性，分头编制抽样框，并实施抽样的组织和调查工作。并且，各层可以根据层内特点，采用不同的抽样方法。

五是可以推算总体及各层的参数。分层抽样中除了可以推断总体参数外，还可以推断各不同层的数量特征，并进一步做对比分析，满足实际需要，也能帮助人们对总体做更全面、更深入的了解，但对各层的估计缺乏精度保证。如对某市企业进行抽样调查，要求给出各行业的指标及全市的相关指标，这时就可以按行业分层，利用所得样本数据估计全市的指标、各行业的指标等。

（3）等距抽样技术

等距抽样是将 N 个总体单位按一定顺序排列，先随机抽取一个单位作为样本的第一个单位，即起始单位，然后按某种确定的规则抽取其他样本单位的一种抽样方法。由于这种抽样方法看来似乎很"机械"，因此有时也称为机械抽样。另外，由于等距抽样提供了随机且独立的挑选样本单位的方式，并区别于简单随机抽样，有时也称为伪随机抽样，在实际中应用非常广泛。

1）等距抽样的样本抽取方法。等距抽样经常作为简单随机抽样的代替物使用。由于其简单，因此应用相当普遍。等距抽样得到的样本几乎与简单随机抽样得到的样本相同。操作步骤如下：

第一步，使用这种方式，必须先按一定标志把总体中的个体顺序排列。排序有三种方法。

按照无关标志排序，即用来对总体单位进行排序的标志与所要调查研究的标志是不同性质的，二者没有任何必然的关系。如研究人口的收入状况时，按身份证号码、按门牌号码排序非常方便，一般说来，这些号码与调查项目没有关系，因此可以认为总体单位的次序排列是随机的。在按照无关标志排序的条件下，虽然是等距抽样，但它与随机数字表上抽样在性质上并无不同，故按照无关标志排序的等距抽样，实质上相同于简单随机抽样。

按照有关标志排序，即用来对总体单位规定排列次序的辅助标志与调查标志具有共同性质或密切关系。这种排序标志，在我国抽样调查实践中有广泛应用，如农产量调查，以本年平均亩产量为调查变量，以往年已知平均亩产量作为排序标志。利用这些辅助标志排序，特别是利用与调查变量具有相同性质的辅助变量排序，有利于提高等距抽样的抽样效果。如果总体只有一个线性趋势，则等距抽样的方差同每层抽一个单位的分层随机抽样的方差都比简单随机抽样的方差小。

按照自然位置进行排序，即根据各单位原有的自然位置进行排序。例如，入户调查根据街道门牌号码按一定间隔抽取，工业生产质量检验每隔一定时间抽取生产线上的产品，工厂中的工人名单按原有的工资名册顺序抽取等。这种自然状态的排列有时与调查标志有一定的联系，但又不完全一致，这主要是为了抽样方便。

第二步，确定抽样起点。在划分好间隔的总体中，从第一段总体单位中随机确定抽样起点，可以采用简单随机抽样或其他方式。如隔每 50 个总体单位抽取一个样本，则可以在

1~50号之间利用随机数法确定一个号码作为起点。

第三步，按照相等的间隔顺序抽取样本。如果总体单位数恰好是样本量 n 和间隔 k 乘积，则可以直接按照间隔抽样。如果不是这样，则需要在用间隔 k 抽样之前，用同等概率选出一些号码，然后将这些复制号码加到清单的最后，将总体单位数增加到恰好为 nK。

实际中，经常采用循环等距抽样的方法，把清单看成是循环的，这样最后一个单位后面就紧接着第一个单位。从 1 到 k 中挑选一个随机起点，在其基础上加间隔 k，当清单的最后选完了之后，再从头开始继续，直到恰好有 n 个元素被选出为止，任何一个方便的间隔 k 都会导致一个以概率 $\frac{n}{N}$ 选出的 n 个元素的同等概率抽样。一般来说，选择与比值 $\frac{N}{n}$ 最接近的整数作为 k 值。这个方法有很大的灵活性，并可以应用于许多场合，可以用它来把一个间隔应用于多个层；它对于在多阶段抽样中对很多群使用同一间隔，尤其有用。

[例] 某地区有零售店 110 户，采用等距抽样方法抽选 11 户进行调查。

第一步，将总体调查对象（110 户零售店）进行编号，即从 1 号至 110 号。

第二步，确定抽样间隔。已知调查总体 $N = 110$，样本数 $n = 11$ 户，故抽样间隔 $= 110/11 = 10$（户）。

第三步，确定起抽号。用 10 张卡片（即抽样间隔）从 1 号至 10 号编号，然后从中随机抽取 1 张作为起抽号。如果抽出的是 2 号，2 号则为起抽号。

第四步，确定被抽取单位。从起抽号开始，按照抽样间隔选择样本。本例从 2 号起每隔 10 号抽选一个，直至抽足 11 户为止。计算方法是

2

2 + 10 = 12

2 + 10 × 2 = 22

……

2 + 10 × 10 = 102

即所抽的单位是编号为 2、12、22、32、42、52、62、72、82、92、102 的 11 个零售店。

等距抽样方法简单，省却了一个个抽样的麻烦，适用于大规模调查。还能使样本均匀地分散在调查总体中，不会集中于某些层次，增加了样本的代表性。

2）等距抽样应用场合。当总体信息名录不容易找到，或者总体数量大、编制信息名录工作量大的时候，等距抽样会使得样本的抽取简便易行，简化抽样手续。因为等距抽样所需的只是总体单位的顺序排列，只要随机确定一个（或少数几个）起始单位，整个样本就自然确定，在某些场合下甚至可以不需要抽样框。如对某市的机动车辆进行调查，确定抽样比为 1%，则可在 00~99 中随机抽取一个整数（如 63），只要对车辆牌照号末两位为 63 的车辆都进行调查即可。

样本单位在总体中分布比较均匀时，利用等距抽样技术有利于提高估计精度。如果调查者对总体的结构有一定的了解，就可以利用已有信息对总体单位进行排列，即按有关标志对总体单位排序，这样采用有序系统抽样就可以有效地提高估计的精度。

另外，当调查人员不熟悉抽样专业技术时这种方法容易被非专业人员所掌握，而且还因其较易保留抽样过程的原始记录，便于监督和检查，因此在一些大规模抽样调查中，经常采用等距抽样以代替简单随机抽样。

（4）整群抽样技术

整群抽样是将总体划分为若干群，然后以群（cluster）为抽样单位，从总体中随机抽取一部分群，对中选群中的所有基本单位进行调查的一种抽样技术。实际上，抽选的单位是一些总体单位组成的群体，而把由若干个基本单位所组成的集合称为群，每个基本单位只能够唯一地被划归为一个抽样单位，并且抽样单位的产生是随机的。

1）整群抽样的样本抽取方法。

第一步，选择群单位，将总体划分为若干个群。整群抽样只是在各群之间抽取一部分群进行调查，群间差异的大小直接影响到抽样误差的大小，而群内差异的大小则不影响抽样误差，"群实际上是扩大了的总体单位"。这就决定了分群的原则应该是：尽量扩大群内差异，而缩小群间差异。整群抽样中的"群"大致可分为两类：一类是根据行政或地域形成的群体，如学校、企业或街道，对此采用整群抽样是为了方便调查、节省费用；另一类群则是调查人员人为确定的，如将一大块面积划分为若干块较小面积的群，这时，就需要考虑如何划分群，以便在相同调查费用下使得抽样误差最小。表 3-11 列举了可能作为群单位的实例。

表 3-11　群单位的实例

总　　量	变　　量	基 本 单 位	群或抽样单位
（1）A 市	住户特征	寓所	街区
（2）B 市	购买衣物	人	寓所或街区
（3）机场	旅游信息	离开旅客人数	航班
（4）大学	就业计划	学生	班级
（5）乡村人口	社会态度	成人	村
（6）通过桥梁年交通流量	发车地和到达地	机动车	40 min 间隔
（7）城市土地所有者档案	税务信息	土地所有者	档案分类账的页数
（8）健康保险档案	医疗数据	卡片	连续 10 张卡片一组

做出合乎要求的群是一个实际要斟酌的问题，要根据调查的情况和财力的允许来确定。基本单位由调查目的来确定，于是抽样者必须决定是否将其作为唯一的抽样单位，还是另外设计群作为抽样单位。在某些研究中，住户被当作人的一个群体，但在另一些研究中，整个城市可能被当作一个基本单位。国家这一总体可以分别看作全部县，或城市和城镇，或区段和街区，或寓所单位的总和。

第二步，编制群单位的信息框，抽取样本群。整群抽样是对群进行随机抽样，抽到的群的所有单位全部入样，因此抽取群单位的时候并不需要总体单位的基本信息。调查人员只需要编制关于群单位的信息框就可以了。另外，在抽取群单位的时候通常可以采取简单抽样的方法，这使得抽样工作大为简化。

[例]　某高校学生会要调查该校在校生对学校广播站节目的评价，用整群抽样法抽样时，可以把全校每一个班级作为一个群，也可以按宿舍来划分，每一个宿舍作为一个群，因为在这个问题上，一般来说各班之间或各宿舍之间差异不会太大。假设该校有 1500 名学生，200 个学生宿舍，从中抽取 15 个宿舍进行调查，抽样过程如图 3-7 所示。

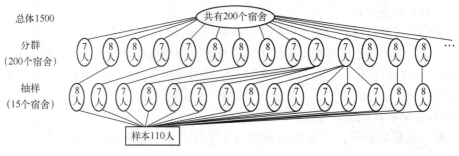

图 3-7 整群抽样

2）整群抽样的应用场合。当调查的总体规模比较大的时候，可以选择整群抽样的方法，将调查总体划分为若干个群体，获取的调查样本相对集中，可以降低调查的费用，简化样本抽取的过程。当调查的总体中存在局部同质性的时候，如一般家庭成员中都有男性、女性，如果估计男女性别比例，以家庭作为群，采用整群抽样，这样估计的精度要比直接抽取个人估计的精度高。

整群抽样还有特殊的用途。有些现象的研究，如果直接调查作为基本单位的个体，很难说明问题，必须以一定范围所包括的基本单位为群体，进行整群抽样，才能满足调查的目的。如人口普查后的复查，要想估计出普查的差错率，只有通过对一定地理区域内的人口群体做全面调查才行。类似地诸如人口出生率、流动率等调查都需要采用整群抽样。整群抽样与简单随机抽样相比具有以下特点，在实际中通常会更多地考虑采用整群抽样：

一是抽取群单位的信息框编制简化。在实践中，因为没有相应的资料，构造包含总体单位基本信息的抽样框通常是不可能的；有时虽然可以构造这样的抽样框，但工作量极大。而群单位的信息框通常会容易寻找。

二是实施调查便利，节省费用。在总体基本单位分布很广的情形下，简单随机抽样会使样本分布过于分散，给调查带来不便，并使调查费用增大。而整群抽样调查单位的分布相对集中，调查人员能省大量来往于调查单位间的时间和费用。而且，如果群是以行政单位划分的，调查时得到行政单位的配合，更有助于调查的实施，可得到较高质量的原始数据。

三是整群抽样的随机性体现在群与群间不重叠，也无遗漏，群的抽选按概率确定。如果把每一个群看作一个单位，则整群抽样可以被理解为一种特殊的简单随机抽样。

（5）多阶段抽样

先在总体各单位（初级单位）中抽出样本单位，并不对这个样本单位中的所有下一级单位（二级单位）都进行调查，而是在其中再抽出若干个二级单位进行调查。这种抽样方法称为二阶段抽样。同样的道理，还可以有三阶段抽样、四阶段抽样等。对于二阶段及以上的抽样，统称为多阶段抽样。

实际工作中，多阶段抽样通常和整群抽样结合使用，从方法上看，整群抽样是由一阶段抽样向多阶段抽样过渡的桥梁。在一阶段抽样中，如果抽出群后即对其中的所有单位进行调查，则是单阶段整群抽样。如果抽出群单位后，进一步从中按低一级的单位抽取子样本（二阶段），即两阶段抽样。也可以进一步在样本的各单位中按更低一级的单位再抽取样本（三阶段），等等。最后一个阶段所抽出的单位可以是基本单位，也可以是群体（基本单位的集合）。

1）多阶段抽样的样本抽取方法。考虑初级单位中二级单位规模相等的情形。对于初级单位大小不等的情形，可以通过分层，将大小近似的初级单位分到一层，则层内的二阶段抽样就可以按初级单位大小相等的方式来处理。

第一阶段在总体 N 个初级单位中，以简单随机抽样抽取 n 个初级单位。

第二阶段在被抽中的初级单位包含的 M 个二级单位中，以简单随机抽样抽取 m 个二级单位，即最终接受调查的单位。

[例] 某个新开发的小区拥有相同户型的 15 个单元的楼盘，居民已经陆续搬入新居，每个单元住有 12 户居民。为调查居民家庭装潢情况，准备从 180 户居民户中抽取 20 户进行调查。我们可以利用二阶段抽样方法。这时，初级单位有 15 个，每个初级单位拥有二级单位 12 个。首先将单元从 1 到 15 编号，在 15 个单元中随机抽取部分单元，抽取了 5 个单元，分别是 1、6、9、12、13 号；然后在被抽中单元中，分别独立随机抽取若干户居民并进行调查，即在这 5 个单元中，分别在 12 户居民户中随机抽取 4 户，见表 3-12。

表 3-12　多阶段抽样的样本抽取示例

编　号	单　元	房　号
1	一栋 A 座	1　2*　3*　4*　5　6　7　8　9　10*　11　12
2	一栋 B 座	1　2　3　4　5　6　7　8　9　10　11　12
3	一栋 C 座	1　2　3　4　5　6　7　8　9　10　11　12
4	二栋 A 座	1　2　3　4　5　6　7　8　9　10　11　12
5	二栋 B 座	1　2　3　4　5　6　7　8　9　10　11　12
6	二栋 C 座	1*　2　3　4　5　6*　7　8　9*　10　11*　12
7	三栋 A 座	1　2　3　4　5　6　7　8　9　10　11　12
8	三栋 B 座	1　2　3　4　5　6　7　8　9　10　11　12
9	三栋 C 座	1　2　3　4　5*　6　7*　8*　9　10*　11　12
10	四栋 A 座	1　2　3　4　5　6　7　8　9　10　11　12
11	四栋 B 座	1　2　3　4　5　6　7　8　9　10　11　12
12	四栋 C 座	1　2　3　4　5*　6　7*　8*　9　10　11*　12
13	五栋 A 座	1　2　3　4*　5　6*　7*　8　9　10　11*　12
14	五栋 B 座	1　2　3　4　5　6　7　8　9　10　11　12
15	五栋 C 座	1　2　3　4　5　6　7　8　9　10　11　12

2）多阶段抽样的应用场合。多阶段抽样适用于总体基本单位数目很大、分布很广的情况。此时，若采用简单随机抽样，编制全部总体单位的抽样框和现场实施随机抽样，都是相当困难的；若采用等距抽样，则为了提高抽样估计效率，需将全部总体单位有序排列并等距抽取，也是很困难的；若采用分层抽样，则为提高抽样估计效率，需掌握全部总体单位的有关资料，按照分层的原则进行分层，然后到各层都去抽样，这一分层和在大范围抽样的工作是很繁重的；若采用单级整群抽样，也需掌握总体单位的有关资料，按分群的原则分群，并在抽中的群内做全面调查，这一分群和在群内全面调查的工作也是很庞大的。如我国有 2 亿多农户，为做农村住户调查，若编制这样庞大的抽样框直接抽取农户，或按其特点分层，使层内方差较小，或进行分群，使群内方差较大等，其工作量之大都是难以想象的。

若采用多阶段抽样，就可避免上述抽样技术中的麻烦。它可按现有的行政区或地理区域划分各阶段抽样单位，从而简化抽样框的编制，便于样本单位的抽取，使整个抽样调查的组织工作容易进行。如在农产量调查中，一般采用的是五阶段抽样，即省抽县、县抽乡、乡抽村、村抽地块、地块抽样本点进行实割实测。因此，可以说多阶段抽样既保持了单级整群抽样的优点，又克服了它的缺点。

2. 抽样框的编制

抽样框的编制，一般情况下需要按其构成要素，针对抽样组织形式，考虑抽样单位特点进行构建。抽样框是抽样调查前在可能条件下做出的抽样单位一览表或一览图，即由抽样单位构成的名录。例如，如果以学校班级为抽样单位，则学校所有班级名册便是抽样框。抽样框既可以是一份包含所有抽样单位的名单，也可以是一张地图或其他适当的形式，如电话簿的列表、餐厅的菜单、包含公司所有客户名单的数据库或是电子数据库的目录等。

（1）抽样框的构成要素

随机抽样要求从有限个单位的集合中抽取出部分单位的一个子集，并能得知这个子集被选中的概率，抽样框是实现这个要求的前提条件，因此，随机抽样离不开抽样框的设计。一个完整的抽样框所必须包括的构成要素如下：抽样框单位的名称；抽样框单位与目标总体之间的联结规则；辅助信息，包括抽样单位的规模、抽样单位的地址以及区分不同抽样单位类型的其他识别标志。

在抽样调查中，抽样框起着非常重要的作用，抽样框的结构、框内所包括的信息，以及这些信息的质量，将决定调查中抽样设计的类型和估计的程序。

缺乏辅助信息的简单抽样框只能用于简单抽样设计。最简单的抽样框是一份仅能确认每个目标总体元素的名单，除此之外没有其他信息，这样的抽样框只能进行非常简单的抽样设计，即简单随机抽样。

而包含辅助信息的复杂抽样框可以用于较复杂的抽样设计，有助于提高抽样设计的效率。一些抽样方法，如分层抽样、与规模成比例的随机抽样，或一些特殊的估计方法，如比率估计、回归估计等，除了要求抽样框具有抽样单位的名单，还要求抽样框具有其他一些辅助信息。抽样框不仅决定抽样设计的类型和估计的方法，而且对估计的精度有直接的影响。不完善的抽样框会引起抽样估计的偏差，降低抽样估计的精度。

（2）抽样框的编制方法

不同的抽样方法，对抽样框有不同的要求。因此，抽样框的结构、框内应包含的信息是由抽样方法决定的，抽样框要根据抽样方法的要求来编制。

1）要决定采用简单随机抽样方法，抽样框中只要具有基本单位的名称、地址及编号就可以了。但这时可能面临一个非常棘手的问题，抽样框中需要包含每一个总体单位的基本信息，这在市场调查中通常是不可能实现的。正因为这样，简单随机抽样技术不能被广泛地应用。

2）要决定采用分层随机抽样，除了需要基本单位的名称、地址以外，还必须按照所选择的分层标志对总体进行分类，把基本单位归属于不同的类（层）中，并对各层的基本单位分别进行编号。这种方法中，由于层内实行简单随机抽样，各层的抽样框的编制与简单随机抽样的要求相同。

3）要决定采用整群抽样，抽样框只需要编制设定的群单位的信息，而不必寻找总体单位的信息，如以宿舍为群单位抽样，抽样框只需要包含全部宿舍的信息（楼号、宿舍号、宿舍的人数）。

4）要决定采用等距抽样，只需要将总体按照选定的标志排序，确定抽样间隔、确定起始单位号就可以了，并不需要编制特定的抽样框。

5）要决定采用多阶段抽样，在每一阶段中需要按照整群抽样的抽样框编制的要求，按照设定的群单位编制抽样框。

（3）抽样单位对抽样框的影响

1）抽样框中抽样单位与基本单位一致，称为元素抽样框。这样的抽样框适合于以基本单位作为抽样单位的抽样方法，如简单随机抽样、分层随机抽样、等距抽样等。

2）抽样框中抽样单位是基本单位的集合，称为群抽样框，它适合于以群作为抽样单位的各种抽样方法，比如整群抽样、分层整群抽样、等距整群抽样等。当群是由在地域上相连的基本单位组成时，比如居住在同一条街道中的居民组成一群，或者一个行政区域内的企业组成一群等，由这样的群构成的抽样框称为区域抽样框。

3）抽样框中的各个单位是随机排列的，单位序号与所研究的标志值之间没有线性相关关系，这样的抽样框是无序抽样框。抽样框中的各个单位是按照与所研究的目标有关标志排列的，其单位序号与所研究标志值之间有较高的线性相关关系，这样的抽样框是有序抽样框。在等距抽样中，使用无序抽样框，总体单位按照无关标志排队，则可以采用简单随机抽样的方法进行估计。

4）抽样框中的单位既不是调查单位，也不是调查单位的集合，这样的抽样框是替代抽样框。替代抽样框的好处是容易取得抽样框资料，可以大大节约抽样设计的费用，其弊端是抽样框与目标总体常常不一致，容易导致抽样框误差。如居民购买力调查，以电话号码簿作为抽样框，就是替代抽样框。以电话号码簿作为抽样框抽取样本调查居民的购买力，有可能导致居民身份的界定不清、遗漏调查对象的问题。但是，如果编制居民户抽样框，寻找到完备的居民户的名单和地址，则工作量是巨大的。

5）把抽样单位的名称按照一定顺序排列起来形成的抽样框是名单抽样框，它适合于以人或机构单位作为抽样单位的抽样调查；把抽样单位的地理位置按照自然顺序排列起来，形成一张标有抽样单位地理位置和区域的"地图"，从中抽取样本单位，这样的抽样框是地图抽样框，它适合于以区域单位作为抽样单位的抽样调查；以时间单位作为抽样单位编制的抽样框是时序抽样框，它主要应用于工业产品的质量检验与控制。

（4）抽样框的设计原则

1）完备性原则。目标总体中的每个抽样单位必须以一个号码出现，而且只能以一个号码出现；同时，每个号码必须对应目标总体中的一个抽样单位，而且只能对应目标总体中的一个抽样单位。

2）可行性原则。这个原则包括两个方面，一是以什么作为抽样单位能够比较便利地搜集到抽样单位的名单，二是以什么作为抽样单位便于样本的抽取。比如，调查某地个体商业户的营业状况，有户和村两种抽样单位可供选择，如果没有该地各个个体商业户名单，以户作为抽样单位就存在一定的困难。虽然可以通过全面调查的方式取得该地区个体商业户的名单，但这样做需要支付较多的费用，某种程度上丧失了抽样调查的意义，而以村作为抽样单位则是很方便的。

3）正态性原则。由于实际工作中遇到的总体一般都不是正态分布，而是属于偏态分布，根据中心极限定理，对于这类分布，要保证估计量的正态分布，必须以较大的样本容量为代价。从这一观点看，抽样单位不宜太大，即抽样单位中所含个体数目不宜太多。因为在最终调查单位一定的条件下，抽样单位越大，受费用的约束，样本容量就越小。当抽样单位大到一定程度，进而使样本容量小到一定程度时，估计量的正态分布就难以保证。

4）效率性原则。抽样估计的效率是指在调查费用一定，从而最终调查单位数目一定的条件下，估计量方差的大小。估计量方差越小，估计的效率越高，抽样单位的大小与估计量的方差有关。对于等概率抽样，通常情况下，抽样单位越大，估计量方差也要增大。这里要区别两种情况：一是个体单位在空间上较为集中，此时，从效率上考虑，在可实施的情况下，应尽量取小单位作为抽样单位；二是个体单位在空间上较为分散，此时，将相邻的个体单位组合成一个较大单位作为抽样单位，可以相对节约调查费用。这种情况下，如果费用节约的速度快于方差增大的速度，可采用大单位作为抽样单位。否则，应取小单位作为抽样单位。

3.3.3　非随机抽样技术及其应用

非随机抽样又称非概率抽样，是指在抽样时不按照随机原则，而是按照某个人为的标准抽取。为什么要采用非随机抽样呢，主要有以下几个原因：①受各种条件限制，无法进行随机抽样；②尽快地获得调查结果，提高时效性；③调查人员有丰富的调查经验，且总体各单位间的离散程度不大。非随机抽样主要有四种方式，即便利抽样、判断抽样、配额抽样和裙带抽样。

1. 便利抽样

便利抽样又称为偶遇抽样、任意抽样，是指研究者根据现实情况，以自己方便的形式抽取到偶然遇到的人作为对象，或者仅仅选择那些离得最近、最容易找到的人作为对象。常见的街头随访或拦截访问、邮寄式调查、杂志问卷调查以及网上调查都属于便利抽样的方式。

便利抽样是所有抽样技术中花费最小的（包括经费和时间）。抽样单元是可以接近的、容易测量的，并且是合作的。应该注意区分便利抽样与随机抽样的差别。从表面看，这种方法与随机抽样相似，都排除了主观因素的影响，纯粹依靠客观机遇来抽取对象。但一个根本的差别在于这种抽样方法没有保证总体中的每一个成员都具有同等的被抽中的概率。那些最先被碰到的、最容易见到的、最方便找到的对象具有比其他对象大得多的机会被抽中。正是这一点使我们不能依赖便利抽样得到的样本来推论总体。

［例］调研者在路上或其他地方如快餐店或便利店等，拦下行人进行访问就是一种便利抽样。

［例］在一些大城市想做流动人口消费品购买力调研，往往无法采取随机抽样法，而是在车站、码头、机场、旅馆或大商场等处，碰到外地旅客就随便进行询问调查。

［例］宁波市调研人员想了解宁波市民对于规划的万达商圈的停车位的满意程度，所以去访问在商圈附近逛街的市民。

2. 判断抽样

判断抽样是指研究者依据自己的主观分析和判断，来选择那些适合研究目的的个体作为调查对象的一种抽样方法。判断抽样法适用于调查总体构成单位极不相同、调查单位总数比较少、样本数很小的情况。

判断抽样的主要优点在于可以充分发挥研究人员的主观能动作用，特别是当研究者对研究总体的情况比较熟悉，研究者的分析判断能力较强、研究方法与技巧十分熟练、研究的经验比较丰富时，采用这种方法往往十分方便。

判断抽样适用于研究者基于选择标准抽取典型样本的任何情形，以期通过对典型样本的研究而了解母体的状态。例如，从全体企业中抽选若干先进的、居中的、落后的企业作为样本，来考虑全体企业的经营状况。

判断抽样可以有以下两种具体做法：

一种是由专家判断选择样本，一般采用平均型或多数型的样本为调查单位，通过对典型样本的研究由专家来判断总体的状态。所谓"平均型"，是在调查总体中挑选代表平均水平的单位作为样本，以此作为典型样本，再推断总体。所谓"多数型"，是在调查总体中挑选多数的单位作为样本来推断总体。

[例] 某企业要调查其自身产品与竞争对手产品的销售情况，根据主观判断选择了一些同时对销售双方产品有影响的、非常有代表性的零售商店作为判定样本。

[例] 调查中国钢铁行业的管理机制、运营机制及改革等状况，所挑选的样本单位一定得避开鞍钢、宝钢和首钢等几家国有特大型钢铁企业，其原因是尽管它们的钢铁产量占全国钢铁产量的大半，但是它们的管理水平、运营能力等不能代表众多钢铁企业的现状。

另一种是利用统计判断选择样本，即利用调查总体的全面统计资料，按照一定的标准选择样本。

[例] 调查中国钢铁行业的产品和产量现状，只要对鞍钢、宝钢和首钢等几家国有特大型钢铁企业进行调查，就足以大致掌握我国钢铁工业的产品和产量情况了，因为这几家钢铁企业的钢铁产量占全国的大半，把握了它们的生产情况就可以把握总体的生产情况。

特别是当调查目的是了解、探索某一现象及事物产生异常的原因时，便需要选择"极端型"的总体单位，来查找问题的根源所在。

[例] 在问卷设计阶段，为检验问卷设计得是否得当，调研者会有意地选择一些观点悬殊的人作为判断样本，即调研者专找那些偏离总体平均水平者进行调查，以确定问题答案的选项。可见，我们通常所说的重点调查和典型调查都是判断抽样的特例。

3. 配额抽样

根据一定的标志对总体分层或分类后，从各层或各类中主观地选取一定比例的调查单位的方法就是配额抽样。所谓"配额"，是指对划分出的总体各类型都分配给一定的数量而组成调查样本。也就是说，配额抽样是根据总体的结构特征来确定样本分配定额或分配比例，以取得与总体结构特征大体相似的样本，例如根据人口的性别与年龄构成确定不同的性别、年龄的样本量。

配额保证了在这些特征上样本的组成与总体的组成是一致的。一旦配额分配好了，选择样本单位的自由度就很大了。唯一的要求就是所选的样本单位要适合所控制的特性。因而，配额抽样较之判断抽样加强了对样本结构与总体结构在"量"的方面的质量控制，能够保证样本有较高的代表性。

配额抽样是非随机抽样技术中使用得最频繁的方法，这种方法只要求调查者对总体的结构有明确的了解，能够根据不同的特征标记予以区分，并按照这种整体结构特征提出样本份额，而不需要知道总体的量。调研人员只要事先知道总体结构的配额，在这个配额内就可以自己挑选询问对象，同时若遇到拒答，可随意另找人替补，不会影响抽样设计。所以若需要快速得到调查结果，配额抽样是不错的选择。

配额抽样尽管具有费用低、灵活性强、速度快等优点，但是存在定性标志（如人们的态度、观点等）无法分配的问题，另外由于调查者有极大的自由去选择样本个体，这种方法常因调查者的偏好及个人方便性而使样本丧失代表性，从而降低调查的估计准确度。

配额抽样通常分为独立控制的配额抽样和相互控制的配额抽样两大类。

（1）独立控制的配额抽样

它是对调查对象只规定具有一种控制特征的样本抽取数目并规定配额。独立控制的配额抽样法的具体应用方法如下：按调查对象抽取数目和某个控制特征规定配额，而不是规定具有两种或两种以上控制特征的样本抽取数目及规定配额。如按调查对象的控制特征分为年龄、性别、收入三种，确定样本总数为180个，按独立控制特征配额抽样则样本分配数额见表3-13。

表3-13　独立控制的配额抽样

年　　龄		性　　别		收　　入	
18~29岁	30人	男	90人	高	36人
30~40岁	50人			中	54人
41~55岁	60人	女	90人	低	90人
56岁及以上	40人				
合计	180人	合计	180人	合计	180人

从表中可以看出，虽然有年龄、性别、收入三个控制特征，但各特征是独立控制配额抽取样本数目的，不要求相互受到牵制，也不规定三种控制特征之间有任何关系。如在年龄组18~29岁的有30人，这30人中间男、女各多少，高收入、中收入及低收入又有多少，都没有规定样本抽取数目。这就是独立控制的配额抽样的特点。

[例]　某市欲在商业系统进行一项调研，样本的数目定为50家，决定采用独立控制的配额抽样。现取行业类别、企业规模、企业所在地区三项控制特征作为分类标准，样本数额的分配结果列于表3-14中。

表3-14　独立控制的样本配额示例

行　业　类　别		企　业　规　模		企　业　所　在　地　区	
商业	25家	大型	5家	甲	10家
饮食业	15家	中型	10家	乙	20家
服务业	10家	小型	35家	丙	12家
				丁	8家
合计	50家	合计	50家	合计	50家

在表中，对行业类别、企业规模和企业所在地区三项控制特征分别规定了样本数额，但其相互之间的交叉关系没有在数额上做出限定。如从商业单位抽取25个样本时，在企业规模和企业所在地区上没有明确要求；又如，5个大型单位的样本既可较多或全部从商业中抽选，也可较少或不从商业中抽选，这完全由抽样者机动掌握。当然，最终选定的50个样本，应满足表中的数额要求。

独立控制的配额抽样具有简便易行、费用少等优点，但有选择样本容易偏向某一类型而忽视其他类型的缺点。例如，偏重于年龄较轻的低收入或年龄较大的高收入者。这个缺点可通过相互控制的配额抽样来弥补。

（2）相互控制的配额抽样

相互控制的配额抽样同时对具有两种或两种以上控制特征的每一样本数目都做出具体规定，具体操作方法是借助于交叉控制表，又称相互控制的配额抽样表。相互控制的配额抽样法的工作程序一般分为四个步骤：

第一步：确定控制特征。调查人员可事先根据调查的目的和客观情况，确定调查对象的控制特征，作为总体分类的划分标准，如年龄、性别、收入、文化程度等。

第二步：根据控制特征对总体分层，计算各层单位数占调查总体的比例，确定各层之间的比例关系。

第三步：确定每层的样本数。首先确定样本总数，然后根据每层占总体的比例决定每层应抽取的数目。

第四步：配额分配，确定调查单位。在各层抽取样本数确定后，调查人员就可在指定的样本配额限度内任意选择样本。

（3）配额抽样法设计的思路

1）科学计算样本额度。相互控制的配额抽样，不论是按三个特征还是四个特征甚至更多的特征设立，均可以运用运筹学方法统筹兼顾所有控制特征，使选定的样本可以更好地代表总体。

2）考虑代表性，首先确定样本分配比例，最后推算样本总数。从省钱、省时角度考虑，应当将样本数目控制在必要的最低限度。所谓"必要"，是从考虑样本代表性的角度提出的样本数量下限。必要的最低限度的样本数目到底是多少，这是常常使抽样调查设计者感到困惑的问题。如果总体中个体单位差异不大，那么小样本就可以代表总体；如果总体中个体单位差异很大，那么只有大量样本才可以代表总体。小到几个或大到多少呢？既然考虑问题的出发点是样本的代表性，那么在建立配额计算模型时就应将这一思想贯彻进去，首先确定样本按控制特征分配的比例而不是具体数额，然后在保证达到样本代表性要求的基础上确定所需必要的最低限度的样本数量，而不是相反。

3）在样本分配时，体现控制特征的重要性，强化对代表性问题的考虑。代表性本身是一个相对的概念，因为总体中个体单位间总是存在差异，所以用样本特征推断总体特征总存在着或多或少的误差，这是抽样调查方法本身不可避免的。既然如此，在考虑样本代表性的同时，必须将样本总数尽量降低。在相互控制的配额抽样中，降低样本总数必然以忽视某个控制特征为条件，准确地说是无法给予这一控制特征以足够重视。如果没有得到足够重视的某一控制特征相对于其他控制特征而言正好不太重要，即基本不损害样本代表性，而且这种"适当忽视"可以达到降低样本总数的目的，那么这种配额抽样设计无疑又完善了一步。

（4）配额抽样的特点

配额抽样相当于包括两个阶段的加限制的判断抽样。在第一阶段需要确定总体中的特征分布（控制特征），通常，样本中具备这些控制特征的元素的比例与总体中有这些特征的元素的比例是相同的，通过第一步的配额，保证了在这些特征上样本的组成与总体的组成是一致的。在第二阶段，按照配额来控制样本的抽取工作，要求所选出的元素要适合所控制的特征。例如：定点街访中的配额抽样。

配额抽样适用于设计调查者对总体的有关特征具有一定的了解而样本数较多的情况下，实际上，配额抽样属于先"分层"（事先确定每层的样本量）再"判断"（在每层中以判断抽样的方法选取抽样个体）；费用不高，易于实施，能满足总体比例的要求。

4. 裙带抽样

裙带抽样有时又叫雪球抽样，即通过少量的样本单位以获取更多样本单位的信息。顾名思义是先选择一组调查对象，通常是随机选取的，访问这些调查对象之后，再请他们提供另外一些属于所研究的目标总体的调查对象。根据所提供的调查线索，选择此后的调查对象。采用裙带抽样主要原因是调查对象在总体中是十分稀少的。例如，特殊疾病、特殊生活习惯等相关人群。

这种方法的优点是当手边的总体资料较少时，可以先有针对性地找到被调查者，然后通过这些被调查者找到更多的样本。其局限性是要求样本单位之间必须有一定的联系并且愿意保持和提供这种关系，否则将会影响这种调查方法的进行和效果。

[例] 某调研部门如果想了解某市外来农村务工人员的状况，要获得一份完整的名单是极困难的，调查者只能借助已接受调查的农民工去接触新的农民工，即调查者开始只同几个在该市务工的农民进行面谈，了解情况后再请他们提供所知的其他在该市的农民工名单，逐步扩大到所需的外来农民工数目，以通过对这些农民工的调查研究，来全面掌握该市外来农民工的籍贯、所从事工作的性质、经济收入等状况。

总之，非随机抽样技术中以裙带抽样效率最高，其次是配额抽样、判断抽样，而以便利抽样效率最差。

[例] 在一项关于某品牌洗发水的消费者座谈会的研究抽样中，研究对象为18～40岁的女性。已确定样本量为24人。研究者选择"经济收入"和"发型"为控制特征；并要求高低收入者各占50%，卷、直发型各占50%。根据上述要求利用配额抽样进行抽样。

点评：根据上述要求一个相互控制的配额抽样表便可设计出来，见表3-15。

表3-15 相互控制的配额抽样表

		经济收入	
		高	低
发型	直发	6人	6人
	卷发	6人	6人

 **任务实施**

教师可组织学生通过查阅资料、网络调查等方式获取下面的解决方案，详情请扫描二维码。

3-3 如何选定开展调查工作的合适方法

 任务小结

抽样调查技术在总体中抽取有代表性的个体作为调查对象，是具有科学性的市场调查技术。为了提高抽样调查的有效性，需要切实控制抽样误差，严格遵循抽样调查的程序，并合理选用抽样技术。

如果要用抽样调查的结果来说明总体的情况，就只能使用随机抽样方法。随机抽样包括简单随机抽样、分层抽样、等距抽样、整群抽样和多阶段抽样。每种方法的具体操作是各不相同的。如果抽样调查的目的不在于推断总体的情况，而仅是对总体做一般的了解，则可以考虑使用非随机抽样方法，它比随机抽样要方便和经济。

任务拓展

课堂研讨

要为某企业做一次员工购房需求的调查，需要从 50 000 名员工中抽取 500 名员工组成一个样本，50 000 名员工的名册作为抽样底册，请根据这一情况设计抽样方案。

课后自测

Juan Carlos 墨西哥饭店（JC）的老板 Juan CarLos Garcia，遇到了同其他许多小企业主一样的问题。他想在一个中小型社区成功地经营一家饭店，直到 6 个月前这种理想一直是在很成功地实现着。从那时起，他注意到平均每周顾客数量开始小幅下降，相应的利润也遭受到了波及。他很重视这件事，曾花费了大量时间在高峰时间到饭店观察他的雇员对顾客需要的满足是否够好和有效。

Garcia 请当地大学教授 Gilmore 进行市场调研，以帮他解决利润下降的问题。Gilmore 教授领着一组学生来，开展这项调研工作。Garcia 向学生们讲了饭店的历史和这些时期的所有财务指标。学生们向 Garcia 问了很多有关当地饭店、行业趋势的问题，以及任何可能存在的周期性变化。大部分情况下，Garcia 都能向小组的提问传递信息。不过，有一件事他没有做，就是调查他的顾客以了解饭店和菜肴对顾客有哪种吸引力。小组确定了下列目标用来指导针对饭店的调研：

1）在空气、服务、位置、饭菜质量和数量以及饭菜价格方面确定饭店最有吸引力的特色。

2）评估顾客对空气、服务、位置、饭菜质量和数量以及饭菜价格方面的满意度。

3）确定顾客在空气、服务、位置、饭菜质量和数量以及饭菜价格方面选择饭店时考虑的因素。

4）确定顾客对于将来在这里就餐的意识和最有可能的反应。

5）根据地区和顾客人口统计量评估顾客在人口统计和地理方面的特征。

6）推导结果的战略性含义。

小组在这些研究领域选择了两步取样法。第一步涉及对一组饭店员工的取样，其信息会在准备设计用于第二步的问卷时对小组有帮助。第二步通过问卷对一组随机挑选的饭店顾客进行调查。样本包括了在两个不同的星期天的下午5点—7点随机挑选的顾客，总共收到了91份有效答卷。小组首先总体上对数据进行了分析，接着使用SPSS对结果进行了交叉制表处理以便分析与具体的人口统计和个人品质相关的具体问题。使用概率、交叉表和百分率对数据进行了系统分析，确定了基于人口统计和个人品质差异的调查对象差异。基于收集的这些信息，制定了表3-16、表3-17。

表3-16　顾客对饭店的评价

评　　分	百分率（%）
第一	77
第二	8
第三	5
第四	4

表3-17　顾客对饭店进行改善的建议

评　　分	百分率（%）
停车场	34.5
油漆	17.2
空气	13.8
儿童食品	10.3
位置	6.9
墨西哥音乐	17.2

思考：结合本案例，分析该市场抽样调查的具体程序以及抽样调查的特点。

实操演练

演练内容：走访一些企业、商场，征询调查项目，并拟定题目，设计抽样调查方案，实施调查。

演练目的：学会如何进行市场调查，选择调查技术、撰写调查报告。

演练要求：①自由组合调查小组，5~8名同学为1组。②了解客户希望通过调查达到的目的。③选择合适的调查技术进行调查。④形成调查报告。

任务 3.4 项目综合实训

本项目实训按照下面要求进行：①结合项目内容，每个小组的学生根据市场调查问卷的要求，拟定具体的市场调查方法。②结合本部分内容，每个小组的学生采用合适的抽样调查的方法选取样本，将调查问卷发送到样本对象，并在规定的时间内回收调查问卷。

3.4.1 养老行业市场调查方法

养老行业市场调查可采用线下调查结合网络调查的方式，以线下调查方式为主。可采用简单随机抽样的调查方法，调查对象可随机选取60岁及以上的老年人及40~59岁的中年人（潜在消费群体）。考虑到老年人身体状况、文化水平等限制，交流沟通较为耗时耗力，调查可采取访谈、问答方式，由调查员代填问卷。

3.4.2 企业市场调查方法

电商促销行为对消费者的影响可采用线下调查结合网络调查的方式，以网络调查方式为主。可采用简单随机抽样的调查方法，由于涉及题目数不大，采用问卷星等工具并利用智能手机进行操作。

3.4.3 生态环境调查方法

垃圾分类调查可采用线下调查结合网络调查的方式，以网络调查方式为主。可采用简单随机抽样的调查方法，由于涉及题目数不大，可采用问卷星等工具并利用智能手机进行操作。

项目4　市场调查资料的整理与分析

任务4.1　资料整理的方法

 **任务目标**

知识目标

1. 掌握调查资料整理的意义

2. 掌握市场调查资料编辑、分类、汇总的方法

能力目标

1. 能对市场调查资料编辑、分类、汇总

2. 学会通过对调查资料的加工整理，寻找现象的规律性，以便对现象的未来发展变化做出预测打下基础

 **任务引例**

迪姆的问题

迪姆这学期在城市国民银行当见习生。他被指派在该银行目前的小企业顾客中进行一次形象调查，该银行怀疑这是一个被本银行及其竞争者都冷落了的顾客细分市场。迪姆首先组织了焦点小组访谈来确认对小企业来说最为重要的问题是什么。然后，他利用这些焦点小组所指出的问题设计出了一份定量问卷调查表，以发现城市国民银行与其他银行相比在这些关键问题上做得如何。调查表中既有封闭性问题也有开放性问题。迪姆使用从银行数据库中抽取的当前顾客的随机样本来开展调查。调查问卷没有指明城市国民银行为该项调查的发起人。迪姆寄出了1000份调查问卷，并附带封面信来解释本次调查的目的，并说明对回收的每份问卷的回答都是保密的，对那些做出回答的人将付给25美元的感谢费。在最初的调查问卷和信件发出一周之后，他又寄出了提醒卡；两周之后，寄出了第二封信和调查问卷的复印件。现在已是初次邮寄后的第四周了，共收到了478份调查问卷。

随后，调查问卷的返回越来越少。银行经理决定终止资料的收集工作，并让迪姆转向处理回收的调查问卷，将调查问卷上的回答整理成图表，分析调查结果并准备书面报告。迪姆对这一阶段的工作没有多少认知，因为他一直忙于设计调查问卷以及把问卷和信件邮寄出去。他现在的问题是怎样把信息输进计算机？怎样对开放性问题进行编码？怎样把问卷答案制成图表？他该使用什么样的软件？图表看起来应该是什么样子？如果需要统计检验的话，他应该用哪一种统计检验？

问题：

如果你是迪姆，该如何解决上述问题？

4.1.1 市场调查资料整理概述

通过市场调查实施阶段所获得的原始资料，还只是粗糙的、表面的和零碎的，需要经过审核和整理加工，才能进行分析研究并得出科学的结论。因此，调查资料的整理工作是调查过程中一个必不可少的环节。

市场调查资料整理是运用科学方法，对调查所得的各种原始资料进行审查、检验和初步加工综合，使之系统化和条理化，从而以集中、简明的方式，反映调查对象总体情况的工作过程。它的一般程序则是：编辑资料分类和汇总。

1. 编辑资料

编辑资料是对访员和受访者在市场调查过程中的疏忽、遗漏、错误等进行检查验收的过程。检查验收的内容主要如下：

1）访员对问卷中的问题是否一一进行了提问，有没有漏问的问题；对受访者的回答是否都进行了记录，有无漏登漏记的答案。漏问的问题和漏登的答案在实地调查中及时发现，便于及时进行补充访问和补登答案。如果这种情况在进入数据录入或分析阶段才发现，一般都没有时间再重新组织调查，这样一来，这份问卷往往就要被作废。

2）访员是否遵循了规定的跳问路线。有的时候，尤其是在项目开始的头几次访谈中，访员容易混淆，跳过了实际应该问的问题，或者没有跳过不要求回答的问题。

3）开放性问题的答案是否属于受访者的原意，访员是否按照要求逐字记录，有没有以任何方式重新解释、表述或掺进自己见解的情况。市场研究人员和客户对开放性问题的答案很感兴趣，因此开放性问题的答案质量和所记录的内容，也代表了访员记录答案工作的优劣。

2. 分类和汇总

（1）资料分类

营销调研大数据分析的根本目的是获取足够的市场信息，为正确的市场营销决策提供依据。从营销调研大数据分析的过程可知，在市场信息收集与市场信息使用之间，必然有一个市场信息的加工处理环节。这是因为运用各种方法，通过各种途径收集到的各类信息资料，尤其是各种第一手资料，大都处于无序的状态，很难直接运用，即使是第二手资料，也往往难以直接运用，必须经过分类、汇总等必要的加工处理，使之统一化、系统化、实用化。

资料分类就是按照一定的标志，将调查资料进行分门别类的整理。资料分类包括对文献资料的分类和对实地资料的分类。

1）对文献资料的分类。对文献资料的分类是指按照一定的标志，将挑选出来的文献资料进行分门别类的整理，便于开展实地调查前研究使用。常用的分类方法有以下几种：

① 主题分类法，即按照一定的观点，把选择的文献资料进行分类，如果初步拟定总论点下有几个分论点，那么可以以总论点统领分论点，分论点统领论据，再由论据统领有关资料，把所有挑选出来的资料组成一个有机的系列。它可以使我们对资料的理解和认识条理化、系统化，启发我们对问题的积极认识思考，用全面、辩证发展的观点来用活用好挑选出来的资料。

② 项目分类法，就是把选择出来的资料，按其属性分项归类。例如，理论类项目分为经典作家、名人名作，有关的定义定理，常识、成语、谚语、警句，资料作者的理论观点；事实类项目分为个别事物，各种统计数据、图表，资料者的片段论述，典型案例。

2）对实地资料的分类。对实地资料的分类就是将实地资料按涉及内容归入不同的题目中，而题目要和调查分析预测报告的主要标题相符合。某些诸如文章之类的资料往往包括一个以上题目的材料，应夹在适当的文件夹里，需要时取来使用。对统计数字类的资料，还必须进行更为详尽的分类。如果不把成百上千个单项数据用某种有意义的方法分类，就不可能发现任何模式或得出任何结论。比如人数、年销售额、利润额等按规模或数量分类，地区、年份、性别、职业等按自然条件分类等。

分类题目一旦确定，实地资料就可以归入每个题目的类目中。

[例] 一项关于巧克力方面的市场调查，先后获得了几十个牌子的销售资料。调查研究人员发现不同牌子的销售量存在较大差异，即品牌和销售业绩之间存在某种联系，于是就把每个品牌分为巧克力硬糖、夹心巧克力、有包装巧克力、无包装巧克力等若干类，见表4-1。这样就可以考察每个类型产品的销售业绩，并比较它们的不同了。

表4-1 巧克力调查表

编　码	商品类别	销售额（元）	比重（%）
01	巧克力硬糖	1000	7.25
02	芝麻巧克力	700	5.07
03	奶油巧克力	2000	14.49
04	无包装巧克力	900	6.52
05	薄荷巧克力	1900	13.77
06	有包装巧克力	1300	9.42
07	夹心巧克力	1800	13.04
08	膨化巧克力	500	3.62
09	酒心巧克力	2100	15.22
10	巧克力豆	1600	11.59
合计		13 800	100

综上所述，分类可以反映事物的内部结构和比例关系，从而为企业寻找目标市场提供基础数据；科学恰当的分类关键在于选择合适的分类标志。分类标志就是对市场调查资料进行分类的依据和标准，划分各类界限就是在分类标志的变异范围内划定各类之间的性质界限和数量界限。选择分类标志必须依据调查研究的目的和总体本身的特点来决定。

（2）资料汇总

汇总是数据整理中的一个环节，即将分类或组的各项数值加以计算，计算各类的数据个数、总体的数据个数，对数值型数据、各类变量值以及全部变量值加总求和，还可以计算各类比值、平均数等。由于各项数据已录入计算机，只需利用相关软件进行操作，便可取得计算结果。

（3）表格化和图示化

1）表格化。表格化就是指将一系列说明现象特性的经过加工整理后的调查数据，按一定的次序和格式排列成表格形式。

[例] 有一项关于私家车购买情况的调查，发放问卷500份，收回有效问卷400份，现将问卷中有关收入、性别、购买档次三个问题的结果汇总到一张表上，见表4-2。

表4-2　私家车购买情况　　　　　　　　　　　　　　　（单位：人）

购买档次	收入								
	男性			女性			较高收入	普通工薪	合计
	较高收入	普通工薪	合计	较高收入	普通工薪	合计			
高档	85	25	110	40	50	90	125	75	200
低档	15	75	90	60	50	110	75	125	200
合计	100	100	200	100	100	200	200	200	400
调查人数	100	100	200	100	100	200	200	200	400

调查数据经过表格合理科学的整合编排，可以清晰、有序、系统、综合地反映研究对象的数据特征、分布特点，避免了许多烦琐的文字叙述，便于资料的贮存、管理、积累和查阅。利用表格中所罗列的各项数据可进一步计算有关分析指标，将一些数据进行对照比较，发现新的数据信息可进一步挖掘数据，也为下一步的分析打下基础。

2）图示化。图示化是为了更好地反映数据的分布规律，表现数据的特点，便于使用者和广大公众阅读而采用的一种图形方式。用图形展示调查数据具有形象生动、一目了然、一图顶千言的效果。常用于描述调查数据的统计图形有条形图、线形图、饼图等，下面以条形图、线形图为例进行说明。

① 条形图。条形图是使用等宽条形的长短或高度来表示调查数据大小多少的图形。因放置的方向不同，条形图也称为柱形图、柱状图。条形图的宽度是没有实际意义的，它一般适应于表现分类数据的频数或频率的分布状况。根据涉及观察研究总体的多少不同，条形图又可分为单式条形图和复式条形图两种。

[例] 针对旅游消费进行了调查，资料见表4-3。

表4-3　对旅游消费的调查资料

按消费金额分组（万元）	人数（人）
1以下	25
1~2	21
2~3	32
3~4	23
4~5	20
5~6	22
6~7	27
7~8	9
8~9	28
9~10	2

注：1~2表示含1不含2，余同。

根据表4-3绘制条形图，如图4-1所示。

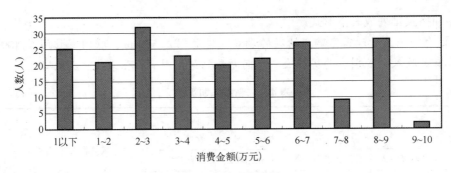

图 4-1 单式条形图

[例] 某国际旅行社在一年内各季度每一旅行线路的收入情况见表 4-4。

表 4-4　每一旅行线路的收入情况　　　　　　　　（单位：万元）

季　　度	线路			
	东南亚	欧洲	美洲	大洋洲
第一季度	60 000	7000	9000	3000
第二季度	85 000	9000	15 000	2500
第三季度	75 000	7000	7000	2900
第四季度	70 000	7000	11 000	700
合计	290 000	30 000	42 000	9100

根据表 4-4 绘制条形图，如图 4-2 所示。

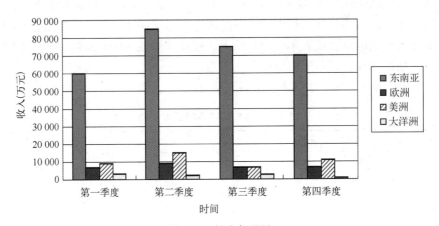

图 4-2　复式条形图

② 线形图。线形图是在平面直角坐标上标注各数据点并连接成折线，以表明数量变化规律及特点的统计图，又叫折线图。它一般适应于反映时间序列数据。图形的横坐标列示时间的先后次序；纵坐标列示变量值，并且大多从原点"0"开始，如果数值与"0"之间的差距太大，则要采取折断符号表示，否则图形无法显示。线形图一方面能够说明现象随着时间变化发生变动的趋势，可对事物进行动态变动分析，观察其变动的方向、幅度，有无变动周期；另一方而，根据其变动形态，建立相应的数学模型，确立拟合变动曲线。此外，线形

图还可以同时显示多个研究对象的相关数据，绘制多条变动曲线，进行相互比较，分析其变动的特点。

[例] 某年某企业销售计划和实际资料见表4-5。

表4-5　销售计划和实际资料　　　　　　　　　（单位：百万元）

月　　份	计划销售额	实际销售额
1	5	5
2	7	6
3	8	7
4	10	11
5	11	12
6	11	12
7	12	12
8	12	13
9	12	15
10	13	16
11	14	16
12	12	15

根据表4-5数据绘制线形图，如图4-3所示。

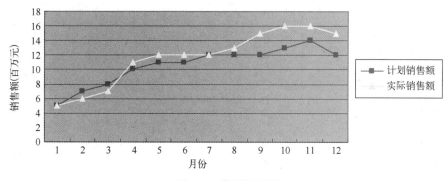

图4-3　线形图示例

【典型案例】

现代人喝茶的越来越多，对茶也越来越讲究。为此某调查公司针对人们饮用茶的问题专门开展了一次调查，试图论证在某公寓小区里开设一家茶叶店的计划是否可行。这个小区共有居住人口5000人，采用不放回简单随机抽样方法抽选50人进行调查，资料见表4-6，要求对资料进行汇总。

表4-6　饮用茶调查表

被调查者序号	性别	年龄（岁）	主要饮用茶种类	家庭月饮用量（两○）
1	1	50	绿茶	5
2	0	23	花茶	4.1

○　1两＝50g。

被调查者序号	性别	年龄（岁）	主要饮用茶种类	家庭月饮用量（两）
3	1	17	其他	0
4	1	24	绿茶	7
5	1	35	绿茶	3.5
6	0	37	其他	3.4
7	0	17	其他	6
8	0	28	花茶	5
9	1	32	其他	2.9
10	0	19	绿茶	5
11	1	43	花茶	2.7
12	0	41	绿茶	3.5
13	1	31	其他	3
14	1	34	其他	2.6
15	0	62	绿茶	3.6
16	1	30	绿茶	3.4
17	0	30	花茶	3.4
18	0	46	其他	3.2
19	1	27	其他	3.5
20	1	26	花茶	3.5
21	0	36	其他	2.4
22	1	26	其他	3.7
23	1	45	花茶	3
24	0	76	其他	3.6
25	0	53	其他	4
26	1	26	绿茶	3.7
27	0	59	花茶	3
28	1	45	绿茶	7
29	0	15	其他	2.3
30	0	27	其他	3.6
31	1	36	其他	3.1
32	1	37	绿茶	3.5
33	0	24	其他	4
34	0	50	其他	3.4
35	0	21	花茶	4.9
36	1	23	绿茶	5
37	1	30	其他	3.4
38	0	40	其他	3

被调查者序号	性别	年龄（岁）	主要饮用茶种类	家庭月饮用量（两）
39	1	51	绿茶	3.5
40	0	35	绿茶	3
41	1	34	花茶	2.5
42	0	21	其他	4.2
43	1	19	其他	4.9
44	1	67	其他	3.4
45	0	73	其他	0
46	1	50	花茶	4
47	1	41	绿茶	3
48	0	38	其他	3.4
49	1	26	绿茶	5
50	0	45	花茶	3

注："性别"栏中"1"代表女，"0"代表男。

点评：

表4-6中的资料是通过直接调查登记获取的资料，尚处于零散、无序的状态，如果要把它转变成易于理解和解释的数据结果形式，则首先要对其进行分类。比如将50个被调查者分别按性别和饮用茶种类进行分组并汇总，结果见表4-7、表4-8。

表4-7　按性别和饮用茶种类分组汇总表　　　　（单位：人）

性　别	种类			
	花茶	绿茶	其他	总计
0	6	4	14	24
1	5	11	10	26
总计	11	15	24	50

表4-8　家庭平均月饮用量　　　　（单位：两）

性　别	种类		
	花茶	绿茶	其他
0	3.90	3.78	3.32
1	3.14	4.51	3.05

经过分类汇总，我们可以清楚地看出，此次调查的50人中，其中女性26人，男性24人；从饮用茶的品种看，有22%（11/50）的人饮用花茶，30%（15/50）的人饮用绿茶，两项合计超过50%，说明过半数的人喜欢喝花茶或绿茶。掌握了这些信息后，小区开茶叶店的经营者，在进货时就大概知道购进什么茶叶品种，每个品种需要购进多少，以满足该小区消费者饮茶的需求。

4.1.2　资料收集的误差与偏差

调查误差主要分为抽样误差和非抽样误差。

1. 抽样误差

抽样调查的任务就是以样本指标来推断总体指标。抽样误差是指样本指标与总体指标之间的平均离差。当这种离差超过了允许的限度，也就是说抽样误差比较大时，抽样调查就失去了意义。

抽样调查以样本指标来推断总体指标，就必然出现误差，这是一种随机误差，是抽样调查本身固有的一种误差。抽样误差在一般情况下是不可避免的，除非当样本容量等于总体数目时。为尽量减少抽样误差，就要尽量采取科学合理的抽样方法和样本容量。

（1）抽样误差大小的影响因素

1）总体各单位之间的差异程度。

差异程度越大，其分布就越分散，抽样误差就越大；反之，抽样误差越小。

2）样本容量的大小。

在其他因素一定的情况下，样本容量越小，抽样误差就越大；反之，抽样误差越小。

3）抽样方式。

一般来说，等距抽样和分层抽样的抽样误差要小于简单随机抽样和分群抽样。不重复抽样的误差要小于重复抽样误差。

（2）抽样误差的估算方法

简单随机抽样是最基本的抽样方法，下面着重介绍简单随机抽样条件下的误差估算方法。

1）平均数指标抽样误差的估算方法：

① 重复抽样条件下的计算公式为

$$S_{\bar{x}} = \sqrt{\frac{\sigma^2}{n}} = \frac{\sigma}{\sqrt{n}}$$

式中　$S_{\bar{x}}$——抽样误差；

　　　n——样本单位数；

　　　σ^2——总体方差；

　　　σ——总体标准差。

② 不重复抽样条件下的计算公式为

$$S_{\bar{x}} = \sqrt{\frac{\sigma^2}{n}\left(\frac{N-n}{N-1}\right)}$$

式中　N——总体单位数。

2）成数指标抽样方法的估算方法。成数是指在总体中具有所研究标志的样本数所占的比重。用另一种说法，成数就是"成功次数的比重"。

① 重复抽样条件下的计算公式为

$$S_P = \sqrt{\frac{P(1-P)}{n}}$$

式中　S_P——成数的抽样误差；

　　　P——总体成数。

② 不重复抽样条件下的计算公式

$$S_P = \sqrt{\frac{P(1-P)}{n}\left(\frac{N-n}{N-1}\right)}$$

在利用上述公式计算抽样误差的时候，需要解决如何确定总体方差或总体成数的问题。在市场调查中，总体方差或总体成数是不知道的，一般可以采取以下办法解决：

1）从已有的普查或全部统计资料中取得。

2）采用经验估算的方法取得。

3）事先组织一次小规模的探测性抽样调查，以抽样调查的方法代替。

4）在抽样调查完成后，用样本的方差代替。这种方法比较常用，此时，σ^2 通常用"修正样本方差"S^{*2} 来代替：

$$S^{*2} = \sqrt{\frac{1}{n-1} \sum_{i=1}^{n} (X_i - \bar{X})^2}$$

从上面的计算公式可以看出，不重复抽样的抽样误差必定小于重复抽样的误差。但在实际的市场调查中，计算抽样误差时，上述公式都可以采用，因为市场调查中 N 通常都是很大的，此时上述公式的计算结果相差不大。

其他抽样方法，如分层抽样、等距抽样等的抽样误差计算的原理与简单随机抽样是一致的，主要区别是估算公式中的总体方差有所不同。但在实际工作中，通常也可以用简单随机抽样的抽样误差计算公式近似代替。

2. 非抽样误差

非抽样误差也称为系统性误差，是由各种非随机抽样因素引起的误差，包括除抽样误差以外的其他所有误差，包括的内容相当广泛。一般来说，当非抽样误差大于零时，样本均值就会夸大或高估总体均值的真实值；反之，就会缩小或低估总体均值的真实值。非抽样误差产生的原因概括起来主要有以下几个：

（1）调查设计引起的误差

比如，调查方案不够完善、问卷设计不够科学引起的误差。

（2）由调查者引起的误差

比如，调查者的业务水平、工作态度、工作方法等引起的误差。

（3）由被调查者引起的误差

1）理解误差。

2）记忆误差。

3）由调查内容相互干扰引起的误差。

4）由环境因素引起的误差。

5）由抵制情绪引起的误差。

针对非抽样误差产生的途径，可以采取多种措施来减少非抽样误差，比如：完善问卷设计；选择合适的调查者并予以培训；对被调查者引起的误差要找出原因，予以避免。

3. 无反应偏差

无反应偏差是指由于各种原因导致被调查者对调查问卷的不回答。

（1）无反应偏差产生的原因

1）被调查者不合作，拒绝接受调查。

2）被调查者主要集中于某一群体或阶层，从而导致调查中缺少某些类型的代表样本，影响到整个样本的结构，由此产生无反应偏差。

（2）无反应偏差的解决办法

1）增大样本容量。

2）提高回答率。

 任务实施

教师可组织学生通过查阅资料、网络调查等方式获取下面的解决方案：

迪姆的问题是如何进行数据的处理与数据分析，详细情况请扫描二维码。

4-1　市场调查资料整理

 任务小结

调查资料的整理，就是根据调查的目的，运用科学方法，对调查所得的各种原始资料进行审查、检验和分类汇总，使之系统化和条理化，从而以集中、简明的方式反映调查对象总体情况的工作过程。市场调查中，调查资料的整理是一个非常重要的环节，也是一项比较复杂的工作，基本原理是通过对收集到的原始数据的整理，使其在一定程度上显现出一定的含义，并通过分析、研究，在揭示不同数据间关系的基础上，得出某些市场研究结论或推断。对资料进行分类、汇总、审核、展示、分析可以初步说明事物发展的方向和趋势，得到有关对新事物的浅显认识，却不能说明事物发展的深度和广度，也无法得到对事物更深层次的认识。另外，市场调查资料的整理应该按一定的程序进行，遵循一定的原则，选择适当的方法，围绕确定的内容制定整理分析方案，加以组织实施，才能得出比较客观的调查结论。另外，随着信息技术的发展，统计工作离不开相关的软件支持，认真学习 Excel、SPSS 等统计软件是十分重要的事情。

📁 **任务拓展**

课堂研讨

横 列 表 法

横列表法就是对每个问题针对不同的被调查类型（或其他不同因素），用几个表进行分解分析。

先看一个例子：某保险公司对影响保险户开车事故率的因素进行调查，并对各种因素进行了横列表分析。从表 4-9 中可以看出有 61% 的保险户在开车过程中从未出现过事故。

表 4-9　驾车者的事故率

状　态	数据
开车时无事故	61%
开车时至少经历一次事故	39%
样本数量	17 800 人

然后，在性别基础上分解这个信息，判断男女之间是否有差别。这就出现了下面这种二维表，见表4-10。

表4-10　男女驾车者的事故率

状　　态	男	女
开车时无事故	56%	66%
开车时至少经历一次事故	44%	34%
样本数量	9320人	8480人

这个表的结果令男士懊恼，因为他们的事故率高。但人们会提出疑问而否定上述判断的正确性，即男的事故多，是否因为他们驾驶的路程较长。这样就引入第三个因素"驾驶距离"，见表4-11。

表4-11　不同驾驶距离下的事故率

状　　态	男		女	
驾驶距离	>1万 km	≤1万 km	>1万 km	≤1万 km
开车时无事故	51%	73%	50%	73%
开车时至少经历一次事故	49%	27%	50%	27%
样本数量	7170	2150	2430	6050

（资料来源：珀西. 市场调研［M］. 文岳，译. 北京：机械工业出版社，2000）

问题：由以上调查数据，分析一下开车事故率的影响因素。

提示：表4-11的结果表明，男驾车者的高事故率是由于他们的驾驶距离比女驾车者的长。结果证明事故率只和驾驶的距离成正比而与驾车者的性别无关。

课后自测

1. 市场调查资料整理的一般程序是什么？都包括哪些内容？

2. 调查误差分哪几类？具体内容是什么？

实操演练

登录国家统计局网站（http://www.stats.gov.cn/），根据我国2000年—2021年国内生产总值构成数据制作相应的统计图（条形图、线形图、饼图）。

任务4.2　静态分析

任务目标

知识目标

1. 了解总量指标分析的概念

2. 了解相对指标分析的概念

能力目标

1. 学会用 Excel 做集中趋势分析

2. 学会用 Excel 做离散程度分析

中华人民共和国 2019 年国民经济和社会发展统计公报（节选）

初步核算，全年国内生产总值 990 865 亿元，比上年增长 6.1%。其中，第一产业增加值 70 467 亿元，增长 3.1%；第二产业增加值 386 165 亿元，增长 5.7%；第三产业增加值 534 233 亿元，增长 6.9%。第一产业增加值占国内生产总值比重为 7.1%，第二产业增加值比重为 39.0%，第三产业增加值比重为 53.9%。全年最终消费支出对国内生产总值增长的贡献率为 57.8%，资本形成总额的贡献率为 31.2%，货物和服务净出口的贡献率为 11.0%。人均国内生产总值 70 892 元，比上年增长 5.7%。国民总收入 988 458 亿元，比上年增长 6.2%。全国万元国内生产总值能耗比上年下降 2.6%。全员劳动生产率为 115 009 元/人，比上年提高 6.2%。

年末全国总人口 140 005 万人，比上年末增加 467 万人，其中城镇常住人口 84 843 万人，占总人口比重（常住人口城镇化率）为 60.60%，比上年末提高 1.02 个百分点。户籍人口城镇化率为 44.38%，比上年末提高 1.01 个百分点。全年出生人口 1465 万人，出生率为 10.48‰；死亡人口 998 万人，死亡率为 7.14‰；自然增长率为 3.34‰。全国人户分离的人口 2.80 亿人，其中流动人口 2.36 亿人。

全年全社会固定资产投资 560 874 亿元，比上年增长 5.1%。其中，固定资产投资（不含农户）551 478 亿元，增长 5.4%。分区域看，东部地区投资比上年增长 4.1%，中部地区投资增长 9.5%，西部地区投资增长 5.6%，东北地区投资下降 3.0%。

全年居民消费价格比上年上涨 2.9%。工业生产者出厂价格下降 0.3%。工业生产者购进价格下降 0.7%。固定资产投资价格上涨 2.6%。农产品生产者价格上涨 14.5%。12 月份，70 个大中城市新建商品住宅销售价格同比上涨的城市个数为 68 个，下降的为 2 个。

（资料来源：国家统计局网站 http://www.stats.gov.cn/。以上所有数据，港澳台的未统计在内）

问题：

1. 该报告采取了什么指标进行分析？

2. 该报告采取了什么相对指标分析？

4.2.1　总量指标分析

总量指标是用来反映社会经济现象在一定条件下的总规模、总水平或工作总量的统计指标。总量指标用绝对数表示，也就是用一个绝对数来反映特定现象在一定时间上的总量状况，它是一种最基本的统计指标。例如"任务引例"中提到的，2019 年，全社会固定资产投资 560 874 亿元，国内生产总值 990 865 亿元，第二产业增加值 386 165 亿元，年末全国总人口 140 005 万人，等等，这些都是说明 2019 年全国在生产建设和人口方面的总规模或总水平的总量指标。由于总量指标的表现形式为绝对数，因此，总量指标又叫统计绝对数。

1. 总体单位总量和总体标志总量

这是按总量指标所反映的内容不同来划分的。总体单位总量（即总体单位数）是反映总体或总体各组单位的总量指标。它是总体内所有单位的合计数，主要用来说明总体本身规模的大小。总体标志总量是反映总体或总体各组标志值总和的总量指标。它是总体各单位某一标志值的总和，主要用来说明总体各单位某一标志值总量的大小。例如调查了解全国工业企业的生产经营状况，全国工业企业数就是总体单位总量，全国工业企业的职工人数、工资总额、工业增加值和利税总额等，都是总体标志总量。

总体单位总量和总体标志总量不是固定不变的，随着研究目的和研究对象的变化而变化。一个总量指标常常在一种情况下为总体标志总量，在另一种情况下则表现为总体单位总量。例如上例的调查目的改为调查了解全国工业企业职工的工资水平，那么，全国工业企业的职工人数就不再是总体标志总量，而成了总体单位总量。明确总体单位总量和总体标志总量之间的差别，对计算和区分相对指标和平均指标具有重要的意义。

2. 时期指标和时点指标

这是按总量指标所反映的时间状况不同来区分的。时期指标是反映现象在一定时期内发展过程的总量指标。例如人口出生数、商品销售额、产品产量、产品产值等。时点指标是反映现象在某一时点（瞬间）上所处状况的总量指标。例如年末人口数、季末设备台数、月末商品库存数等。为了正确区分时期指标与时点指标，还须弄清它们各自的特点。

1）时期指标无重复计算，可以累加，说明较长时期内现象发生的总量，如年产值是月产值的累计数，表示年内各月产值的总和。而时点指标有重复计算，除在空间上或计算过程中可相加外，一般相加无实际意义，如月末人口数之和不等于年末人口数。

2）时期指标数值的大小与时期长短有直接关系。在一般情况下时期越长数值越大，如年产值必定大于年内某月产值，但有些现象如利润等若出现负数，则可能出现时期越长数值越小的情况。时点指标数值与时点间隔长短没有直接关系，如年末设备台数并不一定比年内某月月末设备台数多。

3）时期指标的数值一般通过连续登记取得。时点指标的数值则通过间断登记取得。时期指标与时点指标最根本的区别，还在于各自反映的现象在时间规定性上的不同。

弄清时期指标与时点指标的区别，对于计算总量指标动态数列的序时平均数是很重要的。

3. 实物指标、价值指标和劳动量指标

这是按总量指标所采用计量单位的不同来划分的。

（1）实物指标

实物指标是用实物单位计量的总量指标。实物单位是根据事物的属性和特点而采用的计量单位，主要有自然单位、度量衡单位和标准实物单位。

1）自然单位是按照研究对象的自然状况来度量数量的一种计量单位，如人口以"人"为单位，汽车以"辆"为单位，牲畜以"头"为单位等。

2）度量衡单位是按照统一的度量衡制度的规定来度量其数量的一种计量单位，如煤炭以"吨"为单位，棉布以"尺"或"米"为单位，运输里程以"千米"为单位等。度量衡单位的采用主要是由于有些现象无法采用自然单位来表明其数量，如粮食、钢铁等；另外，有些实物如鸡蛋等，虽然也可以采用自然单位，但不如用度量衡单位准确方便。

3）标准实物单位是按照统一折算标准来度量研究对象数量的一种计量单位，如将各种不同含量的化肥，用折纯法折合成含量100%来计算其总量，将各种不同发热量的能源统一折合成29.32 kJ/kg的标准煤单位计算其总量，等等。在统计中为了准确地反映某些事物的具体数量和相应的效能，还有一种复合单位，即将两种计量单位结合在一起以乘积表示事物的数量，如货物周转量就是用"吨·千米"（t·km）来表示铁路货运工作量的。

（2）价值指标

价值指标是用货币单位计量的总量指标。例如用货币"元"来度量社会劳动成果或劳动消耗，如国内生产总值、社会商品零售额、产品成本等，或扩大为"万元""亿元"来计量。

价值指标从原则上说应是反映商品价值量的指标，而实际上是货币量指标。因为价值量不能计算，只能通过价格来体现，而价格围绕价值波动并不等于价值，价格只是价值的一种货币表现。因此，价值指标又称货币指标。

价值指标具有广泛的综合性和概括性。它能将不能直接相加的产品数量过渡到能够相加，用以综合说明具有不同使用价值的产品总量或商品销售量等的总规模或总水平。价值指标广泛应用于统计研究、计划管理和经济核算之中。但价值指标也有其局限性，综合的价值量容易掩盖具体的物质内容，比较抽象。因此，在实际工作中，应注意把价值指标与实物指标结合起来使用，以便我们全面认识客观事物。

（3）劳动量指标

劳动量指标是用劳动量单位计量的总量指标。劳动量单位是用劳动时间表示的计量单位，如"工日""工时"等。工时是指一个职工做一个小时的工作，工日通常是指一个职工做八小时的工作。

这种统计指标虽然不多，但常遇到。例如工厂考核职工出勤情况，每天要登记出勤人数，把一个月的出勤人数汇总就不能用"人"来计量而应用"工日"来计算。又如工厂实行计件工资制，要对每个零部件在每道工序上都规定劳动定额，假设某零件规定1 h生产60件，则每一件就是一定额工分，某工人一天生产600件，即生产的产品为600定额工分，即10个定额工时。由于各企业的定额水平不同，劳动量指标不适宜在各企业间进行汇总，往往只限于企业内部的业务核算。

4.2.2　相对指标分析

要分析一种社会经济现象，仅仅利用总量指标是远远不够的。如果要对事物做深入的了解，就需要对总体的组成和其各部分之间的数量关系进行分析、比较，这就必须计算相对指标。

相对指标又称"相对数"，是用两个有联系的指标进行对比的比值来反映社会经济现象数量特征和数量关系的综合指标。其数值有两种表现形式：无名数和复名数。无名数是一种抽象化的数值，多以系数、倍数、成数、百分数或千分数表示。复名数主要用来表示强度的相对指标，以表明事物的密度和普遍程度等。例如，人均粮食产量用"千克/人"（kg/人）表示，人口密度用"人/平方公里"（人/km²）表示等。

相对指标按其作用不同可划分为六种：结构相对指标、比较相对指标、比例相对指标、强度相对指标、动态相对指标和计划相对指标。

1）结构相对指标，又称结构相对数，是总体的某一部分与总体数值相对比求得的比重或比率指标。

2）比较相对指标，又称比较相对数或同类相对数，是同类指标在不同空间进行静态对比形成的相对指标。

3）比例相对指标，又称比例相对数或比例指标，是反映总体中各组成部分之间数量联系程度和比例关系的相对指标。

4）强度相对指标，又称强度相对数，是有一定联系的两种性质不同的总量指标相比较形成的相对指标，通常以复名数、百分数（%）、千分数（‰）表示。

5）动态相对指标，又称动态相对数或时间相对指标，就是将同一现象在不同时期的两个数值进行动态对比而得出的相对数，借以表明现象在时间上发展变动的程度。它通常以百分数（%）或倍数表示，也称为发展速度。发展速度减 1 或 100% 为增长速度指标。发展速度大于 100% 为增长多少百分数或百分点，小于 100% 为下降多少百分数或百分点。

通常，作为比较标准的时期称为基期，与基期对比的时期称为报告期。动态相对指标计算公式为

$$动态相对指标=\frac{报告期指标数值}{基期指标数值}\times100\%$$

6）计划相对指标，即将实际完成数与计划数相比较，用以表明计划完成情况的相对指标，通常用百分数（%）表示。其计算公式为

$$计划相对指标=\frac{实际完成数}{计划数}$$

4.2.3　集中趋势分析

在 Excel 中既可手工创建公式计算各种平均数，也可利用 Excel 中的统计函数。在"统计函数"类别中用于集中趋势测定的常用函数有三种：均值、众数和中位数。

1）均值是所有的标志值之和除以其观察值的个数。它考虑了所有数值，因而均值的大小受总体中极端数值的影响。如果总体中有极大值出现，则会使均值偏于分布的右边，如果总体中出现极小值，均值则会偏于分布的左边。

2）众数是总体中出现次数最多的数值，它只考虑总体中各数值出现频数的多少，不受极端数值的影响，但当总体中出现多个众数时，众数便没有意义。

3）中位数只是考虑各单位数值在总体中的顺序变化，它受极端数值的影响不大。

三种平均数的这些特点通过 Excel 更容易理解。下面通过例题中的数据来观察三种平均数的变化。

[例] 某企业的生产部门使用抽样方法检测一批新产品的质量，该批产品的抗拉强度见"原始数据"（见表 4-12）。管理人员希望知道这批产品抗拉强度的平均水平，以决定产品质量是否合格。由此需要计算抗拉强度的均值、中位数与众数。

表 4-12　产品的抗拉强度数据

产品序号	抗拉强度
1	10
2	20

产 品 序 号	抗 拉 强 度
3	30
4	40
5	50

① 打开 Excel 2003 工作簿，选择"抗拉强度"工作表，如图4-4所示。

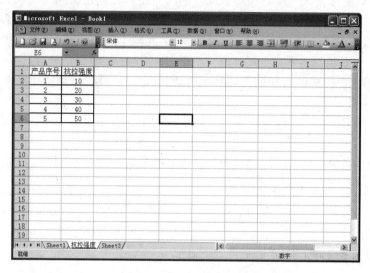

图4-4　打开工作表示例

② 在单元格 A7 中输入"均值"，在 A8 中输入"中位数"，在 A9 中输入"众数"，如图4-5所示。

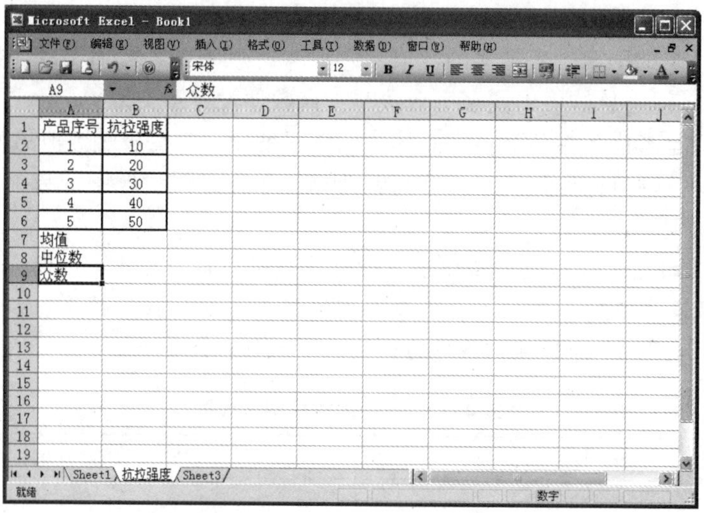

图4-5　在工作表中输入需要计算的量

③ 选定单元格 B7，单击"插入"菜单，选择"函数"选项，Excel 会弹出"插入函数"对话框，在"或选择类别"中选择"统计"，如图 4-6 所示。

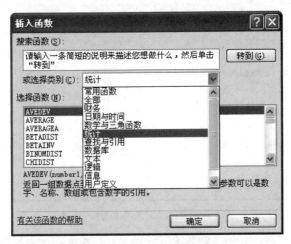

图 4-6　找到需要的函数

④ 在"选择函数"列表框中选均值函数"AVERAGE"，单击"确定"按钮，则弹出"AVERAGE"函数对话框，如图 4-7 所示。

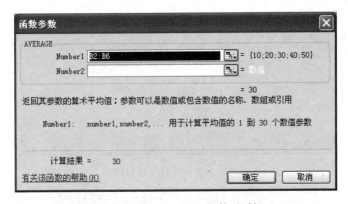

图 4-7　"AVERAGE"函数对话框

⑤ 在"Number1"区域中输入数据"B2:B6"后，对话框底部便显示出计算结果 30。如果对话框中没有计算结果，便说明计算有错误，需要再检查一下。

⑥ 单击"确定"按钮，计算完成。

⑦ 也可以直接在单元格 B7 中输入均值函数公式"=AVERAGE(B2:B6)"，如图 4-8 所示，然后按〈Enter〉键，得到同样的结果。

⑧ 在单元格 B8 中输入公式"=median(B2:B6)"计算中位数，如图 4-9 所示。

⑨ 在单元格 B9 中输入公式"=mode(B2:B6)"计算众数，如图 4-10 所示。

最终的计算结果如图 4-11 所示。计算结果表明，抗拉强度的均值是 30，中位数也是 30，由于数据中的数值所出现的次数都为 1，因此没有众数。

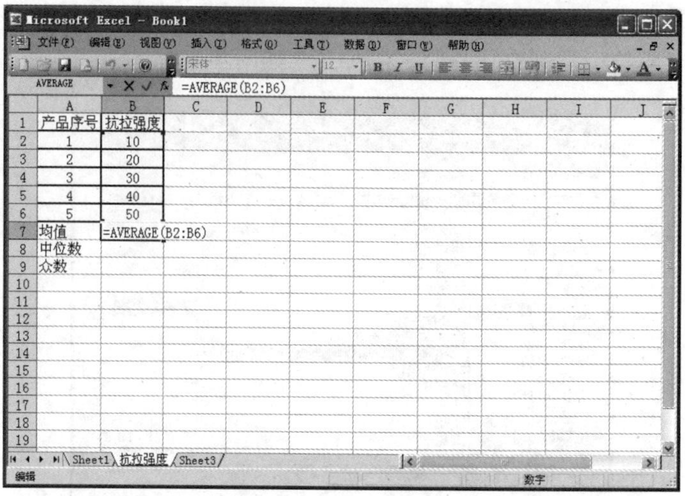

图4-8 计算平均值

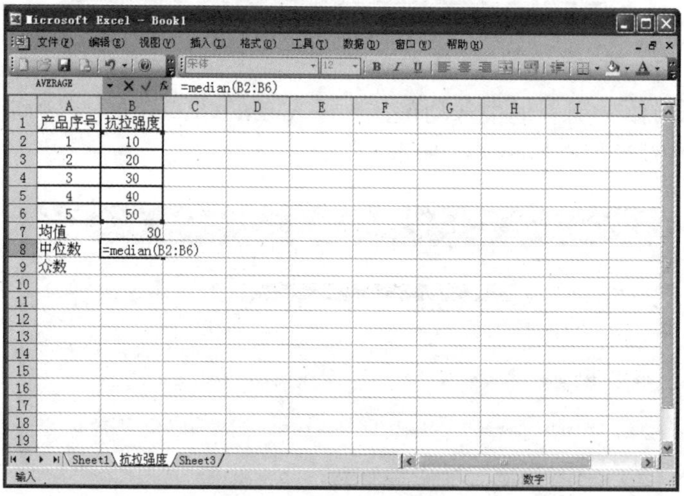

图4-9 计算中位数

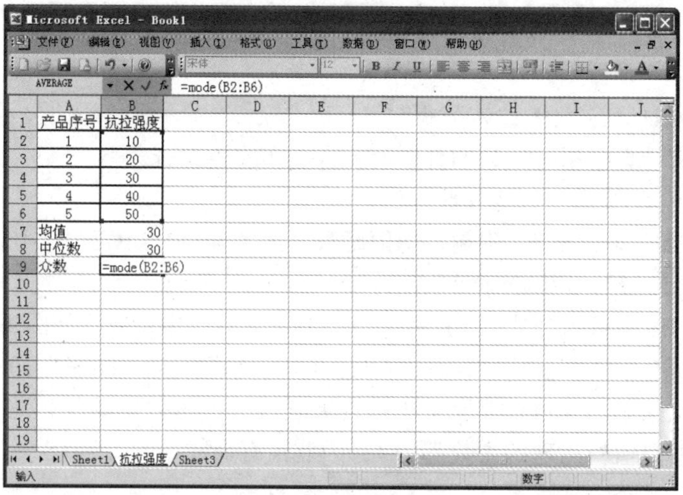

图4-10 计算众数

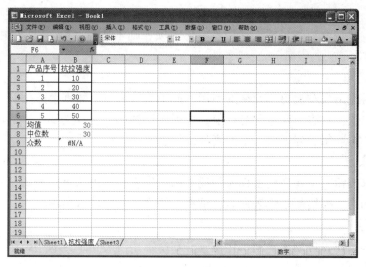

图 4-11　计算结果

4.2.4　离散程度分析

离散趋势用于测定数据集中各数值之间的差异程度，表现为一个分布中各数值与均值的离差程度。它的作用主要有以下三方面：用于说明均值的代表性大小；反映现象的质量与风险；用于统计推断。

对于一组数据，不仅要描述其集中趋势、离散趋势，而且也要描述其分布形态。这是因为一个总体如果均值相同，标准差相同，但也可能分布形态不同。另外，分布的形态有助于识别整个总体的数量特征。总体的分布形态可以从两个角度考虑，一是分布的对称程度，另一个是分布的高低。前者的测定参数称为偏度或偏斜度，后者的测定参数称为峰度。

在统计分析中，用偏度指标对其进行测定。偏度数值等于 0，说明分布为对称；偏度数值大于 0，说明分布呈现右偏态；如果偏度数值小于 0，说明分布呈左偏态。

峰度是掌握分布形态的另一个指标，它能够描述分布的平缓或陡峭。如果峰度数值等于 0，则说明分布为正态；如果峰度数值大于 0，说明分布呈陡峭状态；如果峰度值小于 0，则说明分布形态趋于平缓。

利用 Excel 可计算与数据的集散趋势、离散趋势、偏度等有关的描述性统计指标。"描述统计"对话框如图 4-12 所示。

"描述统计"对话框中选项的主要内容包括如下。

1. 输入区域

在此输入待分析数据区域的单元格引用。该引用必须由两个或两个以上按列或行组织的相邻数据区域组成。

2. 分组方式

根据输入区域中的数据是按行还是按列排列，

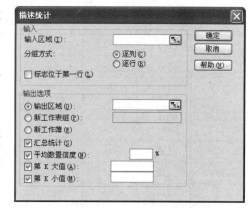

图 4-12　描述统计界面示例

129

可选中"逐行"或"逐列"单选按钮。如果输入区域的第一行中包含标志项，请选中"标志位于第一行"复选框。如果输入区域没有标志项，则不选择，Excel 将在输出表中自动生成数据标志。

3. 输出区域

在此输入对输出表左上角单元格的引用。此工具将为每个数据集产生两列信息。左边一列包含统计标志项，右边一列包含统计值。根据所选择的"分组方式"的不同，Excel 将为输入表中的每一行或每一列生成一个两列的统计表。

4. 新工作表组

选中此单选按钮，可在当前工作簿中插入新工作表，并由新工作表的 A1 单元格开始粘贴计算结果。如果需要给新工作表命名，请在右侧文本框中输入名称。

5. 新工作簿

选中此单选按钮，可创建一新工作簿，并在新工作簿的新工作表中粘贴计算结果。

6. 汇总统计

如果需要 Excel 在输出表中生成下列统计结果，请选中此复选框：均值、标准差、中位数、众数、标准误差、方差、峰值、偏度、全距、最小值、最大值、总和、总个数等。

7. 平均数置信度

如果需要在输出表的某一行中包含均值的置信度，请选中此复选框，然后在右侧的文本框中输入所要使用的置信度。例如，数值 95% 可用来计算在显著性水平为 5% 时的均值置信度。

8. 第 K 大值

如果需要在输出表的某一行中包含每个区域的数据的第 K 个最大值，请选中此复选框，然后在右侧的文本框中，输入 K 的数值。如果输入 1，则这一行将包含数据集中的最大数值。

9. 第 K 小值

如果需要在输出表的某一行中包含每个区域的数据的第 K 个最小值，请选中此复选框，然后在右侧的文本框中，输入 K 的数值。如果输入 1，则这一行将包含数据集中的最小数值。

[例] 表 4-13 列出了 84 个成年男子头颅的最大宽度（mm），试给出这些数据的均值、方差、标准差等统计量，并判断是否来自正态总体（取 $\alpha = 0.05$）。

表 4-13　成年男子头颅的最大宽度　　　　　　（单位：mm）

141	148	132	138	154	142	150	146	155	158
150	140	147	148	144	150	149	145	149	158
143	141	144	144	126	140	144	142	141	140
145	135	147	146	141	136	140	146	142	137
148	154	137	139	143	140	131	143	141	149
148	135	148	152	143	144	141	143	147	146
150	132	142	142	143	153	149	146	149	138
142	149	142	137	134	144	146	147	140	142
140	137	152	145						

利用描述统计工具对这些成年男子头颅的最大宽度进行基本统计分析的具体操作步骤如下：

将所有的测试数据输入工作表中，本例存放在A1：A85区域中。选择"工具"菜单中的"数据分析"命令。这时将弹出"数据分析"对话框，如图4-13所示。在"分析工具"列表框中，选择"描述统计"工具，单击"确定"按钮。这时将弹出"描述统计"对话框，如图4-14所示。

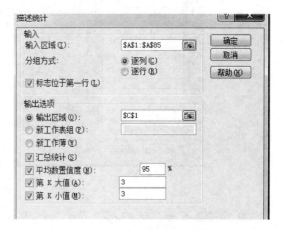

图4-13 "数据分析"对话框　　　　　　图4-14 "描述统计"对话框

（1）在"输入"选项区内指定输入数据的有关参数

输入区域：指定要分析的数据所在的单元格区域。本例输入"A1：A85"。

分组方式：指定输入数据是以行还是以列方式排列的。这里选定逐列，因为给定的成年男子头颅的最大宽度是按列排列的。

标志位于第一行：若输入区域包括列标志行，则必须选中此复选框。否则，不能选中该复选框，此时Excel自动以列1、列2、列3……作为数据的列标志。本例选中此复选框。

（2）在"输出选项"选项区内指定有关输出选项

指定存放结果的位置：根据需要可以指定输出到当前工作表的某个单元格区域，这时需在"输出区域"选区框输入输出单元格区域的左上角单元格地址；也可以指定输出到新工作表组，这时需要输入工作表名称；还可以指定输出到新工作簿。本例选中将结果输出到输出区域，并输入左上角单元格地址"C1"。

"汇总统计"复选框：若选中，则显示描述统计结果，否则不显示结果。本例选中此复选框。

"平均数置信度"复选框：如果需要输出包含均值的置信度，则选中此复选框，并输入所要使用的置信度。本例输入"95"，表明要计算在显著性水平为5%时的均值置信度。

"第K大值"复选框：根据需要指定要输出数据中的第几个最大值。本例选中此复选框，并输入"3"，表示要求输出第3大的数值。

"第K小值"复选框：根据需要指定要输出数据中的第几个最小值。本例选中此复选框，并输入"3"，表示要求输出第3小的数值。

单击"确定"按钮。

这时描述统计结果存放在当前工作表的C1：D18区域中，如图4-15所示。

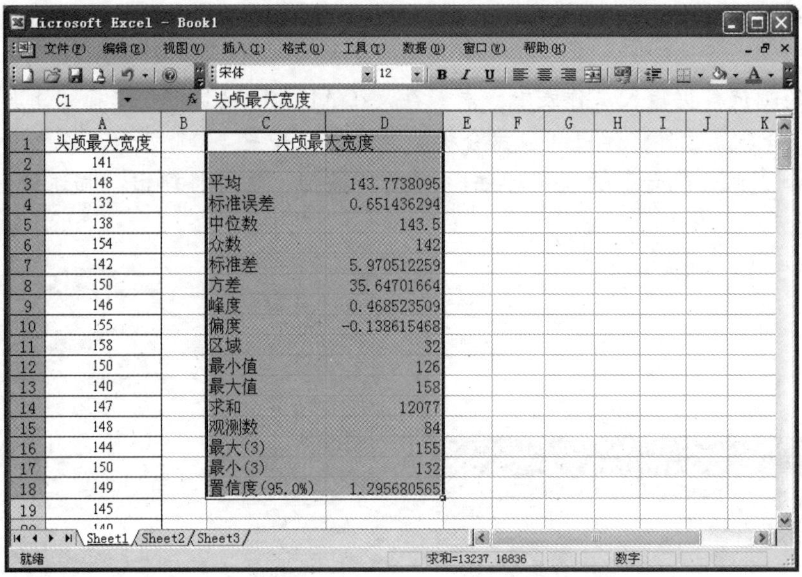

图 4-15　数据处理结果

　　分析结果可知，这些成年男子头颅的最大宽度的样本均值为 143.7738，样本方差为 35.6470，中位数为 143.5（即在这组数据中居于中间的数），众数为 142（即在这组数据中出现频率最高的数），最小值为 126，最大值为 158，且偏度（=-0.1386）与峰度（=0.4685）都非常接近 0，因此可以认为这些数据是来自正态总体的。

　　【典型案例】某商场家用电器销售情况见表 4-14。

表 4-14　某商场家用电器销售情况　　　　　　　　　（单位：台）

月　　份	电　视　机	电　冰　箱	洗　衣　机	计　算　机
1	100	50	100	40
2	110	45	120	45
3	115	50	130	48
4	120	46	98	45
5	90	60	99	50
6	95	70	110	55
7	100	90	100	60
8	96	60	100	60
9	100	40	150	65
10	120	60	110	55
11	110	60	100	50
12	100	50	100	55

1. 计算各种电器的全年平均销售量。

2. 计算各种电器销售量的众数、中位数、总体标准差。

3. 计算各种电器销售的偏度和峰度。

点评:

1. 计算各种电器的全年平均销售量,如图 4-16 所示。

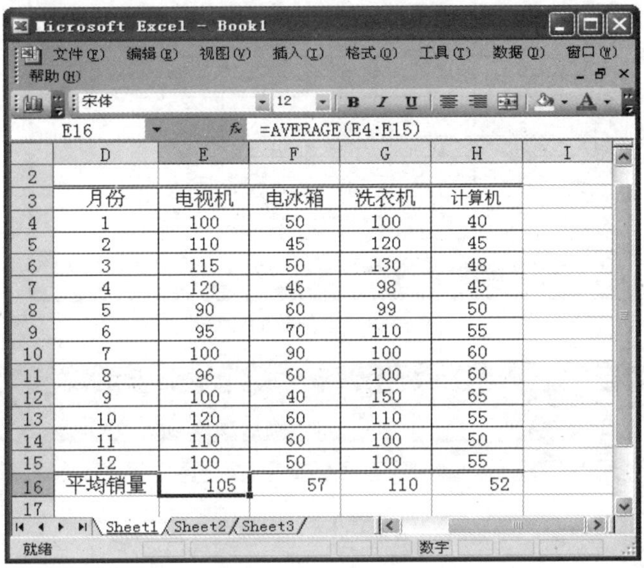

图 4-16　平均销售量的计算

2. 计算各种电器销售量的众数、中位数、总体标准差,如图 4-17、图 4-18、图 4-19 所示。

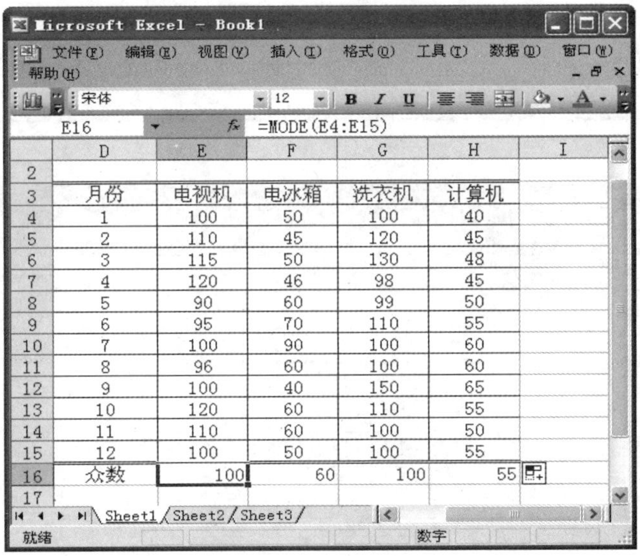

图 4-17　众数的计算

3. 计算各种电器销售的偏度和峰度,如图 4-20 所示。

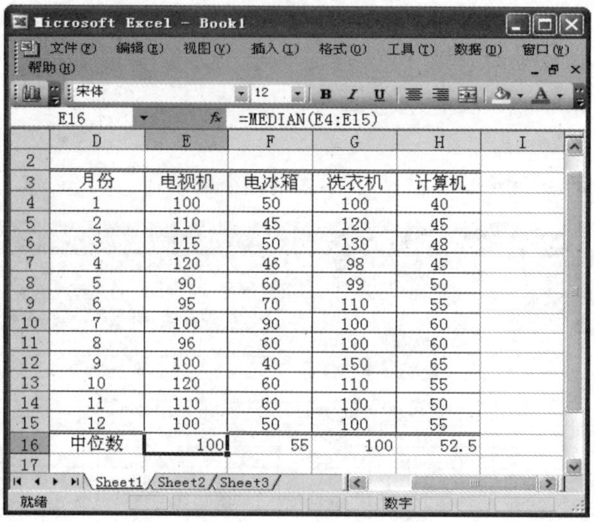

图 4-18 中位数的计算

单元格 E16：`=MEDIAN(E4:E15)`

月份	电视机	电冰箱	洗衣机	计算机
1	100	50	100	40
2	110	45	120	45
3	115	50	130	48
4	120	46	98	45
5	90	60	99	50
6	95	70	110	55
7	100	90	100	60
8	96	60	100	60
9	100	40	150	65
10	120	60	110	55
11	110	60	100	50
12	100	50	100	55
中位数	100	55	100	52.5

图 4-19 总体标准差的计算

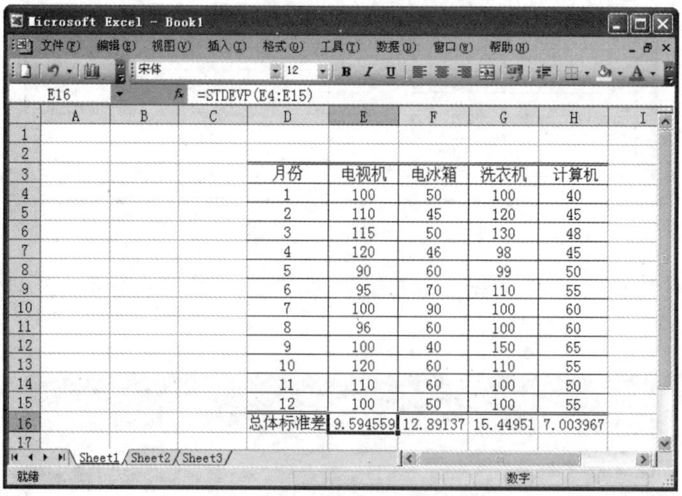

单元格 E16：`=STDEVP(E4:E15)`

月份	电视机	电冰箱	洗衣机	计算机
1	100	50	100	40
2	110	45	120	45
3	115	50	130	48
4	120	46	98	45
5	90	60	99	50
6	95	70	110	55
7	100	90	100	60
8	96	60	100	60
9	100	40	150	65
10	120	60	110	55
11	110	60	100	50
12	100	50	100	55
总体标准差	9.594559	12.89137	15.44951	7.003967

图 4-19 总体标准差的计算

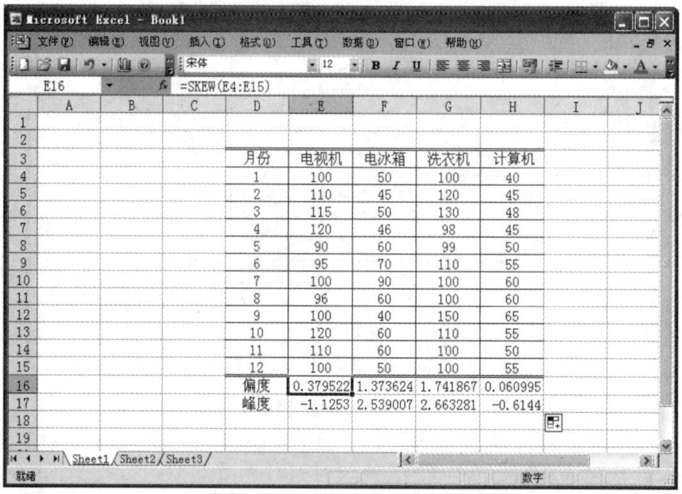

图 4-20 偏度和峰度的计算结果

单元格 E16：`=SKEW(E4:E15)`

月份	电视机	电冰箱	洗衣机	计算机
1	100	50	100	40
2	110	45	120	45
3	115	50	130	48
4	120	46	98	45
5	90	60	99	50
6	95	70	110	55
7	100	90	100	60
8	96	60	100	60
9	100	40	150	65
10	120	60	110	55
11	110	60	100	50
12	100	50	100	55
偏度	0.379522	1.373624	1.741867	0.060995
峰度	-1.1253	2.539007	2.663281	-0.6144

图 4-20 偏度和峰度的计算结果

计算结果表明，电视机和计算机的偏度值趋于0，说明销售量呈对称分布；电冰箱和洗衣机销售量的偏度值大于0，说明其分布呈右偏形态。电视机和计算机的峰度值小于0，说明销售量分布形态趋于平缓，电冰箱和洗衣机的销售量的峰度值大于0，说明销售量分布形态趋于陡峭。

【典型案例】联华超市位于浙江省某市，是该市的一个较大型的连锁超市。超市的总经理希望了解超市的总销售额受哪些因素的影响，进而决定应采取哪些措施来提高超市的销售额，提高超市的竞争力，达到战胜竞争对手的目的。总经理组织人员收集了该超市的各个连锁营业点某周六的销售额、该营业点面积及上周花费的促销费用等信息。总经理希望数据分析人员通过对这些数据的分析，找到该超市销售额的影响因素，为今后的决策提供必要的帮助，收集的各个营业点的数据见表4-15。

表4-15 联华超市各个营业点的数据

营业点编号	销售额（万元）	促销费用（万元）	面积（百平方米）
1	2	0.8	1.2
2	2.5	1	1.5
3	5	2.2	1.3
4	5	2	1.3
5	10	2	1.5
6	10	2.3	1.5
7	22	2.5	2
8	22	2.5	2.5
9	21	2.4	2
10	21	2.6	2
11	28	2.5	3
12	22	2.5	2.6
13	41	4	4
14	42	4.1	3.5
15	44	4	3.5
16	45	4.3	3.5
17	48	4.5	5.5
18	46	4.4	5
19	47	4	6
20	48	4.1	7

根据收集到的联华超市各个营业点的数据，数据分析人员应当分析这些数据间的关系，建立数学模型，进而帮助总经理进行决策。需要完成的工作如下：

1. 绘制散点图初步了解各个变量间的关系。

2. 通过相关分析描述各个变量间的关系。

3. 通过回归分析建立相应的数学模型来描述各个变量间的关系。

点评：

1. 绘制散点图初步了解各个变量间的关系。

利用 Excel 软件绘制销售额与促销费用的散点图、销售额与面积的散点图，如图 4-21 和图 4-22 所示。

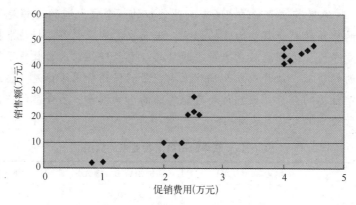

图 4-21　销售额与促销费用的散点图

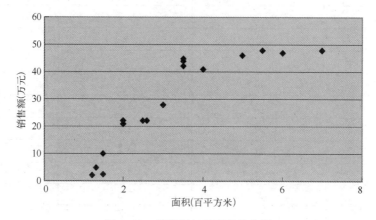

图 4-22　销售额与面积的散点图

从图 4-21、图 4-22 中可以看出销售额与促销费用、面积之间是存在相关关系的，而且，散点图基本呈现了线性的变化趋势。

2. 通过相关分析描述各个变量间的关系。

影响联华超市销售额的有两个自变量促销费用与面积。下面分析它们与因变量销售额的相关性。Excel 具体操作步骤如下：

第一步，选择"工具"菜单中的"数据分析"命令，弹出"数据分析"对话框。如果没有该命令，需要通过安装 Excel 的加载宏之后，对它们进行调用。

第二步，在"分析工具"列表框中，选择"相关系数"。这时将出现"相关系数"对话框，如图 4-23 所示。

第三步，在"输入"选项区中指定输入参数。在"输入区域"指定数据所在的单元格区域 B2:D21；因输入数据是以列方式排列的，所以在"分组方式"中选择"逐列"；在"输出选项"选项区中指定输出选项，选中"输出区域"单选按钮，并指定输出到当前工作表以 G2 为左上角的单元格区域。

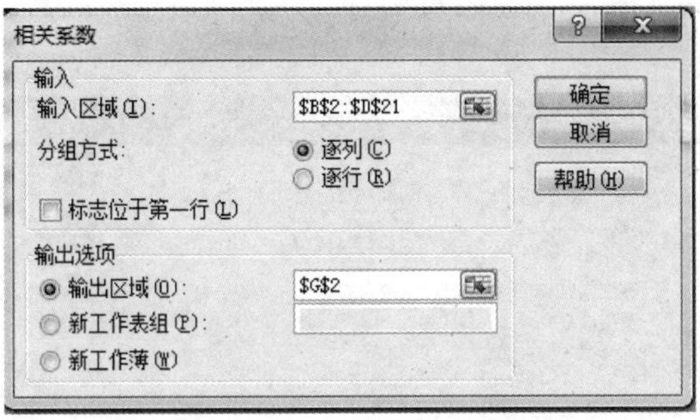

图 4-23　"相关系数"对话框

第四步，单击"确定"按钮，所得到的相关分析结果如图 4-24 所示。

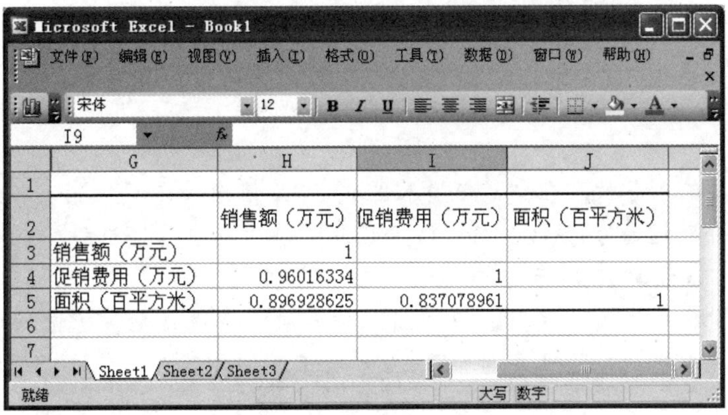

图 4-24　相关分析结果

另外，也可以运用函数 CORREL 求出相关系数，CORREL 函数的语法格式如下：

Array1 是第一组数值单元格区域，Array2 是第二组数值单元格区域。输入数据区域后可以得到参数计算结果，如图 4-25 所示。

图 4-25　CORREL 函数

3. 通过回归分析建立相应的数学模型来描述各个变量间的关系。

（1）一元线性回归分析

第一步，选择"工具"菜单中的"数据分析"命令，弹出"数据分析"对话框。在

"分析工具"列表框中，选择"回归"，这时将弹出"回归"对话框，如图 4-26 所示。

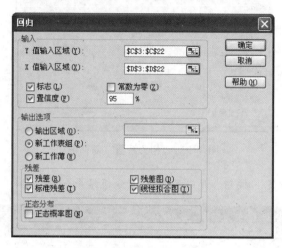

图 4-26 "回归"对话框

第二步，指定输入参数。在"Y 值输入区域""X 值输入区域"指定相应数据所在的单元格区域，我们分别指定为 C3:C22 和 D3:D22。选中"标志"复选框，在"置信度"文本框内输入"95"，如图 4-26 所示。

第三步，指定输出选项。这里选中"新工作表组"单选按钮，选中"残差"选项区中的所有复选框，以观察相应的结果，如图 4-26 所示。

第四步，单击"确定"按钮，得到回归分析的计算结果。图 4-27 是有关回归分析的统计量、方差分析表和回归系数及其 t 检验、预测区间等数据，图 4-28 给出了预测值、残差值以及所计算的 DW 统计值，图 4-29 给出了自变量 x_1（促销费用）的残差分析图，图 4-30 给出了自变量与因变量的最佳适配回归线。

	A	B	C	D	E	F	G	H	I
3	回归统计								
4	Multiple R	0.9601633							
5	R Square	0.9219136							
6	Adjusted R Sq	0.9175755							
7	标准误差	4.9256061							
8	观测值	20							
10	方差分析								
11		df	SS	MS	F	Significance F			
12	回归分析	1	5155.929	5155.929	212.514	2.07627E-11			
13	残差	18	436.7087	24.2616					
14	总计	19	5592.638						
16		Coefficient	标准误差	t Stat	P-value	Lower 95%	Upper 95%	下限 95.0%	上限 95.0%
17	Intercept	-15.80774	3.108968	-5.08456	7.73E-05	-22.33943865	-9.27604	-22.339439	-9.27604
18	X Variable 1	14.440456	0.990574	14.57786	2.08E-11	12.35933648	16.52158	12.3593365	16.52158

图 4-27 回归分析结果

	A	B	C	D	E	F	G
22	RESIDUAL OUTPUT						
23							
24	观测值	预测销售额（万元）	残差（e_t）	标准残差		$(e_t - e_{t-1})^2$	e_t^2
25	1	-4.25537	6.255374	1.304771			39.1297
26	2	-1.36728	3.867283	0.806653		5.70298	14.95588
27	3	15.96126	-10.9613	-2.28634		219.8858	120.1493
28	4	13.07317	-8.07317	-1.68393		8.341071	65.17613
29	5	13.07317	-3.07317	-0.64101		25	9.444395
30	6	17.40531	-7.40531	-1.54463		18.76741	54.83862
31	7	20.2934	1.706598	0.355969		83.02688	2.912478
32	8	20.2934	1.706598	0.355969		0	2.912478
33	9	18.84936	2.150644	0.44859		0.197177	4.62527
34	10	21.73745	-0.73745	-0.15382		8.341071	0.543828
35	11	20.2934	7.706598	1.607473		71.30191	59.39166
36	12	20.2934	1.706598	0.355969		36	2.912478
37	13	41.95409	-0.95409	-0.19901		7.079241	0.91028
38	14	43.39813	-1.39813	-0.29163		0.197177	1.954772
39	15	41.95409	2.045914	0.426745		11.86145	4.185765
40	16	46.28622	-1.28622	-0.26829		11.10314	1.654369
41	17	49.17431	-1.17431	-0.24494		0.012524	1.379013
42	18	47.73027	-1.73027	-0.36091		0.309085	2.993823
43	19	41.95409	5.045914	1.052497		45.91665	25.46125
44	20	43.39813	4.601869	0.959876		0.197177	21.17719
45					合计	553.2408	436.7087
46					DW=	1.266842	

图 4-28 DW 检验

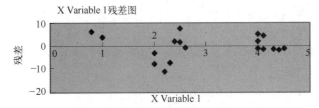

图 4-29 残差分析图

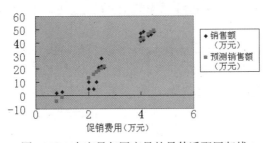

图 4-30 自变量与因变量的最佳适配回归线

本例中，样本个数 $n=20$，解释变量个数 $m=1$，给定的显著性水平为 $\alpha=0.05$。由以上计算结果，可得下述检验结论：

1) 拟合程度检验。在回归分析中给出的判定系数 R^2 为 0.9219，比较接近 1，说明促销费用与销售额的关系十分密切。

2) F 检验。在方差分析区域中，给出了 F 检验值为 212.514。查 F 分布表得到临界值为 $F_{0.05}(1,20-1-1)=4.41$，F 检验值远远大于临界值，说明促销费用作为自变量与销售额作为因变量建立的回归方程是显著的。

3) t 检验。在回归模型区域中给出了 t 检验值，回归系数 b 的 t 检验值为 14.5779，查 t 分布表得到临界值为 $t_{0.025}(20-2)=2.101$，t 检验值远远大于临界值，说明促销费用对销售额有显著影响。

4）DW 检验。在 Excel 软件中，回归分析结果没有 DW 检验值，因此要自行按公式计算。如图 4-28 所示，先要利用公式分别求出 $(e_t-e_{t-1})^2$ 和 e_t^2 之值，再单击工具栏上的求和按钮进行求和计算，最后将两个求和值相除，便求得 DW = 1.2668。查 DW 检验表，表中样本容量 n 为 20 时临界值 $d_1=1.20$ 和 $d_u=1.41$。可见 DW 统计值在 $d_1<$DW$<4-d_u$ 之间，所以该回归模型不存在序列自相关，通过检验。实际上，本例中我们取的数据为联华超市同一时间不同营业点的数据，不是时间序列数据，可以不进行 DW 检验。

综合上述计算结果和检验结果，确定回归模型如下：

$$y=-15.81+14.44x$$
$$R^2=0.9219 \quad n=20$$
$$F=212.514 \quad S=4.9256 \quad \text{DW}=1.2668$$

这是一个较为优良的回归模型。现在利用该回归模型，就可以根据预测期的促销费用预测销售额。假定第 20 个营业点准备花费 5 万元促销费用，则其销售额预测值为

$$y=-15.81+14.44x=-15.81+14.44\times5=56.39(万元)$$

图 4-27 还给出了回归系数 a、b 的估计值及其标准误差、回归系数估计区间的上下限等。因标准误差 $S=4.9256$，则在显著性水平 $\alpha=0.05$ 下，第 20 个营业点销售额的预测区间为

$$y\mp t_{\frac{\alpha}{2}}(n-m-1)S=56.39\mp2.101\times4.9256=56.39\mp10.35$$

即当第 20 个营业点投入促销费用为 5 万元时，在显著性水平 $\alpha=0.05$ 下，其销售额预测区间在 46.04 万~66.74 万元。

（2）二元线性回归分析

下面利用 Excel 软件的数据分析工具来建立联华超市销售额与促销费用和面积的回归模型，并对其进行检验，然后利用模型进行预测。具体操作与一元线性回归分析基本相同。

输入相关参数如图 4-31 所示，系统输出计算结果如图 4-32 所示。图 4-32 显示了有关回归分析的统计量、方差分析表和回归系数及 t 检验、预测区间等数据。由于我们取的数据为联华超市同一时间不同营业点的数据，不是时间序列数据，所以可以不进行 DW 检验。

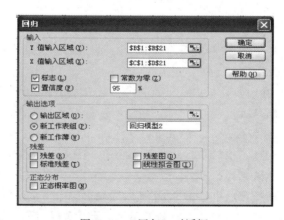

图 4-31 "回归"对话框

本例样本个数 $n=20$，解释变量个数 $m=2$，分析图 4-32 的计算结果，可得下述检验结论。

	A	B	C	D	E	F	G	H	I
1	SUMMARY OUTPUT								
2									
3	回归统计								
4	Multiple	0.975158							
5	R Square	0.950933							
6	Adjusted	0.945161							
7	标准误差	4.017703							
8	观测值	20							
9									
10	方差分析								
11		df	SS	MS	F	gnificance F			
12	回归分析	2	5318.225	2659.112	164.7331	7.44E-12			
13	残差	17	274.413	16.14194					
14	总计	19	5592.638						
15									
16		Coefficien	标准误差	t Stat	P-value	Lower 95%	Upper 95%	下限 95.0%	上限 95.0%
17	Intercept	-13.6854	2.622754	-5.21796	6.96E-05	-19.219	-8.15191	-19.219	-8.15191
18	促销费用（万元）	10.52038	1.476906	7.123254	1.71E-06	7.404377	13.63638	7.404377	13.63638
19	面积（百平方米）	3.106999	0.979863	3.17085	0.005587	1.039668	5.174329	1.039668	5.174329

图 4-32 回归分析结果

1) 拟合程度检验。在回归统计中给出的 R^2 为 0.9509，调整后的 $\overline{R}^2$ 为 0.9452，均很接近 1，说明联华超市销售额与促销费用和面积的关系很密切。

2) F 检验。在方差分析中给出的 F 检验值为 164.7331，$F_{0.05}(2,20-2-1)=3.59$，F 检验值远远大于临界值，说明联华超市销售额与促销费用和面积的回归方程是显著的。

3) t 检验。在回归模型区域 A16:I19 中给出了回归系数 b_0、b_1、b_2 的估计值及其标准误差、t 检验值和回归系数估计区间的上下限等。$b_0=-13.69$，$b_1=10.52$，$b_2=3.11$，两个回归系数 t 检验值分别为 7.12 和 3.17，$t_{0.025}(20-2-1)=2.11$，t 检验值大于临界值，故拒绝原假设，可以断言促销费用和面积对销售额有显著影响。

综合上述计算结果和检验结果，可得如下的回归模型。

$$y=-13.69+10.52x_1+3.11x_2$$
$$R^2=0.9509 \quad \overline{R}^2=0.9452 \quad n=20$$
$$F=164.7331 \quad S=4.0177$$

 **任务实施**

教师可组织学生通过查阅资料、网络调查等方式获取下面的解决方案，详情请扫描二维码。

《中华人民共和国 2019 年国民经济和社会发展统计公报》采取总量指标和相对指标进行了分析。总量指标如全社会固定资产投资 560 874 亿元，国内生产总值 990 865 亿元，第二产业增加值 386 165 亿元等；相对指标如第二产业增加值比重为 39.0% 等。该报告采取的相对指标为结构相对指标：总体的某一部分与总体数值相对比求得的比重或比率指标，如城镇常住人口占总人口比重（常住人口城镇化率）为 60.60%。

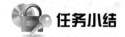

任务小结

总量指标是用来反映社会经济现象在一定条件下的总规模、总水平或工作总量的统计指标。总量指标用绝对数表示，也就是用一个绝对数来反映特定现象在一定时间上的总量状况，它是一种最基本的统计指标。相对指标又称"相对数"，是用两个有联系的指标进行对比的比值来反映社会经济现象数量特征和数量关系的综合指标。集中趋势常用指标有三个：均值、中位数、众数。离散趋势用于测定数据集中各数值之间的差异程度，表现为一个分布中各数值与均值的离差程度。它的作用主要有以下三方面：用于说明均值的代表性大小；反映现象的质量与风险；用于统计推断。

任务拓展

课堂研讨

利用 Excel 计算均值、中位数与众数

学会计算全距、组距，确定组数、组限，能够进行汇总整理并能用适当的图形加以描述。

1. 阅读以下材料：某企业开发了一种新产品，主要针对年收入 10 万元左右的消费群体。现准备开发某市场，但该市购买力水平不详。为此，企业做了一次小范围的问卷调查，收回有效问卷 110 份，被调查者年收入情况如下（单位：千元）：

154 133 116 128 85 100 105 150 118 97 110 131 119 103 93 108 100
111 130 104 135 113 122 115 103 90 108 114 127 87 127 108 112
100 117 121 105 136 123 108 89 94 139 82 113 110 109 118 115 126
106 108 115 133 114 119 104 147 134 117 119 91 137 101 107 112
121 125 103 89 110 122 123 124 125 115 113 128 85 113 143 80 102
132 96 129 83 142 112 120 107 108 111 100 97 111 131 109 145 93
135 98 142 127 106 110 101 116 110 123

2. 计算全距、组距，确定组数、组限。

3. 进行汇总整理，即将各个变量值归入相应的组中，最后的结果用次数分布表显示。

4. 汇总整理出结果，用适当的图形加以描述。

实训课时：2 学时。

课后自测

洛伦兹曲线与居民收入差异分析

洛伦兹曲线是 20 世纪初美国经济统计学家洛伦兹根据意大利经济学家帕累托提出的收入分配公式绘制成的描述收入和财富分配性质的曲线。曲线横轴是累计人口百分比，纵轴是累计收入或财富的百分比。当一个国家的收入分配完全按人均分配时，同一累计百分比的人口就一定占有相同的累计收入百分比。此时该国的收入分配程度曲线就与对角线重合。如果绝大多数人口占有很少的财富和收入，而少部分人占有了绝大部分的收入，则该国的曲线就靠近下横轴和右纵轴。一般来说，国家的收入分配不会是绝对平均的，也不会是绝对不平均的。将任一国家或地区的收入分配情况绘制成洛伦兹曲线就可以观察分析该国家或地区收入分配的平均程度。

某地区 2020 年的人口及收入情况见表 4-16，试绘制该地区的洛伦兹曲线。

表 4-16　某地区 2020 年的人口及收入情况

户数（户）	月可支配收入（万元）
280 785	4000
242 250	6000
167 400	8000
150 000	10 500
93 900	12 500
66 300	17 000
58 350	22 000
41 400	28 000
37 500	35 000
19 800	55 000
9450	85 000
5592	125 000

实操演练

演练内容：浙江夏发鞋业有限公司准备开拓大学生鞋类市场，现在请同学们拟定题目，设计调查方案，实施调查，最后对调查资料进行汇总分析，形成报告。

演练目的：学会如何进行市场调查，选择调查技术，进行资料汇总分析，撰写调查报告。

演练要求：

1. 自由组合调查小组，5~6 名学生为 1 组。

2. 了解客户希望通过调查达到的目的。

3. 选择合适的调查技术进行调查。

4. 形成调查报告。

任务 4.3　动态分析

 任务目标

知识目标

1. 理解动态数列的含义和形式

2. 理解动态水平指标的含义

3. 理解动态速度指标的含义

能力目标

1. 学会动态数列的水平指标分析

2. 学会动态数列的速度指标分析

3. 能应用 Excel 进行动态分析

 **任务引例**

某公司 9 月上旬每天的职工人数资料见表 4-17，试计算该公司 9 月上旬平均每天的职工人数。

表 4-17　职工人数　　　　　　　　（单位：人）

日期	1	2	3	4	5	6	7	8	9	10
人数	52	55	53	56	56	58	63	61	66	63

 知识链接

4.3.1　动态数列的含义

将某种现象在时间上变化发展的一系列同类的统计指标，按照时间先后顺序排列，就形成了一个动态数列，也称时间数列、时间序列。动态数列由两部分构成，一部分是反映时间顺序变化的时间数列，另一部分是反映各个指标值变化的指标数值数列。

时间序列分析法的目的是运用数学方法找出数列的发展变化规律，并使其向外延伸，预测未来的市场变化趋势。时间序列分析法的目的就是力求寻找预测目标随时间变化的规律。

编制时间序列时，应考虑以下问题：①时间序列中数据之间的时间间隔应当保持一致，否则就失去了可比性。②要注意掌握时间序列的不同变动趋势。时间序列的变动趋势一般可以分解为以下几种变动形式：

1. 长期趋势

在时间序列中，尽管各个数据在相等的时间间隔中呈现随机起伏的状态，但在一个较长的时间内，时间序列会沿着一个方向变化，呈现逐渐上升或下降的变动趋势。

2. 季节变动

季节变动即时间序列受季节影响而发生的变动。这种变动的特点是随着季节的轮换，时间序列呈现周期性重复变化。

3. 循环变动

虽然时间序列具有长期的或升或降的变动趋势，但在一定时间内，时间数列会发生周期性的涨落起伏波动，通常这种波动是由经济发展的周期性引起的。

4. 不规则变动

在时间序列中，除了上述各种变动之外，还有因临时的、偶然性因素引起的非周期性、非趋势性的随机变动，这就是不规则变动。

一个时间序列就是上述四种变动成分的混合。

时间序列分析方法如图 4-33 所示。

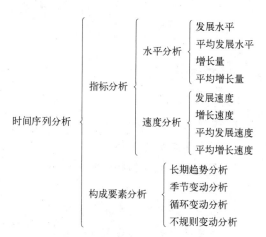

图 4-33　时间序列分析方法

4.3.2 动态数列的水平指标分析

对时间序列的动态水平分析,是通过计算动态水平指标进行的。动态水平指标主要有发展水平、平均发展水平、增长量和平均增长量等。

(1) 发展水平和平均发展水平

发展水平亦称发展量,它反映社会经济现象在不同时期的规模或水平。正确地计算发展水平是编制动态数列和计算各种动态分析指标的一项重要的基础工作。时间序列中的每一指标值都代表某一特定时间下事物的发展水平。平均发展水平是一个较长时期各发展水平的序时平均数。由于不同种类时间序列的性质不同,平均发展水平的计算方法也有所不同。

如果时间序列由时期指标构成,则计算平均发展水平的公式为

$$\bar{a} = \frac{a_1 + a_2 + \cdots + a_{n-1} + a_n}{n} = \frac{\sum\limits_{i=1}^{n} a_i}{n}$$

式中 $\bar{a}$——平均发展水平;

a_i——第 i 时期的发展水平;

n——时间序列中时期的个数。

如果时间序列由时点指标构成,计算平均发展水平的公式为

$$\bar{a} = \frac{\frac{1}{2}a_1 + a_2 + a_3 + \cdots + a_{n-1} + \frac{1}{2}a_n}{n-1}$$

式中 $\bar{a}$——平均发展水平;

a_i——第 i 时点的发展水平;

n——时间序列中时点的个数。

[**例**] 某地 2011—2020 年各年末的职工总人数的资料见表 4-18。试计算这 10 年内各年平均职工总人数。

表 4-18 某地区 2011—2020 年各年末的职工总人数　　　　　（单位:万人）

年度	2011	2012	2013	2014	2015	2016	2017	2018	2019	2020
职工总人数	788	815	842	841	748	723	718	704	694	683

解:

$$\bar{a} = \frac{\frac{1}{2} \times 788\,万人 + 815\,万人 + 842\,万人 + 841\,万人 + 748\,万人 + 723\,万人 + 718\,万人 + 704\,万人 + 694\,万人 + \frac{1}{2} \times 683\,万人}{10-1}$$

$$= \frac{6820.5\,万人}{9} = 757.8\,万人$$

(2) 增长量和平均增长量

增长量是时间序列中两个不同时间下的发展水平的差额。其中,研究中作为考察对象的发展水平称为报告期水平,作为报告期的对比基础的发展水平称为基期水平。用公式表示为

增长量=报告期水平−基期水平

在增长量中，如果基期水平固定不变，增长量的大小将取决于报告期水平的大小，这样的增长量称为累计增长量；如果基期水平随着报告期水平的变化而变化，而且基期为报告期的前一期，这样的增长量称为逐期增长量。对于受明显季节变动影响的时间序列，计算增长量时，应避免因在不同季节比较引起的歪曲事实的错误做法。这时，应把基期选定为与报告期属于同一季节的上年或前几年的时期，这样计算的增长量称为年距增长量。

平均增长量是时间序列中逐期增长量的序时平均数，它表明研究总体在一定时间内平均每期增长（减少）的数量。用公式表示为

$$平均增长量 = \frac{\sum 逐期增长量}{逐期增长量的个数}$$

4.3.3 动态数列的速度指标分析

对时间数列的动态速度分析，是通过计算动态速度指标进行的。指标主要有发展速度、增长速度、平均发展速度和平均增长速度等。

1. 发展速度

发展速度是时间序列中两个不同时间下的发展水平的比值，表明研究总体在报告期水平已经发展到基期水平的几分之几或若干倍。用公式表示为

$$发展速度 = \frac{报告期水平}{基期水平}$$

在发展速度中，如果基期水平固定不变，发展速度的大小将取决于报告期水平的大小，这样的发展速度称为定基发展速度；如果基期水平随着报告期水平的变化而变化，而且基期为报告期的前一期，则这样的发展速度称为环比发展速度。对于受明显季节变动影响的时间序列，计算发展速度时，应避免不同季节发展水平的比较。这时，应把基期选定为与报告期属于同一季节的上年或前几年的时期，这样计算的发展速度称为年距发展速度。

2. 增长速度

增长速度是报告期增长量与基期水平的比值，表明报告期水平比基期增长（或降低）了几分之几或若干倍。用公式表示为

$$增长速度 = \frac{报告期增长量}{基期水平}$$

增长速度与发展速度相对应，也可以分为定基增长速度和环比增长速度以及年距增长速度等具体增长速度。各种增长速度的计算均可以通过发展速度来计算，公式为

$$增长速度 = 发展速度 - 1$$

增长速度使用相对数的形式分析事物的增长情况，因而抽象掉了这一增长的绝对数量。所以，对增长速度的分析需要结合同期的增长量进行补充。为此，可以通过计算和分析增长1%的绝对值达到这一目的。增长1%的绝对值计算公式为

$$增长1\%的绝对值 = \frac{逐期增长量}{逐期增长速度}$$

或

$$增长1\%的绝对值 = \frac{前一期发展水平}{100}$$

3. 平均发展速度和平均增长速度

平均发展速度是一定时期内时间序列的各期环比发展速度的序时平均数。平均发展速度的计算有两种方法。

如果研究时我们所关心的重点是时间序列最后一个时间发展水平，而不在乎其他时间发展水平的大小，如由产量水平构成的时间序列，这样，在计算平均发展速度时采用几何平均法。计算公式为

$$平均发展速度 = \sqrt[n]{\prod（环比发展速度）}$$

式中　n——参与运算的环比发展速度的个数。

如果研究时我们关心的是时间序列中每个时间上的发展水平及其总和，而不单单是最后一个时间上的发展水平，如由造林面积所构成的时间序列，这样，在计算平均发展速度时采用累计法，或称方程式法。如果用 v 代表平均发展速度，则 v 可以通过解如下高次方程求得：

$$v + v^2 + v^3 + \cdots + v^{n-1} + v^n = \sum_{i=1}^{n} \frac{a_i}{a_0}$$

式中　n——计算平均发展速度的时期内所用的时间单位数；

　　　a_i——第 i 时间的发展水平；

　　　a_0——固定的基期发展水平。

平均增长速度是反映某种现象在一个较长时期中逐期递增的平均速度，是反映现象逐期发展的平均速度。其计算公式是

$$平均增长速度 = 平均发展速度 - 1$$

4.3.4　动态数列分析相关指标及其公式

动态数列分析相关指标及其公式见表4-19~表4-23。

表 4-19　动态数列分析指标汇总表

指标名称和适用的现象		计 算 公 式	作 用
发展水平		通常用 a_0、a_1、a_2、$\cdots$、a_{n-1}、a_n 表示	反映现象在一定时期或时点上所达到的规模或水平
增长量	逐期增长量	报告期水平-前一期水平$= a_i - a_{i-1}$	反映报告期比基期增加（减少）的绝对数量
	累计增长量	报告期水平-某一固定基期水平$= a_i - a_0$	
发展速度	环比发展速度	$\dfrac{报告期水平}{前一期水平} = \dfrac{a_i}{a_{i-1}}$	表明报告期水平已发展到基期水平的几分之几或若干倍
	定基发展速度	$\dfrac{报告期水平}{某一固定基期水平} = \dfrac{a_i}{a_0}$	
增长速度	环比增长速度	环比发展速度-1（100%）	表明报告期水平比基期水平增长（或降低）了百分之几或若干倍
	定基增长速度	定基发展速度-1（100%）	
增长1%的绝对值		$\dfrac{前一期发展水平}{100} = \dfrac{a_{i-1}}{100}$	表明每增长1%包含的绝对量

指标名称和适用的现象		计 算 公 式	作 用
平均增长量		$\dfrac{\sum (a_i - a_{i-1})}{n} = \dfrac{a_n - a_0}{n}$	反映现象的平均增长水平
平均发展水平	时期数列	$\bar{a} = \dfrac{\sum a}{n}$	反映现象在一段较长时期内发展的一般水平，便于同类现象在不同发展阶段进行比较分析
	间隔相等的连续时点数列	$\bar{a} = \dfrac{\sum a}{n}$	
	间隔不等的连续时点数列	$\bar{a} = \dfrac{\sum at}{\sum t}$	
	间隔相等的间断时点数列	$\bar{a} = \dfrac{\dfrac{a_1}{2} + a_2 + a_3 + \cdots + a_{n-1} + \dfrac{a_n}{2}}{n-1}$	
	间隔不等的间断时点数列	$\bar{a} = \dfrac{\dfrac{a_1 + a_2}{2}t_1 + \dfrac{a_2 + a_3}{2}t_2 + \cdots + \dfrac{a_{n-1} + a_n}{2}t_{n-1}}{\sum\limits_{i=1}^{n-1} t_i}$	
	静态相对（平均）数动态数列	$\bar{c} = \dfrac{\bar{a}}{\bar{b}}$	
	动态平均数动态数列	$\bar{a} = \dfrac{\sum a}{n}$ 或 $\bar{a} = \dfrac{\sum at}{\sum t}$	
平均发展速度	侧重考察最末一期的水平	$\bar{x} = \sqrt[n]{\dfrac{a_n}{a_0}} = \sqrt[n]{\prod x} = \sqrt[n]{R} = \sqrt[n]{2^m}$	反映现象在一个较长时期内逐期平均发展变化的速度 $R = \dfrac{a_n}{a_0}$，m 为翻番数
	侧重考察整个过程的总和	$\bar{x} + \bar{x}^2 + \bar{x}^3 + \cdots + \bar{x}^n - \dfrac{\sum\limits_{i=1}^{n} a_i}{a_0} = 0$	
平均增长速度		平均发展速度-1（100%）	反映现象在一个较长时期内逐期平均增长变化的速度

表 4-20　常用的综合指数和加权平均指数公式表

指数名称	指数化因素	个体指数	综合指数		加权平均指数	
			同度量因素	公式	权数	公式
产品产量指数	q	$k_q = \dfrac{q_1}{q_0}$	p_0	$\bar{k}_q = \dfrac{\sum q_1 p_0}{\sum q_0 p_0}$	$q_0 p_0$	$\bar{k}_q = \dfrac{\sum k_q q_0 p_0}{\sum q_0 p_0}$
商品销售量指数	q	$k_q = \dfrac{q_1}{q_0}$	p_0	$\bar{k}_q = \dfrac{\sum q_1 p_0}{\sum q_0 p_0}$	$q_0 p_0$	$\bar{k}_q = \dfrac{\sum k_q q_0 p_0}{\sum q_0 p_0}$
物价指数	p	$k_p = \dfrac{p_1}{p_0}$	q_1	$\bar{k}_p = \dfrac{\sum q_1 p_1}{\sum q_1 p_0}$	$q_1 p_1$	$\bar{k}_p = \dfrac{\sum q_1 p_1}{\sum \dfrac{1}{k_p} q_1 p_1}$
单位成本指数	z	$k_z = \dfrac{z_1}{z_0}$	q_1	$\bar{k}_z = \dfrac{\sum q_1 z_1}{\sum q_1 z_0}$	$q_1 z_1$	$\bar{k}_z = \dfrac{\sum q_1 z_1}{\sum \dfrac{1}{k_z} q_1 z_1}$

表 4-21 指数体系公式表

指数名称	指数体系形式	指数体系公式
综合指数	相对数	$$\frac{\sum q_1 p_1}{\sum q_0 p_0} = \frac{\sum q_1 p_0}{\sum q_0 p_0} \frac{\sum q_1 p_1}{\sum q_1 p_0}$$
	绝对数	$$\sum q_1 p_1 - \sum q_0 p_0 = \left(\sum q_1 p_0 - \sum q_0 p_0 \right) + \left(\sum q_1 p_1 - \sum q_1 p_0 \right)$$
加权平均指数	相对数	$$\frac{\sum q_1 p_1}{\sum q_0 p_0} = \frac{\sum k_q q_0 p_0}{\sum q_0 p_0} \frac{\sum q_1 p_1}{\sum \frac{1}{k_p} q_1 p_1}$$
	绝对数	$$\sum q_1 p_1 - \sum q_0 p_0 = \left(\sum k_q q_0 p_0 - \sum q_0 p_0 \right) + \left(\sum q_1 p_1 - \sum \frac{1}{k_p} q_1 p_1 \right)$$
平均指标指数	相对数	$$\frac{\sum x_1 f_1}{\sum f_1} \bigg/ \frac{\sum x_0 f_0}{\sum f_0} = \left(\frac{\sum x_1 f_1}{\sum f_1} \bigg/ \frac{\sum x_0 f_1}{\sum f_1} \right) \left(\frac{\sum x_0 f_1}{\sum f_1} \bigg/ \frac{\sum x_0 f_0}{\sum f_0} \right)$$
	绝对数	$$\frac{\sum x_1 f_1}{\sum f_1} - \frac{\sum x_0 f_0}{\sum f_0} = \left(\frac{\sum x_1 f_1}{\sum f_1} - \frac{\sum x_0 f_1}{\sum f_1} \right) + \left(\frac{\sum x_0 f_1}{\sum f_1} - \frac{\sum x_0 f_0}{\sum f_0} \right)$$

表 4-22 简单随机抽样确定必要样本数目公式汇总表

现象类型	重复抽样	不重复抽样
平均数	$$n = \frac{t^2 \sigma^2}{\Delta_x^2}$$	$$n = \frac{N t^2 \sigma^2}{N \Delta_x^2 + t^2 \sigma^2}$$
成数	$$n = \frac{t^2 p(1-p)}{\Delta_p^2}$$	$$n = \frac{N t^2 p(1-p)}{N \Delta_p^2 + t^2 p(1-p)}$$

表 4-23 抽样平均误差应用性公式汇总表

现象类型	简单随机抽样		分层抽样	整群抽样
	重复抽样	不重复抽样		
平均数的抽样平均误差（μ_x）	$$\sqrt{\frac{\sigma^2}{n}}$$	$$\sqrt{\frac{\sigma^2}{n}\left(1-\frac{n}{N}\right)}$$	$$\sqrt{\frac{\overline{\sigma_i^2}}{n}\left(1-\frac{n}{N}\right)}$$	$$\sqrt{\frac{\delta_x^2}{r}\left(\frac{R-r}{R-1}\right)}$$
成数的抽样平均误差（μ_p）	$$\sqrt{\frac{P(1-P)}{n}}$$	$$\sqrt{\frac{P(1-P)}{n}\left(1-\frac{n}{N}\right)}$$	$$\sqrt{\frac{p_i(1-p_i)}{n}\left(1-\frac{n}{N}\right)}$$	$$\sqrt{\frac{\delta_p^2}{r}\left(\frac{R-r}{R-1}\right)}$$

4.3.5 Excel 应用

1. 测定增长量和平均增长量

根据我国 1998—2003 年社会消费品零售总额，计算逐期增长量、累计增长量和平均增长量，如图 4-34 所示。

计算步骤如下：

第一步：在 A 列输入年份，在 B 列输入社会消费品零售总额。

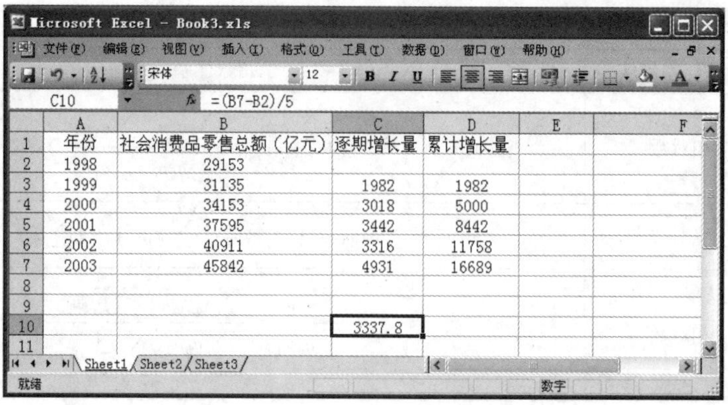

C10 =(B7-B2)/5

	A	B	C	D	E
1	年份	社会消费品零售总额（亿元）	逐期增长量	累计增长量	
2	1998	29153			
3	1999	31135	1982	1982	
4	2000	34153	3018	5000	
5	2001	37595	3442	8442	
6	2002	40911	3316	11758	
7	2003	45842	4931	16689	
8					
9					
10			3337.8		

图 4-34　用 Excel 计算增长量和平均增长量资料及结果

第二步：计算逐期增长量，在 C3 中输入公式：“=B3-B2”，并用鼠标拖动将公式复制到 C4:C7 区域。

第三步：计算累计增长量，在 D3 中输入公式：“=B3-B2”，并用鼠标拖动将公式复制到 D4:D7 区域。

第四步：计算平均增长量（水平法），在 C10 中输入公式：“=(B7-B2)/5”，按〈Enter〉键，即可得平均增长量。

2. 测定发展速度和平均发展速度

以 1998—2003 年社会消费品零售总额为例，说明如何计算定基发展速度、环比发展速度和平均发展速度，如图 4-35 所示。

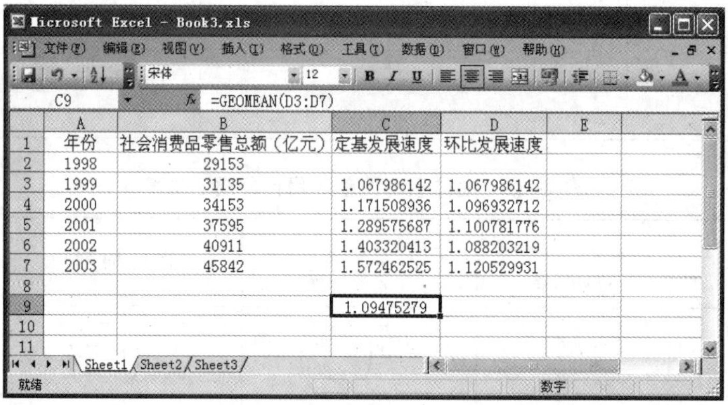

C9 =GEOMEAN(D3:D7)

	A	B	C	D	E
1	年份	社会消费品零售总额（亿元）	定基发展速度	环比发展速度	
2	1998	29153			
3	1999	31135	1.067986142	1.067986142	
4	2000	34153	1.171508936	1.096932712	
5	2001	37595	1.289575687	1.100781776	
6	2002	40911	1.403320413	1.088203219	
7	2003	45842	1.572462525	1.120529931	
8					
9			1.09475279		

图 4-35　用 Excel 计算发展速度和平均发展速度资料及结果

第一步：在 A 列输入年份，在 B 列输入社会消费品零售总额。

第二步：计算定基发展速度，在 C3 中输入公式：“=B3/ B2”，并用鼠标拖动将公式复制到 C4:C7 区域。

第三步：计算环比发展速度，在 D3 中输入公式：“=B3/B2”，并用鼠标拖动将公式复制到 D4:D7 区域。

第四步：计算平均发展速度（水平法），选中 C9 单元格，单击“插入”菜单，选中“函数”选项，出现“插入函数”对话框后，选择 GEOMEAN（返回几何平均值）函数，在数值区域中输入 D3：D7 即可。

3. 计算长期趋势

影响时间数列各项数值变动的因素是多方面的，主要有四种：长期趋势（T）、季节变动（S）、循环变动（C）、不规则变动（I）。本书主要就长期趋势与季节变动进行分析。以直线趋势说明长期趋势的测定与预测方法。而测定直线趋势的方法主要采用移动平均法。

移动平均法按一定的间隔逐期移动，计算一系列动态平均数，从而形成一个由动态平均数组成的新的时间数列，修匀原时间数列，显示出长期趋势。在 Excel 中，使用移动平均法测定长期趋势，可以利用公式或 AVERAGE 函数，也可利用 Excel 提供的"移动平均"工具。由于公式或函数方法前面已讲过，而且只能获得数据，不能直接获得长期趋势图，因此长期趋势主要以"移动平均"工具来计算分析。

我国 1990—2003 年的国内生产总值（单位：亿元）如图 4-36 所示，用移动平均法预测我国国内生产总值的长期发展趋势。

	A	B
1	年份	国内生产总值
2	1990	18547.9
3	1991	21617.8
4	1992	26638.1
5	1993	34634.4
6	1994	46759.4
7	1995	58478.1
8	1996	67884.6
9	1997	74462.6
10	1998	78345.2
11	1999	82067.5
12	2000	89468.1
13	2001	97314.8
14	2002	105172.3
15	2003	117251.9

图 4-36 我国 1990—2003 年的国内生产总值

第一步：单击"工具"菜单，选择"数据分析"选项。打开"数据分析"对话框，从其"分析工具"列表框中选择"移动平均"选项，单击"确定"按钮，打开"移动平均"对话框，如图 4-37 所示。

第二步：确定输入区域和输出区域，选中"图表输出"复选框，如图 4-37 所示。

第三步：单击"确定"按钮后，在指定位置给出移动平均计算结果，如图 4-38所示。

图 4-37 "移动平均"对话框

4. 计算季节变动

季节变动是指在一年以内，受自然季节和社会习俗等因素影响而发生的有规律的、周期性的变动。测定季节变动的方法有两种：按月（季）平均法和移动平均趋势剔除法。

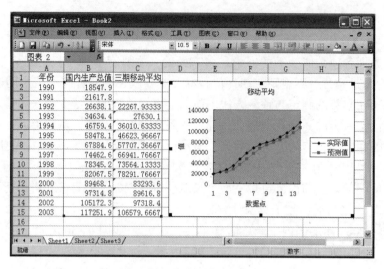

图 4-38 移动平均计算结果

1. 按月平均法

某啤酒厂近五年全年及分月啤酒销售量如图 4-39 所示。结合 5 年分月数据, 利用 Excel 按月平均法测定季节变动。

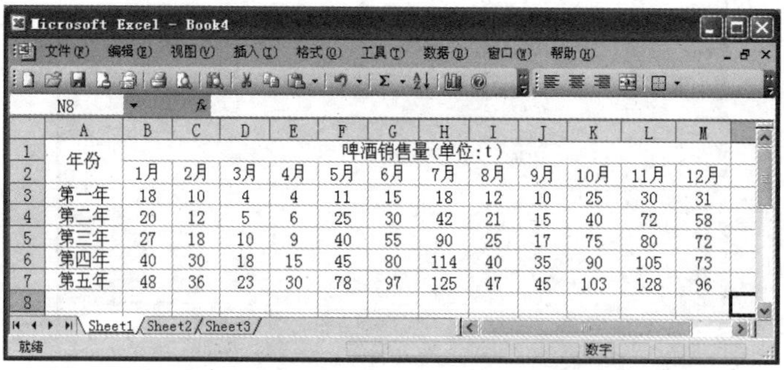

图 4-39 某啤酒厂近五年全年及分月啤酒销售量

第一步: 按已知数据资料列出计算表, 将各年同月的数值列在同一列内。

第二步: 计算各年合计与各年同月数值之和。计算每年的啤酒销售量总数: 单击 N3 单元格, 输入 "=SUM(B3:M3)", 并用鼠标拖动将公式复制到 N4:N7 区域, 得各年销售量总数。计算各年同月销售总数: 单击 B8 单元格, 输入 "=SUM(B3:B7)", 并用鼠标拖动将公式复制到 C8:N8 区域, 得各年同月销售量总数与全部销售量之和。

第三步: 计算同月平均数与总的月平均数。计算同月平均数: 单击 B9 单元格, 输入 "=B8/5", 并用鼠标拖动将公式复制到 C9:M9 区域。计算总的月平均数: 单击 N9 单元格, 输入 "=N8/60", 按〈Enter〉键得结果为 43.21667。

第四步: 计算季节比率。单击 B10 单元格, 输入 "=B9 * 100/43.21667", 并用鼠标拖动将公式复制到 C10:M10 区域。

第五步: 计算季节比率之和, 绘制季节变动曲线。单击 N10 单元格, 输入 "=SUM(B10:M10)", 按〈Enter〉键得季节比率之和为 1200。根据季节比率, 可绘制季节变动曲线, 如图 4-40 所示。

152

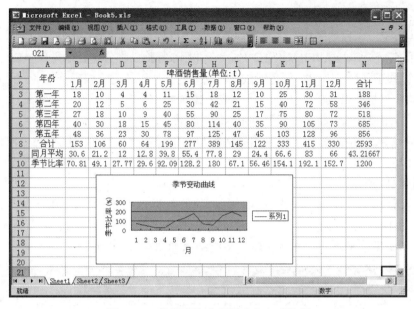

图 4-40 按月平均法分析季节变动数据

2. 移动平均趋势剔除法

直接用按月平均法忽略了长期趋势的影响，因此得出的季节比率不够精确。为了弥补这一缺点，可以采用移动平均趋势剔除法来测定季节变动。利用移动平均趋势剔除法分析季节变动有两种方法：乘法型时间数列季节变动分析和加法型时间数列季节变动分析。下面采用乘法型时间数列季节变动分析说明移动平均趋势剔除法的操作。

第一步：输入各年季度数据资料，如图 4-41A、B、C 三列所示。

年份	季度	销售量(Y)	一次移动平均	二次移动平均	Y/T*100
第一年	1	32			
	2	30			
	3	40	47	47.625	83.98950131
	4	86	48.25	52.125	164.9880096
第二年	1	37	56	60.75	60.90534979
	2	61	65.5	76	80.26315789
	3	78	86.5	88.75	87.88732394
	4	170	91	96.375	176.3942931
第三年	1	55	101.75	108.5	50.69124424
	2	104	115.25	122.375	84.98467824
	3	132	129.5	133.625	98.7839102
	4	227	137.75	142.5	159.5782074
第四年	1	88	146.75	153.875	57.18927701
	2	140	161	166.125	84.27389014
	3	189	171.25	173.625	108.8552916
	4	268	176	184.125	145.5532926
第五年	1	107	192.25	195.75	54.66155811
	2	205	199.25	206.625	99.21355112
	3	217	214		
	4	327			

图 4-41 移动平均及剔除趋势数据

第二步：计算四个季度的移动平均数。计算移动平均数，可以采用"移动平均"工具，也可以使用公式与函数。"移动平均"工具在前面内容中已讲过，本例采用公式与函数方法来计算。单击 D4 单元格，输入"=AVERAGE(C2:C5)"，并用鼠标拖动将公式复制到 D5:D20 区域。

第三步：移正平均。因为本例是偶数项移动平均，所以还需将四项移动平均值再进行两项"移正"平均，如果是奇数项移动平均，则该步骤省去。单击 E4 单元格，输入"=AVERAGE(D4:D5)"，并用鼠标拖动将公式复制到 E5:E19 区域。

第四步：消除长期趋势。本例采用乘法模型，因此，将原数列除以趋势值以消除长期趋势。单击 F4 单元格，输入"=C4*100/E4"，并用鼠标拖动将公式复制到 F5:F19 区域，得到结果如图 4-41 所示。

第五步：计算季节比率。将图 4-41 中 F 列的数据四舍五入，保留两位小数，重新排列，得到如图 4-42 中左边数据表中前五行的基本数据。然后利用按月平均法计算季节比率，具体步骤参见月平均法，本例省略，最终结果如图 4-42 所示。

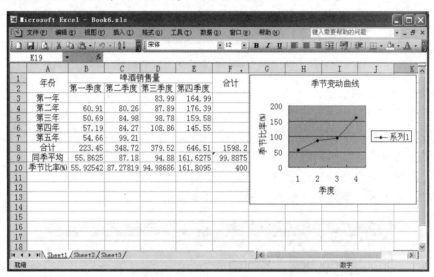

图 4-42　利用移动平均趋势剔除法分析季节变动数据图

3. 指数计算

指数分析法是研究社会经济现象数量变动情况的一种统计分析法。指数有总指数与平均指数之分，这一节介绍如何用 Excel 进行指数分析与因素分析。

（1）用 Excel 计算总指数

图 4-43 中是某企业甲、乙、丙三种产品的生产情况，以基期单位成本 p 作为同度量因素，计算生产量指数。

计算步骤如下：

第一步：计算各个 p_0q_0。在 G2 中输入"=C2*D2"，并用鼠标拖动将公式复制到 G3:G4 区域。

第二步：计算各个 p_0q_1。在 H2 中输入"=C2*F2"，并用鼠标拖动将公式复制到 H3:H4 区域。

第三步：计算 $\sum p_0q_0$ 和 $\sum p_0q_1$。选定 G2:G4 区域，单击工具栏上的"$\sum$"按钮，在 G5 出现该列的求和值。选定 H2:H4 区域，单击工具栏上的"$\sum$"按钮，在 H5 出现该列的求和值。

	A	B	C	D	E	F	G	H
1	产品	计量单位	基期单位成本p0	基期产量q0	报告期单位成本p1	报告期产量q1	p0*q0	p0*q1
2	甲	万件	8	20	6	24	160	192
3	乙	万t	10	8	8	11	80	110
4	丙	万t	20	4	17	5	80	100
5							320	402
6	生产量指数		1.25625					

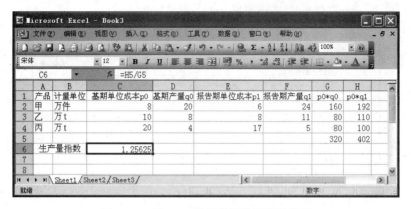

图 4-43　用 Excel 计算总指数资料及结果

第四步：计算生产量综合指数 $I_q=\sum p_0q_1/\sum p_0q_0$。在 C6 中输入“=H5/G5”，便可得到生产量综合指数。

（2）用 Excel 计算平均指数

现以生产量平均指数为例，说明加权算术平均法的计算。图 4-44 中是某企业生产情况的统计资料，要以基期总成本为同度量因素，计算生产量平均指数。

	A	B	C	D	E	F	G
1	产品	计量单位	基期产量q0	报告期产量q1	基期总成本p0*q0	k=q1/q0	k*p0*q0
2	甲	万件	20	24	160	1.2	192
3	乙	万t	8	11	80	1.375	110
4	丙	万t	4	6	80	1.5	120
5					320		422
6	生产量平均指数		1.31875				

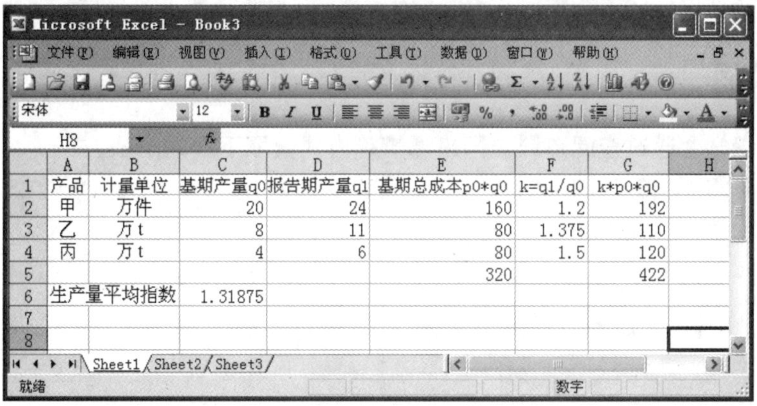

图 4-44　用 Excel 计算平均指数资料及结果

计算步骤如下：

第一步：计算个体指数 $k=q_1/q_0$。在 F2 中输入“=D2/C2”，并用鼠标拖动将公式复制到 F3：F4 区域。

第二步：计算 kp_0q_0 并求和。在 G2 中输入“=F2 * E2”，并用鼠标拖动将公式复制到 G3:G4 区域。选定 G2:G4 区域，单击工具栏上的“∑”按钮，在 G5 出现该列的求和值。

第三步：计算生产量平均指数。在 C6 中输入“=G5/E5”即得到所求的值。

（3）用 Excel 进行因素分析

有关资料及结果如图 4-45 所示，进行因素分析的步骤如下：

第一步：计算各个 p_0q_0 和 $\sum p_0q_0$。在 G2 中输入“=C2 * D2”，并用鼠标拖动将公式复制到 G3:G4 区域。选定 G2:G4 区域，单击工具栏上的“∑”按钮，在 G5 出现该列的求和值。

第二步：计算各个 p_0q_1 和 $\sum p_0q_1$。在 H2 中输入“=C2 * F2”，并用鼠标拖动将公式复制到 H3:H4 区域。选定 H2:H4 区域，单击工具栏上的“∑”按钮，在 H5 出现该列的求和值。

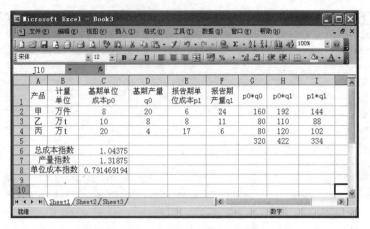

图 4-45 用 Excel 进行因素分析资料及结果

第三步：计算各个 p_1q_1 和 $\sum p_1q_1$。在 I2 中输入"= E2 * F2"，并用鼠标拖动将公式复制到 I3：I4 区域。选定 I2：I4 区域，单击工具栏上的"$\sum$"按钮，在 I5 出现该列的求和值。

第四步：计算总成本指数。在 C6 中输入"= I5/G5"，即求得总成本指数。

第五步：计算产量指数。在 C7 中输入"= H5/G5"，即求得产量指数。

第六步：计算单位成本指数。在 C8 中输入"= I5/H5"即求得单位成本指数。

任务实施

教师可组织学生通过查阅资料、网络调查等方式获取下面的解决方案：

本案例属于间隔相等的间断时点，因此可以直接利用 Excel 中的"AVERAGE"函数功能直接计算平均数，其操作如图 4-46 所示。

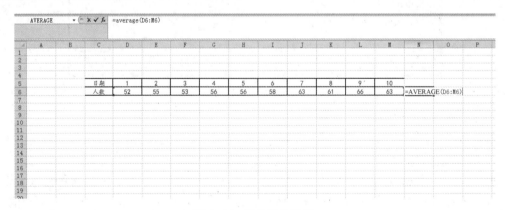

图 4-46 平均数的计算

4-2 平均数的计算

156

 **任务小结**

动态资料的分析主要借助时间序列进行。时间序列的水平分析指标主要包括发展水平、平均发展水平、增长量和平均增长量等，时间序列的速度分析指标主要有发展速度和增长速度、平均发展速度和平均增长速度等。

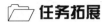 **任务拓展**

课堂研讨

平均比重计算

调查某大学近三年新生入学时的性别，发现女生所占比重分别为58%、60%和59%，请问这三年女生平均的比重为多少？

课后自测

1. 什么是时间序列？由几部分构成？时间序列的变动趋势可以分解为哪几种变动形式？
2. 什么是发展水平？什么是平均发展水平？
3. 什么是增长量？什么是平均增长量？
4. 什么是发展速度？
5. 什么是增长速度？什么是增长1%的绝对值？
6. 什么是平均发展速度？什么是平均增长速度？
7. 如何编制时间序列？如何计算平均发展水平、平均发展速度和平均增长速度？

实操演练

某商业银行最近5天的存款余额分别为766万元、664万元、843万元、578万元、639万元，计算这5天的平均余额。

任务4.4　常用 SPSS 应用方法

 **任务目标**

知识目标
1. 掌握 SPSS 的使用
2. 掌握市场调查时 SPSS 对数据的处理和分析的方法
能力目标
1. 能运用 SPSS 对数据处理和分析
2. 会根据不同的场景应用 SPSS

 **任务引例**

联华超市的水果价格

联华超市新进了一批水果，对外出售的价格见表4-24，试对其价格进行描述统计。

表 4-24　水果对外出售的价格

水 果 名 称	价格（元/斤[⊖]）
苹果	4.8
香蕉	3.9
葡萄	8.9
柚子	2.9
火龙果	5.8
无花果	5.8
西梅	20.0
冬枣	8.8
橘子	1.9

知识链接

SPSS 是世界上最早的统计分析软件，具有完整的数据输入、编辑、统计分析、报表、图形制作等功能。SPSS 提供了从简单的统计描述到复杂的多因素统计分析方法，比如数据的探索性分析、统计描述、列联表分析、二维相关、秩相关、偏相关、方差分析、非参数检验、多元回归、生存分析、协方差分析、判别分析、因子分析、聚类分析、非线性回归、Logistic 回归等。

4.4.1　利用 SPSS 进行描述性统计

当研究者必须了解某些现象或研究对象的特性以解决某特定问题时，需要进行描述性研究。例如，了解去超市购物的消费者的受教育程度、年龄、性别、职业、一周去 3 次以上的有多少人等。

[例] 现对去联华超市购物的消费者的受教育程度进行统计，1 = 高中/中专及以下，2 = 大专，3 = 本科，4 = 硕士及以上，见表 4-25。

表 4-25　消费者的受教育程度

消费者序号	受教育程度	消费者序号	受教育程度
1	3	14	2
2	3	15	4
3	2	16	3
4	3	17	2
5	2	18	2
6	1	19	3
7	2	20	2
8	1	21	3
9	1	22	3
10	3	23	3
11	3	24	2
12	2	25	2
13	4	26	2

⊖　1 斤 = 0.5 kg。

第一步，把数据录入 SPSS 软件，如图 4-47 所示。

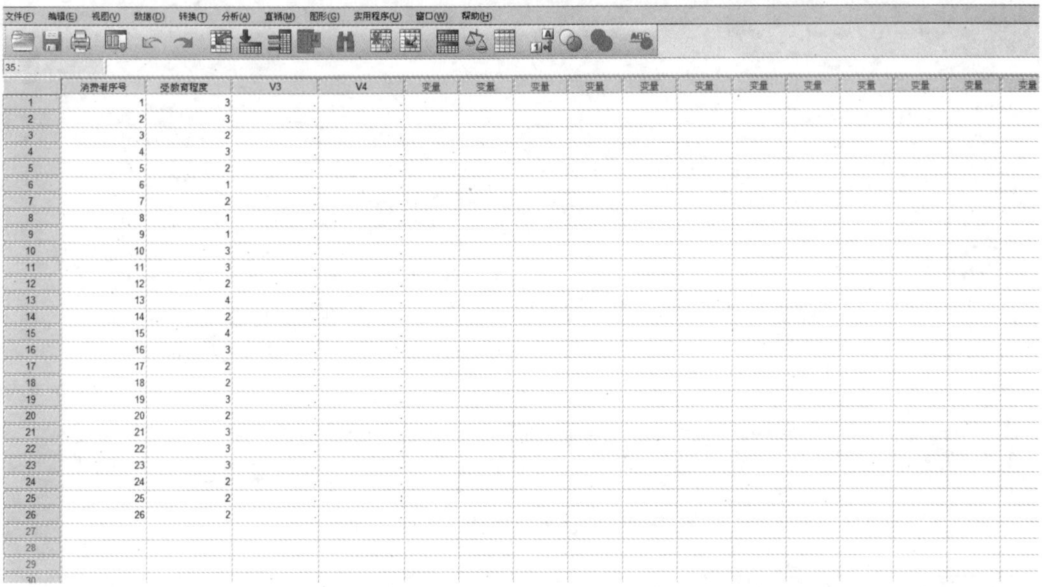

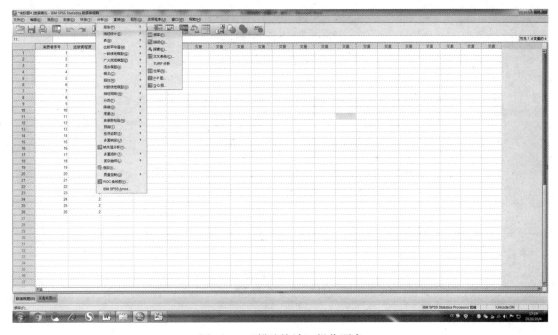

图 4-47　数据录入 SPSS

第二步，单击"分析"→"描述统计"→"频率"，如图 4-48 所示；把描述对象"受教育程度"通过单击箭头按钮添加到"变量"列表框，之后单击"统计"，出现"频率：统计"操作界面，如图 4-49 所示，单击"图表"，出现"频率：图表"操作界面，如图 4-50 所示。

图 4-48　"描述统计"操作顺序

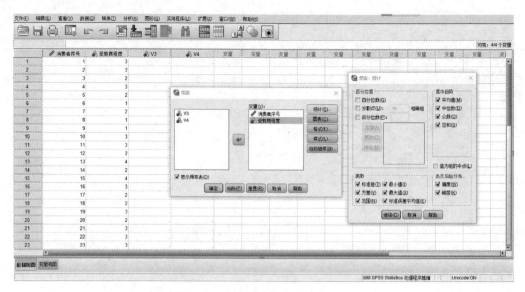

图 4-49 "频率：统计"操作界面

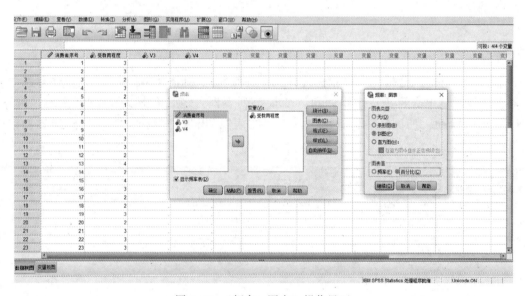

图 4-50 "频率：图表"操作界面

第三步，单击"继续"按钮，回到描述性窗口，单击"确定"按钮，所产生结果见表 4-26。

表 4-26　统计结果

统 计 量		
受教育程度		
N	有效	26
	缺失	0
平均值		2.42
标准平均值误差		0.159

中位数	2.00
方差	2
标准偏差	0.809
方差	0.654
偏度	0.023
标准偏度误差	0.456
峰度	−0.287
标准峰度误差	0.887
范围	3
最小值	1
最大值	4
合计	63

受教育程度			频率	百分比（%）	有效百分比（%）	累计百分比（%）
		1	3	11.5	11.5	11.5
		2	11	42.3	42.3	53.8
有效		3	10	38.5	38.5	92.3
		4	2	7.7	7.7	100.0
		总计	26	100.0	100.0	

4.4.2　利用 SPSS 比较均值

比较均值是指一个定类变量（如性别）的类别（如男女）在定距尺度（如广告态度）上的均值差异。比较均值属于单变量的范畴。

[例]　现想了解联华超市的水果消费量与性别的关系。零假设为：男女群体的水果消费平均数无显著差异。数据见表4-27。

表4-27　男女水果消费量

性别（1=男，2=女）	水果消费量/斤
2	3
1	4
2	3
1	5
2	6
1	2
2	1
1	2
1	3
2	4
1	5
2	3
1	3
2	2

（续）

性别（1=男，2=女）	水果消费量/斤
1	1
1	1
1	5
2	6
2	2
2	6
1	6
1	3
2	2
2	3
2	1
1	2
2	3
1	4
2	3

第一步，把数据录入 SPSS 软件，如图 4-51 所示。

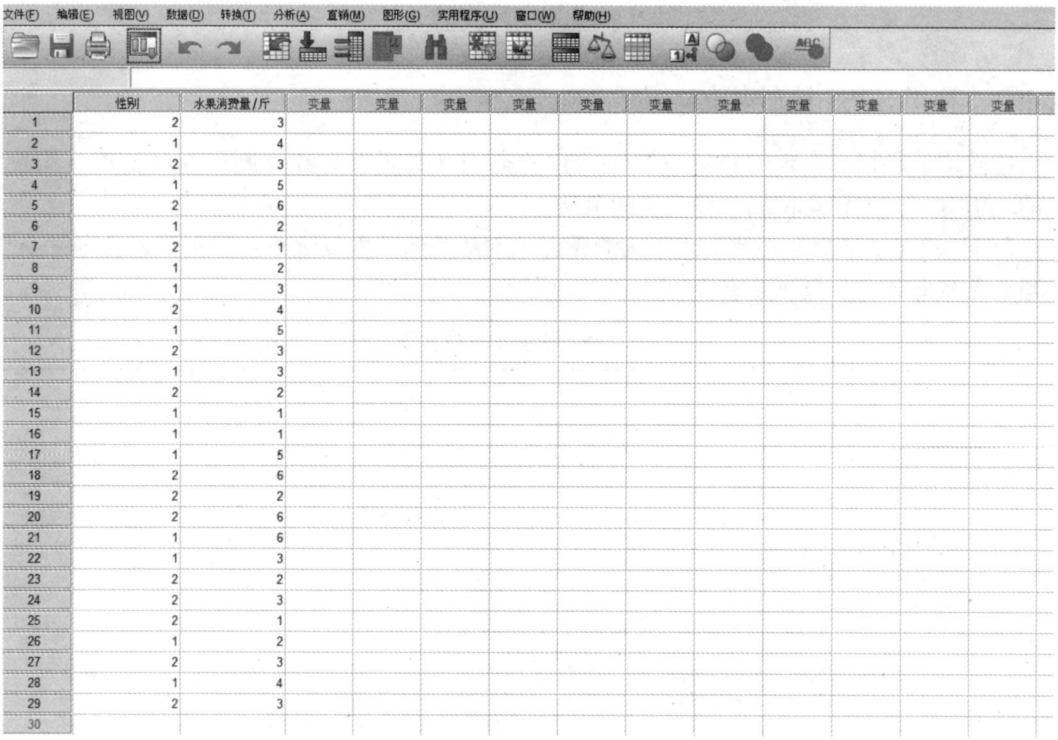

	性别	水果消费量/斤	变量	变量	变量	变量	变量	变量	变量	变量	变量	变量	变量
1	2	3											
2	1	4											
3	2	3											
4	1	5											
5	2	6											
6	1	2											
7	2	1											
8	1	2											
9	1	3											
10	2	4											
11	1	5											
12	2	3											
13	1	3											
14	2	2											
15	1	1											
16	1	1											
17	1	5											
18	2	6											
19	2	2											
20	2	6											
21	1	6											
22	1	3											
23	2	2											
24	2	3											
25	2	1											
26	1	2											
27	2	3											
28	1	4											
29	2	3											
30													

图 4-51　数据录入界面

第二步，单击“分析”→“比较平均值”→“平均值”，在“平均值”对话框，将“水果消费量/斤”添加到“因变量列表”列表框中，将自变量“性别”添加到“自变量列表”列表框中，如图 4-52 所示。

第三步，单击"选项"按钮，出现"平均值：选项"对话框，选中左下角的"Anova
表和 Eta"复选框，如图 4-53 所示。

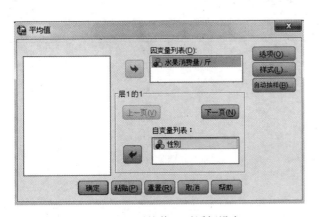

图 4-52 "平均值"对话框设定

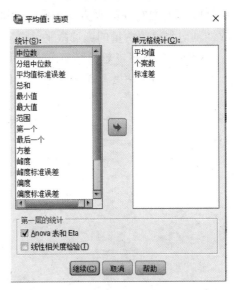

图 4-53 "平均值：选项"对话框设定

第四步，单击"继续"按钮回到"平均值"对话框，单击"确定"按钮，结果见表 4-28。

表 4-28 个案处理摘要

	个　案					
	已包括		除外		总计	
	N	百分比	N	百分比	N	百分比
水果消费量/斤 ＊ 性别	29	100.0%	0	0.0%	29	100.0%

报告

水果消费量/斤

性　别	平　均　值	N	标 准 偏 差
1	3.29	14	1.590
2	3.20	15	1.656
总计	3.24	29	1.596

ANOVA 表

			平 方 和	自 由 度	均　方	F	显 著 性
水果消费量/斤 ＊ 性别	组之间	（组合）	0.053	1	0.053	0.020	0.888
	组内		71.257	27	2.639		
	总计		71.310	28			

相关性测量

	Eta	Eta 平方
水果消费量/斤 ＊ 性别	0.027	0.001

结果解读：在 ANOVA 表中，显著性（p 值）= 0.888>0.05（0.05 是我们设定的显著性水平），所以我们接受零假设，而认为性别与水果消费量没有显著差异。在"相关性测量"中，Eta = 0.027，Eta 平方 = 0.001，因此，性别变量可以解释水果消费量 0.1% 的变异程度，故性别对水果消费量的影响微乎其微。

[**例**] 联华超市想了解不同性别顾客在牛奶消费量上有无差异。零假设为：男女群体的牛奶消费量的平均数无显著差异。数据见表 4-29。

表 4-29　男女牛奶消费量

性别（1=男，2=女）	牛奶消费量（盒）
2	6
2	4
2	3
2	2
2	6
2	8
2	12
2	13
2	17
2	21
1	20
1	0
1	4
1	5
2	3
2	8
2	4
2	2
1	1
1	0
1	9
2	4

第一步，把数据录入 SPSS 软件。

第二步，单击"分析"→"比较平均值"→"独立样本 T 检验"，在"独立样本 T 检验"对话框，选中左侧列表框中的"牛奶消费量（盒）"，单击向右箭头按钮，将"牛奶消费量（盒）"添加到"检验变量 T"的列表框中，同样操作，将左侧列表框中的"性别"添加到"分组变量"的列表框中，结果如图 4-54 所示。

第三步，单击"性别"，"定义组"

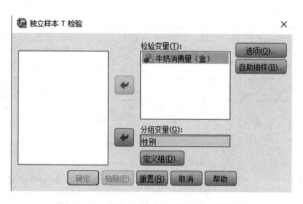

图 4-54　"独立样本 T 检验"对话框

按钮由灰色变蓝，单击该按钮，弹出"定义组"对话框，选中"使用指定的值"单选按钮，用"1"代表群组1（男性），用"2"代表群组2（女性），如图4-55所示。

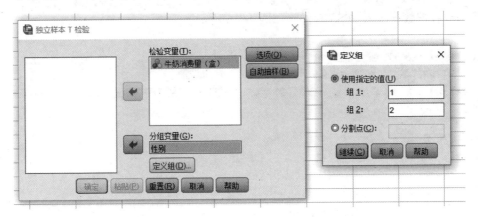

图4-55 "定义组"对话框

第四步，单击"继续"按钮回到"独立样本T检验"对话框，单击"确定"按钮，结果见表4-30。

表4-30 统计结果

性别（1=男，2=女）			N	平均值（E）	标准偏差	标准误差平均值
牛奶消费量（盒）			1.0	7	5.571	7.1381	2.6979
			2.0	15	7.533	5.7677	1.4892

		列文方差相等性检验		平均值相等性的 t 检验						
		F	显著性	t	自由度	显著性（双尾）	平均差	标准误差差值	差值的95%置信区间	
									下限	上限
牛奶消费量（盒）	已假设方差齐性	0.119	0.734	-0.690	20	0.498	-1.9619	2.8429	-7.8920	3.9682
	未假设方差齐性			-0.637	9.822	0.539	-1.9619	3.0817	-8.8452	4.9213

结果解读：表中 F 值为0.119，显著性0.734>0.05，故接受"方差相等"的零假设。在"已假设方差齐性"这一行，双尾检验的显著性（p 值）= 0.498>0.05，故接受"男女群体的牛奶消费量的平均数无显著差异"的零假设。

4-3 联华超市的水果价格

**任务实施**

第一步，把数据录入 SPSS 软件，如图 4-56 所示。

图 4-56　联华超市的水果价格录入 SPSS

第二步，单击"分析"→"描述统计"→"描述"，如图 4-57 所示，弹出"描述"对话框，如图 4-58 所示。

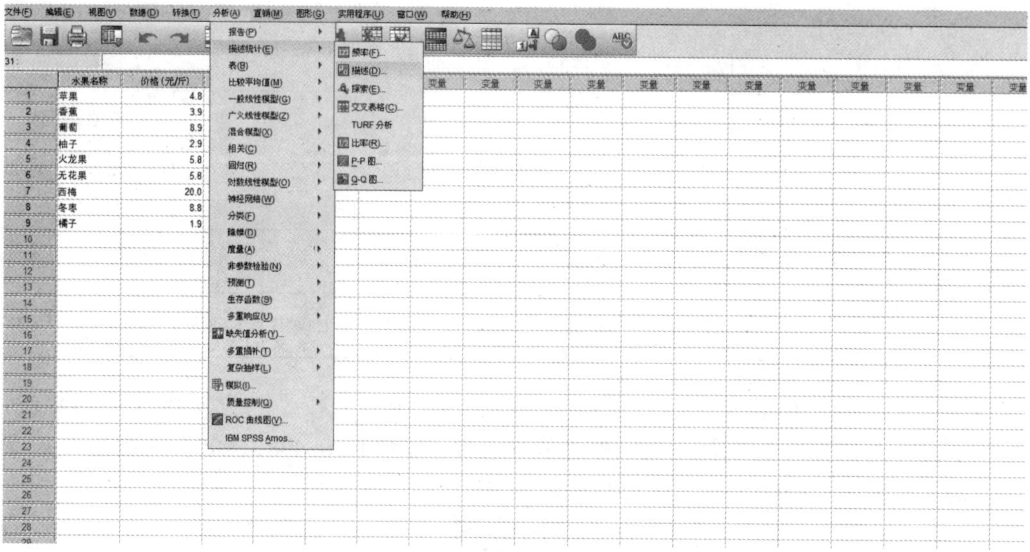

图 4-57　"描述统计"操作顺序

第三步，选中左侧列表框中的"价格/斤"，单击向右箭头，"价格/斤"便出现在右侧"变量"列表框中，之后单击"选项"，弹出"描述：选项"对话框，如图 4-59 所示。

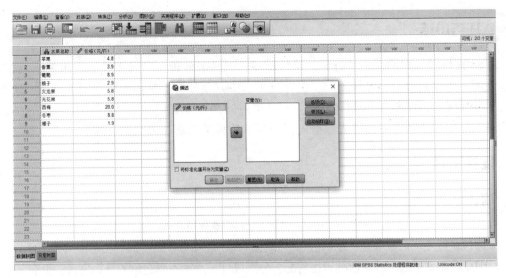

图 4-58 "描述"对话框

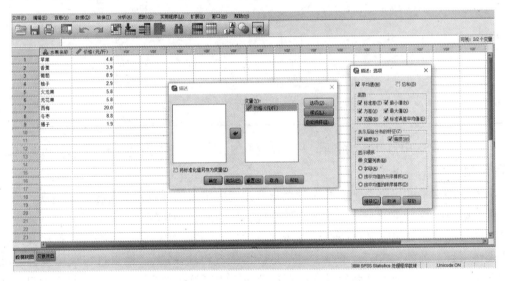

图 4-59 "描述：选项"对话框

第四步，单击"继续"按钮，回到"描述"对话框，单击"确定"按钮，所产生的结果见表 4-31。

表 4-31 统计结果

	N	全距	最小值（M）	最大值（X）	均值（E）		标准偏差	方差	偏度		峰度	
	统计量	统计量	统计量	统计量	统计量	标准误差	统计量	统计量	统计量	标准误差	统计量	标准误差
价格	9	18.1	1.9	20.0	6.978	1.8104	5.4313	29.499	1.986	0.717	4.613	1.400
有效 N（成列）	9											

 **任务小结**

SPSS 提供了数据的探索性分析、统计描述、列联表分析、二维相关、秩相关、偏相关、方差分析、非参数检验、多元回归、生存分析、协方差分析、判别分析、因子分析、聚类分析、非线性回归、Logistic 回归等方法。本书提供的 SPSS 示例是为了抛砖引玉，目的是请同学们善于使用相关软件对营销大数据进行分析，为科学的商业决策做支撑。

任务拓展

课堂研讨

两种不同的面包产品日销售量有差异吗？

某面包企业生产两种面包：A 面包和 B 面包。该企业几乎在全市的各类超市都投放了这两种面包，现在企业要了解两种面包的销售情况，分别统计了八家不同超市的日销售量，见表 4-32。

表 4-32　A、B 面包在八家不同超市的日销售量

A 面包（个）	B 面包（个）
86	80
87	79
56	58
93	91
84	77
93	82
75	76
79	66

提示：在 SPSS 中，单击"分析"→"比较平均值"→"独立样本 T 检验"，即可得出结果。

课后自测

随着生活水平的提高，肥肥的人越来越多。肥胖带来的问题不只是体态不美观，给行动造成一些阻碍，更严重的是还会给健康带来危害，引发各种病症。为研究某体育训练项目是否具有明显的减肥效果，某科研机构对 36 名志愿者进行了减肥跟踪调查。首先将其进行该体育训练项目之前的体重记录下来，三个月后再依次将这 36 名志愿者进行该体育训练项目后的体重记录下来。通过这两组数据的对比分析，推断该体育训练项目是否具有明显的减肥作用。数据见表 4-33。

表 4-33　训练前后的体重 （单位：kg）

训练前	训练后	训练前	训练后	训练前	训练后
90	63	82	75	81	79
95	71	87	62	83	73
82	79	92	67	86	74
91	73	93	74	93	60
100	74	95	78	95	60
87	65	84	68	96	75
91	67	83	74	97	77
90	73	89	71	81	70
86	60	87	60	88	63
87	76	90	70	85	73
98	71	82	67	95	68
88	72	95	69	100	79

实操演练

联华超市想了解不同性别的顾客在可乐消费量方面有无差异，统计了消费者 40 天的数据，见表 4-34。请问不同性别的顾客在可乐消费量方面有无差异？

表 4-34　消费者 40 天的数据

性别（1=男，2=女）	可乐消费量（瓶）	性别（1=男，2=女）	可乐消费量（瓶）
1	8	1	6
1	7	1	4
1	8	2	8
1	6	2	9
1	8	2	5
1	2	2	4
1	4	2	7
1	6	2	5
1	8	2	0
1	5	2	4
1	6	2	6
1	1	2	5
1	7	2	5
1	9	2	8
1	8	2	7
1	9	2	2
1	7	2	9
1	4	2	8
2	5	2	6
2	6	2	2

任务 4.5　项目综合实训

结合本部分内容，每个小组的学生对回收的调查问卷及掌握的有关资料借助计算机进行整理，形成若干文字资料、统计表和统计图，对有关资料进行集中趋势、离散趋势分析，形成若干分析成果。

4.5.1　养老行业市场调查统计分析

养老行业市场调查数据可采用 Excel 或者 SPSS 统计分析软件进行处理。

4.5.2　企业市场调查统计分析

电商促销行为对消费者的影响数据可在网上利用问卷星自动进行分析，也可以下载相应数据后用 Excel 或者 SPSS 统计分析软件进行处理。

4.5.3　生态环境调查统计分析

垃圾分类调查数据可在网上利用问卷星自动进行分析，也可以下载相应数据后用 Excel 或者 SPSS 统计分析软件进行处理。

项目5　营销调研大数据分析

任务5.1　营销调研大数据分析概述

 **任务目标**

知识目标

1. 了解大数据的概念、特点以及应用领域

2. 掌握营销调研大数据核心概念

3. 认识大数据精准营销

能力目标

1. 能对大数据背景进行总结

2. 能初步对营销调研大数据进行概括阐述

 **任务引例**

网易云年度歌单刷屏

近几年流行的年度账单、年度歌单等，可以在年末为用户生成一张专属的个人榜单，显示其一年内在应用上的种种使用行为，这种精细化的个人榜单其实也是运用了大数据技术，对用户个人的行为数据进行采集，并通过归类和计算得出。网易云年度歌单在近几年的年终总是能吸引用户的眼球，让用户踊跃参与其中。

网易云年度歌单是利用大数据海量收集用户的听歌信息和数据，每个用户哪首歌听得最多、发出了什么评论、听歌时间、听歌习惯等，都会在专属歌单上非常清晰地罗列出来。而且，网易云年度歌单会根据每个用户的听歌喜好，对用户的心情、性格等进行分析，给出大致的标签，加入更多个人情感化的内容，让用户体会到定制歌单的细致与走心，从而对其产生好感，进一步将其转发分享，达到传播和刷屏的最终效果。

在这其中，大数据起到了非常基础而又重要的技术作用，正是因为大数据才能让网易云与用户形成深层次的创意互动，即时生成专属歌单。再借助情感角度的切入、走心内容文案引发的感动与共鸣，网易云音乐与每一个用户都能建立起情感联系，从而加强用户对网易云音乐的信任和依赖。

从网易云年度歌单刷屏的现象中不难发现，其中最让大众热衷和在意的莫过于年度歌单的特殊性与专属性让用户有了独一无二的优越感，同时借助年度歌单回顾一年来的心情也触动了很多用户的感情点。总之，在大数据的作用下，年度歌单这一类的互动形式才能够实现，才有可能为每一个用户量身定做，达到精细化营销的目的。

（资料来源：https://www.zhihu.com/question/23188015）

问题：

1. 什么是大数据？
2. 你认为年度歌单能刷屏的原因是什么？
3. 你觉得营销调研大数据能够成功的前提是什么？

知识链接

5.1.1 大数据背景概述

近年来，互联网的高速发展对人类产生了深远的影响，无论是数字技术的应用，还是其传播影响力，近十年都对全球经济发展起到了巨大的推动作用，使其发生了难以想象的变革和变化。由互联网引发的移动互联网广泛应用、物联网发展等新生态圈构建，逐步让人类生产生活迈入新时代。互联网也从原来的 Web 1.0 门户时代，发展到 Web 2.0 搜索时代，再到今天 Web 3.0 互联网与移动互联网的有效结合、双向互动的社交网络（SNS）新生态，如图 5-1 所示。互联网时代以"云"为基础和载体及"数据"积累和驱动为两大特点，随时随地可以根据不同的用户而改变。

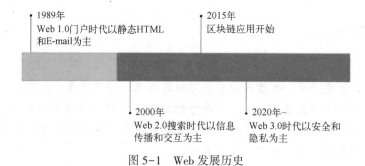

图 5-1　Web 发展历史

（资料来源：http://www.maiyaotop.com/wp-content/uploads/2019/08/a34da75c7f6e3161564c818fdf2d9c31.jpeg）

互联网极速发展到一定程度，云计算和社交网络的广泛应用构成了大数据时代的组成要件。大数据时代到来，人们所产生的信息量和获取的信息量都呈现出几何级数级别的增长，特别是由于数字化媒体、智能设备的广泛应用和普及、发展，人们不仅在生产生活中产生了海量的数据，如何利用这些数据更好地推动生产生活也成了热门话题。大数据的出现既对人们的工作和生活、思维和行动等多方面产生了巨大的冲击，又对社会的发展、经济的运行、国家的治理等方面产生了巨大影响。

我国互联网和移动互联网高速发展，用户规模稳居全球第一，这为大数据的发展提供了很好的环境基础。2009 年"大数据"成了互联网信息技术行业的热门词，2013 年成为人类真正意义上的"大数据元年"。世界已从信息技术（IT）时代逐步走向数据技术（DT）时代，大数据将会成为拉动经济增长的"新风口"。

目前，国内外没有对大数据的公认权威的定义，各行业、机构或是领域都会有不同的认识，因此在大数据概念问题上很难达到一个绝对的共识。

虽然大数据没有标准统一的定义，但不难发现，大数据不能只从数据量来理解。首先，大数据是一个全新的概念，是在我们生活中产生并且是实时动态变化的真实数据，例如QQ、微信、企业网站等的数据。其次，大数据不再是以前传统意义上可识别的结构化数据，它还包含类似于图片、视频、传感器感应、语音等半结构化和非结构化数据。最后，大数据同时还是指对上述数据进行存储管理、处理、挖掘分析的技术，假如没有信息技术对数据进行处理，即便拥有再多的数据，那也是没有任何意义的。通过新技术工具对数据进行处理所得到的结果不同于以往，它能够为人类社会历史带来革命性的变化。

尽管目前大数据没有公认的标准定义，但是对于其基本属性，如图5-2所示，还是有比较统一的归纳的：规模化（volume）、多样化（variety）、快速化（velocity）、价值化（value），如图5-2所示。

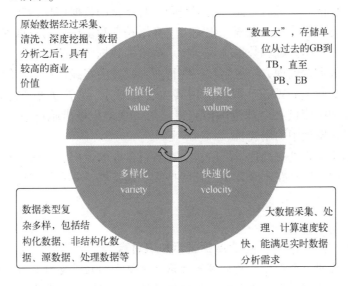

图5-2　大数据的特点

1）规模化（volume）不仅是一个量化概念，更是一个定性的概念，机器生成的数据量远大于传统数据量，且集合规模不断扩大。随着互联网、手机无线网、移动App及各社交媒体的普及和发展，人们可快速获取自己想要的信息，而获取信息的这个过程同时也会产生新的数据，比如每一次的点击、浏览、查询都会提供大量的数据。

2）多样化（variety）是指数据类型和种类繁多。相对于传统意义上的数据而言，大数据的类型绝不是过去的一种或是少数几种，除了结构化数据以外还包含有非结构化和半结构化数据、单调模式数据以及分布式数据。其中非结构化数据不但形态异构变化多样，而且增长速度远超于结构化数据。结构化数据增长率大约是32%，而非结构化数据却是63%。进入大数据时代，数据类型繁多，数据处理技术不断增强，通过对多类型数据进行分析，便能得到数据所蕴含的价值。

3）快速化（velocity）用来描述大数据的处理速度，即是1秒定律。这一点和传统数据处理有着本质上的差异，传统数据处理在收集、计算、验证等方面的速度比较缓慢，而且处理周期长，这样会造成数据得不到及时的利用，并降低数据自身价值。在大数据时代，数据往往以"流"的形式变化和产生，必然要求数据的处理速度也越来越快，否则数据一旦产生，却无法处理，不但会使数据失去价值，还会造成数据的存储问题，例如淘宝电商平台，只要顾客浏览点击，发出需求，那么买方就会得到及时的瞬间回应，这笔交易也就极可能会成功，否则这笔交易消失的概率就很大。

4）价值化（value）是用来描述大数据的价值密度。在通常情况下，数据越多，价值也就越大，可在大数据时代这两者却是反比例关系，当数据量不断增大，数据价值就会不断减小。例如，网络视频、监控视频在连续不断播放和传播过程中，会产生大量数据，但真正有价值的可能仅是其中那么一两秒时间内的数据。又如，人们无意或是无目的点击和浏览都会产生数据，但这些数据是失真的，是毫无价值的。在大数据时代下，数据的类型形态多样，出现大量非结构化和非模式化数据，只有对数据进行归纳和分析处理，才能使其产生有效的真价值。

大数据时代，不仅仅包含如上这些特点，更重要的是指基于这些大数据进行分析和处理，进而获得更多价值高、具有可深入挖掘空间、智能化的数据信息，并可将其转化为具有强决策力、高洞察力、前瞻性、流程优化能力、高增长率和多样化的信息资产，进而为人们生产生活提供有效的数据基础和数据决策支持。海量的数据已经凸显出其对于人类社会的影响力，并通过先进的数据处理方法应用在一些行业和领域的实践活动中。例如，企业利用大数据对自身的生产流程进行改进，媒体应用其在受众细分、客户关系管理、广告经营等领域，大数据的认知和应用已在全球范围内获得认可，众多积极措施已被越来越多的国家采取，以力求抓住时代发展中的新契机。

我国的大数据应用正处在高速发展阶段，在各行各业的应用已经初具格局，并已获得了一定的成功案例。而大数据在未来几年内还将持续快速发展，并有望创造更多的价值，挖掘更大的市场空间。

沉思片刻

大数据揭示知识财富

大数据极其重要的一个部分就是对顾客使用计算机和移动设备时的行为跟踪，这可以通过使用像 Luth Research 的 ZQ 智能平台一类的计算技术来实现。这种数据非常重要，因为顾客的生活被数字技术和媒体深深影响。每分钟可进行 200 万次的网络查询，建立 571 个新网站，从苹果应用商店下载 47 000 个移动 App，在线上零售店花费 272 000 美元。

这些是难以置信的数字，值得注意的是所有这些活动都是可追踪的。这些数据存在于传统调研方式之外，在下面几个方面有独特价值：

1）以行为为中心的数据将市场调研人员从必须根据消费者做什么从而做什么中解放出来，他们可以致力于自己真正的任务——了解消费者行为背后的原因。

2）大数据精确化，包括时间和地理位置（就移动跟踪来说）。其独特的好处就是提供了背景信息、行为发生的时间和地点，这是传统市场调查长期欠缺的。

3）被动跟踪产生了一个庞大的连续数据，没有压力过重的受访者，结果数据优于传统调研的数据。

问题：

1. 实时跟踪是如何帮助市场营销者决策的？

2. 跟踪与传统市场调研可以互补吗？如果可以，怎么做？

（资料来源：麦克丹尼尔，盖茨. 当代市场调研：原书第 10 版［M］. 李桂华，等译. 北京：机械工业出版社，2018）

5.1.2　大数据在营销管理中的应用

1. 挖掘市场机会中的应用

利用消费者在浏览和购买商品时产生的历史数据进行分析，从而推断出消费者的个人偏好、需求等，进一步预测消费者将来的购物行为和需求，将相对应的产品信息精准地推送到消费者面前，最大限度地挖掘市场机会。比如，美国的一个经典案例，讲的是一个16岁女孩收到孕妇用品商场的促销券，她的父亲愤怒地找到商场讨公道，却没想到女儿是真的怀孕了。原因是这家商场基于大数据分析，根据女孩购买的物品信息在很小的误差范围内预测到了女孩子怀孕的可能性。

大数据精准营销之用户画像

说到大数据精准营销，不得不提到精准营销的关键要素，今天我们就来分享一下大数据精准营销的关键要素之用户画像。用户画像是根据用户社会属性、生活习惯和消费行为等信息而抽象出的一个标签化的用户模型，具体包含以下几个维度：

1）**用户固定特征**：性别，年龄，地域，受教育程度，职业，星座。

2）**用户兴趣特征**：兴趣爱好，使用的App，常去的网站，浏览/收藏/评论内容，品牌偏好，产品偏好。

3）**用户社会特征**：生活习惯，婚恋情况，社交/信息渠道偏好，宗教信仰，家庭成分。

4）**用户消费特征**：收入状况，购买力水平，购买商品种类，购买渠道喜好，购买频次。

5）**用户动态特征**：当下时间，需求，正在前往的地方，周边的商户，周围人群，新闻事件等。

也就是说，利用信息数据和行为数据，就能构建用户画像，如图5-3所示。

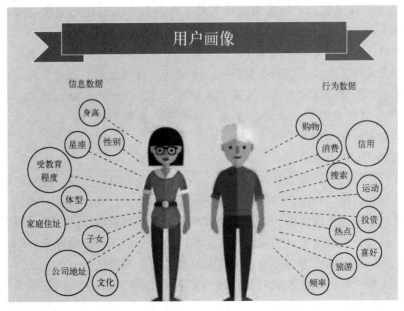

图5-3　用户画像

有了用户画像之后，便能清楚地了解用户需求，营销人员据此制定精准的营销策略，并随时调整，做到循环优化。

思考题：

1. 你认为大数据精准营销的关键是什么？

2. 什么是用户画像？一般包括几个维度？

（资料来源：http://10.cdrzkj.cn/a/zx/6.html）

2. 研判消费者偏好中的应用

以客户为中心，利用大数据技术驱动，为消费者提供个性化的服务，是大数据在营销管理应用中产生的重要价值。企业要想使产品更加贴近消费者的需求，就需要利用大数据研判消费者的偏好，以及对产品质量性能等方面的要求，有针对性地进行产品生产，从而提升产品的销量。例如，基于大数据分析，在对家用轿车的调查研究中，从品牌、外观、油耗、价格、安全系数等的偏好程度上，消费者呈现出个体差异性。一类消费者对轿车的价格和舒适程度要求相对较高，而另一类消费者对价格和安全系数要求相对较高。为此，根据消费者的偏好程度，可以将汽车细分为舒适配置型和安全经济型。舒适配置型在设计制造时，突出车辆的舒适程度，安全经济型在设计制造时，突出强调车辆的安全性能和耗油量。

<small>小贴士</small>　　　　　　　　　　**行 为 锚 定**

行为锚定（behavioral targeting）是指为了提高线上投放广告的有效性，利用线上和线下的数据来了解顾客行为、人口特征和社交网络。随着互联网的成熟，无目标的广告投放已经失去效用。一项研究发现，只有4%的互联网使用者会点击所有显示广告的67%。行为锚定试图改变这一现状，从而帮助广告商。例如，一个从事收集和出售网络数据的调研公司Exelated Media与美国市场调研公司尼尔森组成联盟，将Exelated Media的1.5亿个互联网使用者数据与尼尔森公司的包含1.15亿个美国家庭的数据相联系，以提供更多的用户信息。Exelated Media通过处理成百上千的网站来收集线上用户信息，通过大量搜索网站的注册信息来确定顾客的年龄、性别、民族、社会地位和职业。例如，它精确到基于网络用户的网络搜索和经常浏览的网站来判定哪个汽车买主是健身爱好者。利用追踪历史记录或者是在用户浏览网站时缓存在其计算机硬盘中的小数据流，来收集和存储信息。此外，社交网络大数据利用行为锚定技术能将原始用户及其朋友都变成目标客户，这就是"物以类聚，人以群分"。

（资料来源：麦克丹尼尔，盖茨. 当代市场调研：原书第10版［M］. 李桂华，等译. 北京：机械工业出版社，2018）

3. 产品定价策略中的应用

成千上万的产品数量使得企业耗时耗力的手动价格设置难以实现，使复杂的定价变量无法得到正确处理和细化。利用大数据可以使企业更直观地捕捉到价格影响因素，使定价更为合理。企业要制定最合理的价格，不是只拥有庞大的数据库就可以的，而是要有强大的分析能力。大数据自动分析系统可以细化客户群，准确分析每个客户群的成交效率影响因素，企业在此基础上，就可以准确地为相应客户群制定有针对性的价格。目前，众多企业利用大数据做出的定价决策，取得了显著成果。欧洲一家建筑材料公司利用大数据定价策略，使产品利润提高了20%。如果企业想制定合适的价格，就应该充分利用大数据，否则就意味着利润大量的流失。

4. 营销调研大数据挖掘

20世纪90年代，随着数据库系统的广泛应用和网络技术的高速发展，数据库技术也进入一个全新的阶段，即从过去仅管理一些简单数据发展到管理由各种计算机所产生的图形、图像、音频、视频、电子档案、Web页面等多种类型的复杂数据，并且数据量也越来越大。数据库在给我们提供丰富信息的同时，也体现出明显的海量信息特征。因此，人们迫切希望能对海量数据进行深入分析，发现并提取隐藏在其中的信息，以更好地利用这些数据。但仅以数据库系统的录入、查询、统计等功能，无法发现数据中存在的关系和规则，无法根据现有的数据预测未来的发展趋势，更无法挖掘数据背后隐藏的知识。正是在这样的条件下，数据挖掘技术应运而生。

所谓数据挖掘，是指从数据库的大量数据中揭示出隐含的、先前未知的并有潜在价值的信息的非平凡过程。数据挖掘是一种决策支持过程，它主要基于人工智能、机器学习、模式识别、统计学、数据库、可视化技术等，高度自动化地分析企业的数据，做出归纳性的推理，从中挖掘出潜在的模式，帮助决策者调整市场策略，减少风险，做出正确的决策。知识发现过程由以下三个阶段组成：①数据准备；②数据挖掘；③结果表达和解释。数据挖掘可以与用户或知识库交互。例如，美国某音乐公司运用数据挖掘来识别高消费群体，65岁以上顾客购买很多经典音乐和电影，更深一步的数据挖掘显示，其中很大比例的人也会购买说唱和另类音乐；这是祖父祖母买给孙子孙女的。现在，音乐公司会基于数据挖掘告诉年轻人在说唱和另类音乐中什么是流行的，就像传统音乐一样。

在实施数据挖掘之前，先制定采取的步骤，明确每一步都做什么、实现什么样的目标是必要的，有了好的计划才能保证数据挖掘有条不紊地实施并取得成功。很多软件供应商和数据挖掘顾问公司提供了数据挖掘过程模型，来指导客户一步步地进行数据挖掘工作。数据挖掘过程模型建立步骤主要包括定义问题、建立数据挖掘库、分析数据、建立模型、评价模型和实施。

5.1.3 营销调研大数据的基本含义

数据分析是指用适当的统计方法对收集来的大量一手资料和二手资料进行分析，以求最大化地开发数据资料的功能，发挥数据的作用，是为了提取有用信息和形成结论而对数据加以详细研究和概括总结的过程。营销调研大数据分析是指对规模巨大的营销调研数据进行分析，执行从大数据所获得的洞察结果，以此鼓励客户参与、优化营销效果和评估内部责任的过程。

大数据的出现逐渐带来营销革命，社交网络的扩张使得数据急速增长，将消费者在社交网络中的行为轨迹串联，就可以对其中的内容进行洞察，从而理解消费者需求。"航旅纵横"通过预测机票价格走势及增降幅度来帮助消费者抓住最佳购买时机；亚马逊公司基于从客户身上捕获的大量数据研发了个性化推荐系统，根据客户曾有的购物喜好，为其推荐具体的书籍、产品以及感兴趣的内容，这一系统大幅提升了亚马逊的销售额。借助大数据与公司内部数据有机结合可以为企业的营销提供各种咨询、策略、投放等营销服务，从而帮助营销部门以及整个公司实现高利润增长。

沉思片刻

消费者到一些购物网站寻找名为"市场营销学"的书，但他随意点击一本《市场营销学》书的链接后，在其相关网页不仅会有该书的介绍，还会出现下面的信息，如"购买此商品的顾客也同时购买""猜您喜欢""热销商品""您的浏览历史记录"，如图 5-4 所示。请问：这些网站用了什么方法推广了相关商品？

购买此商品的顾客也同时购买

MBA轻松读：市场营销
顾彼思商学院(Gl ...
★★★★☆ 53
￥18.00

经济学原理　微观经济学分册　考点归纳、习题详解、考研真题
圣才考研网
￥28.47

MBA轻松读:市场营销+经营战略+逻辑思维+组织管理+管理会计+金融学(套装...
顾彼思商学院
★★★★☆ 41
￥79.00

猜您喜欢

MBA轻松读:市场营销+经营战略+逻辑思维+组织管...
顾彼思商学院
★★★★☆ 41
￥79.00

内容算法：把内容变成价值的效率系统（算法与内容...
闫泽华
★★★☆☆ 6
￥10.99

用户画像：方法论与工程化解决方案（从技术、产品、运营3个维度详尽阐述从0...
赵宏田
￥24.99

成为数据分析师：6步练就数据思维
托马斯·达文波特
★★★☆☆ 6
￥14.99

热销商品

消失的13级台阶（罗翔推荐！荣获日本推理小说至高荣誉江户川乱步奖！是否...
高野和明
￥12.99

我们仨【三联出品！与人不争的杨绛先生，最幸福的...
杨绛
★★★★☆ 3,508
￥9.99

82年生的金智英【豆瓣2019年最受欢迎图书！亚...
赵南柱
★★★★☆ 53
￥12.99

日本沉没（暑期热播剧《日本沉没2020》原著小说，日本科幻大师小松左京代...
小松左京
￥14.99

您的浏览历史记录　查看或编辑你的浏览历史记录 ＞

图 5-4　网络痕迹

大数据带来的营销变革日益凸显，与传统营销相比，营销调研大数据显现出新特征，具体特征包括：

1. 全样本营销调查

传统营销中，商务数据的分析是建立在一定理论下的取样和调查的基础上的，并且试图通过各种调查手段和技术对数据样本进行再加工，增加抽样调查的精确性。然而，抽样调查的方法有其自身的局限性，例如，样本数据的误差、样本的以偏概全、时间上的不及时等。但是大数据分析帮助人们解决了这一困境，全面、及时的数据被掌控，数据取样的意义逐渐淡化，样本调查的缺点逐渐被放大。用户通过感应器、移动终端、网站点击为商家提供全样本的大数据分析基础。例如，谷歌对流感的预测是基于整个美国几十亿条互联网检索记录，有别于传统基于对个别城市的随机取样分析。数据已经从传统的数据库迈向全样本大数据分析阶段。

仅仅是取得这些海量数据远远不能满足现今需求，营销调研大数据重点在于利用数据。数据量的几何式增长，使得数据之间的关系变得更加复杂。传统数据分析方式，是建立在抽样统计数据样本的基础之上的，探索数据之间的因果关系，即使确定因果关系困难且用途不大，人类还是习惯性地寻找缘由。而大数据时代，我们无须紧盯事物之间的因果关系，而应在总体的大量数据的基础之上进行更广泛的关联分析，从而获取更加新颖且有价值的观点，这也就是从因果关系的分析到相关关系分析的变革。相关关系也许不能准确地告知我们某件事情为何会发生，但是它会提醒我们这件事情正在发生，在多数情况下，这种提醒的帮助已经足够大了。大数据商业应用第一人 Schönberger 在其撰写的《大数据时代》中强调，大数据时代探索的不是"为什么"的问题，而是"是什么"的问题。

2. 多元化营销对象

大数据时代的营销对象正在逐步实现消费者向生活者的转变。生活者的概念由日本博报堂创造，它认为消费人群不应只包含消费购物等经济层面，而且还有作为个人的社会心理和政治层面。只有多角度地理解营销对象的思维和行动，他们拥有的丰富属性，才能实现有效营销。营销调研大数据就是奠定在全方位观察的基础上，通过掌握消费者的本质，实现与消费者的良性互动，预测现有规律和潜在变化，从而对营销策略进行调整，以稳定和拓展用户，使其与品牌建立长久的关系。

以生活者为营销对象，那么以往的数据库营销就应当做出相适应的变革。传统企业的消费者属性维度单一，如定位消费者年龄、性别、职业等基本属性，经过单向简单的分析得出消费者进一步购买的可能。显然其目的也是定位消费者实现针对性的说服购买，然而建立在基本属性的数据之上，传统营销的效果并不明显。营销调研大数据在传统营销的理念之上，通过关注生活者的整体行为提升数据质量，完成精准定位。通过海量大数据得出生活者行为数据，从而准确定位消费群体，判断其态度，预测购买周期、划分忠实消费者和潜在消费者，营销信息的推送可以更加精准，误判的情况能够得到有效避免。

需要特别指出的是，智能手机的出现带动了移动终端时代的到来，而近几年无线数据的发展壮大更是加速了这一步伐，消费者的生活已经逐渐被移动终端所覆盖，消费者通过移动终端浏览网页、刷微博、玩微信、看视频、打游戏、网络购物等，生活方式和工作方式发生巨变，商业形态发生重塑，这既是挑战也是机遇，而抓住这部分前所未有的商机同样需要大数据的支持。互联网时代，大数据精准营销，消费者的一举一动都被"数据化"，透过数据所呈现的用户搜索、消费习惯，形成对消费者个性与喜好的认知，掌握消费者的真实需求，从而对其进行精准营销，实现有效的用户触达。

沉思片刻

如何遮盖你的网上痕迹？

观影记录、打车记录、搜索记录、购物清单等，人们在网络空间的活动越来越频繁，每一次屏幕的点击、停留等都会被存储为数据形态的"痕迹"。浩瀚的"网络痕迹"直接关系到用户个人隐私，究竟该如何保护？

3. 扩大营销主体

营销已经不再仅仅是企业自身的行为，用户也加入到营销大军中，随着社会化媒体的盛行，其作用已日益扩大。而与企业自身营销不同的是，用户传递的营销内容可以为企业带来更多良好声誉，也可使企业形象一落千丈。

信息的日益膨胀，信息传播平台的日益更新，带动了社会化媒体的发展，信息的反馈较以往更加及时，信息更加全面。用户获取信息的路径和方式不再局限于传统媒体广告，我们逐渐进入一个用户产生媒体、用户创造内容的时代。一则微博发出的几行信息，短时间内通过转发评论引发社会关注，其时效性可以高出传统媒体几个小时。近些年逐渐盛行的社交媒体微博和微信逐渐显示其在营销上的力量，用户通过口碑传播可以在几天之内颠覆一个品牌的认知度。企业和媒体应该重点思考如何重新定义自己的内容产品、生产内容的方式、传递内容给消费者的方式及其与受众的关系。

4. 精准化营销效果

互联网提供着大量消费者信息数据，企业可以利用网络资源对消费者的各渠道行为、消费者生命周期各阶段的行为数据进行记录，制定高度精准、绩效可高度量化的营销策略。

企业可以将用户的线上线下行为数据进行有序整合分析，帮助业务经理和业务员找到高价值的客户资料，为销售人员提供及时的客户信息搜索服务，销售人员还可通过自己的需求快速寻找意向线索。企业还可根据收集和获取的互联网用户的大量数据，挖掘潜在消费者，经过数据处理后预测消费者购买某种产品的概率，借助这些信息可以给产品以精确的定位，改善产品，开展精确的推送或推广活动，有针对性地传播营销信息，以期达到说服潜在消费者购买产品的目的。

对于既有消费者，企业也可根据其收集的购买信息进行分析，推断其购物偏好和独特的购买倾向，从而进行一对一的定制化商品推送。亚马逊在这一方面的表现尤为突出，通过对获取的极其丰富的用户行为信息进行深度分析与挖掘，为用户提供个性化的贴心服务，从而实现精准营销。

企业可以根据既有消费者各自不同的人物特性将受众按照标签细分，再用不同的侧重方式和定制化活动向这些类群进行定向的精准营销。例如：对于价格敏感者，企业可通过推送性价比较高的产品，赠送电子优惠券以刺激消费；对于经常购物的群体，商家则要准确分析需求，精准推送使其尽快地完成购物。

营销调研大数据也可有效帮助维护客户关系。电商企业根据购物车放弃情况进行推送提醒，挽留流失客户。视频网站根据用户以往收视习惯确定近期互动名单，并据此发送邮件提醒。大数据帮助企业识别各类用户，为其量体裁衣，有效提升用户管理能力。

5. 重新构建营销体系

在数据服务公司层面中，海量数据也催生了全新的业务范畴和调研手段，重新构建营销体系，让所有数据得以展现新的营销可能。

5.1.4 大数据营销体系与精准营销模型构建过程

在营销体系中，数据与营销之间存在着密不可分的关系，因为营销的科学性体现在它通过运用数据收集的方法，严谨地记录、收集和分析各项数据，从而把握消费者的需求。大数据带来的影响不仅是数据量几何级的增长，还有从量变到质变的颠覆性变革，大数据从媒体、消费者、广告与营销战略策划、效果评估四个层面影响了传统营销体系，也给营销体系参与机构赋予了新的力量与可能。

1. 大数据营销体系

（1）数据成为媒体生存与发展的基石

在互联互通的网络支撑下，任何受众在接触媒体时都会留下痕迹，其行为都可以被监测，这些数据都与该媒体的受众息息相关，所有的数据也都来自于受众，这是互联网环境下媒体生存的基石，也是大数据时代营销重构的基础。

（2）基于海量数据的数据服务公司诞生

在数据服务公司层面中，海量数据也催生了全新的业务范畴和调研手段，让所有数据得以展现新的营销可能。例如，尼尔森网联已经可以利用从机顶盒回传海量数据提供百万户级普查以及万户级的海量样本收视行为测量。Bluefin Labs 提供关于超过 11 000 个电视节目的评论信息，统计的评论信息超过 50 亿条。GNIP 则可以提供社交网络 API 聚合，通过多个 API 将数据聚合成统一格式，为 Twitter、WordPress、Facebook、YouTube、新浪微博等网站挖掘数据。这些事实已经清晰而明显地证明，在互联互通的网络环境下，所有媒体、受众的数据都可以被有效地记录、监测和搜集整理，通过对这些数据的挖掘和分析，大数据时代的营销体系完全可以重新构建。

（3）利用大数据帮助品牌提升营销效果的广告营销机构出现

MediaV 开发的营销工具 AdViva 每天都在对超过 4 万个在线电子商务订单提供全程营销观测和效果优化计算，对超过 100 万次网上营销行为提供全程观测和标识，对超过 1 亿次网络广告曝光提供定向判断决策。秒针系统日均处理数据超过 2 TB，拥有日均处理 1000 亿条广告请求的数据处理能力，累计存储、处理数据超过 2 PB，拥有近 500 台服务器和 160 多名专业研发人员。这些实证案例表明，媒体数据以及第三方的监测数据已经开始被运用在广告与营销策略的执行当中，并且切实地提升了广告与营销的效果，为互联网环境中的全媒体营销提供了可供参考的范例。

2. 大数据精准营销模型构建过程

（1）数据采集

数据采集是大数据精准营销平台的基础，数据类型的多样性及数据来源的差异化是影响数据质量乃至挖掘效果的重要因素。从数据的时效性来看，可将数据类型分为：

1）静态数据。这包括人口属性、商业属性等，主要用于用户的基本属性分析和智能标签分类。通过性别、年龄、职业、学历、收入等数据的关联分析，知道"用户是什么样的人"。

2）近期数据。这主要为用户一段时间内的网络行为数据，通过对用户近期活跃应用、内容访问、通信行为、常驻区域等具有一定时效性数据的分析，获取用户的兴趣偏好和消费习惯等，知道"用户对什么感兴趣"。

3）实时数据。这主要为用户实时变化的网络行为数据，包括搜索信息、购物信息、实时地理位置等，通过地理位置信息实时捕获用户的潜在消费场景，抓住营销机会，实时触达目标用户，知道"用户在哪里干什么"。

（2）用户画像

用户画像是精准营销模型的重中之重，其核心在于用高度精练的特征来为用户"打标签"，如年龄、性别、地域、偏好、消费能力等，最后综合关联用户的标签信息，勾勒出用户的立体"画像"。用户画像可较完美地抽象出一个用户的信息全貌，为进一步精准、快速地预测用户行为、消费意愿等重要信息，提供全面的数据基础，是实现大数据精准营销的基石。基于此，可从六个维度构建基于大数据分析的用户画像，包括人口属性、内容偏好、App 偏好、通信行为、金融征信、常驻/实时位置等。

（3）模型构建

常用的数据挖掘方法主要是基于用户画像体系与结果，选取相关性较大的特征变量，通过分类模型、聚类模型、回归模型、神经网络和关联规则等机器算法进行深度挖掘。

5.1.5 营销大数据视域下丰富的用户画像

营销中可以用 5 个 "W" 和 2 个 "H" 来刻画用户购买行为，如图 5-5 所示。

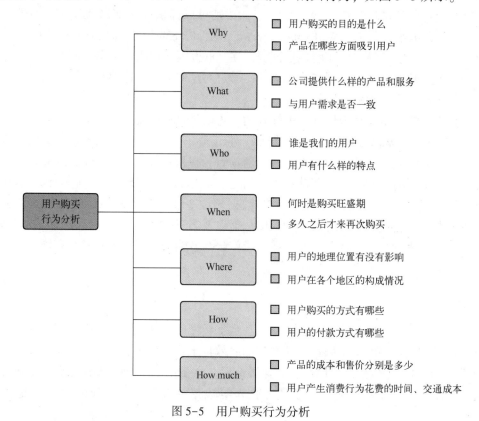

图 5-5　用户购买行为分析

1. 用户标签

1）消费行为标签。这主要包括"浏览""加入购物车""加关注"等特征，如图 5-6 所示。

2）消费习惯标签。这主要包括"偏好""购买力""支付方式"等特征，如图 5-7 所示。

图 5-6 消费行为标签   图 5-7 消费习惯标签

3）特殊人群标签。这主要包括"有车用户""孩子妈妈"等标签，如图 5-8 所示。

4）属性标签。这主要包括"性别""年龄""职业"等，如图 5-9 所示。

企业给用户的标签主要包括娱乐、旅游、健身、音乐、科技、影视、汽车、时尚、文学等，根据需要，对客户进行画像。

图 5-8 特殊人群标签

2. 客户数据库分析的 RFM 指标

根据美国数据库营销研究所 Arthur Hughes 的研究，客户数据库中有三个神奇的要素，这三个要素构成了数据分析最好的指标：最近一次消费（recency）；消费频率（frequency）；消费金额（monetary）。

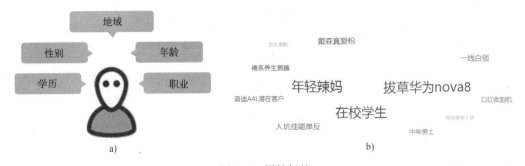

图 5-9 属性标签

（1）最近一次消费

最近一次消费是指上一次购买的时候——顾客上一次是几时来店里、上一次根据哪本邮购目录购买东西，或最近的一次在你的超市买早餐是什么时候。

理论上，上一次消费时间越近的顾客越应该是比较好的顾客，对提供即时的商品或是服务也最有可能有反应。营销人员若想业绩有所成长，就要密切地注意消费者的购买行为，那么最近一次消费就是营销人员第一个要利用的工具。历史显示，如果我们能让消费者购买，那么他们就会持续购买。这也就是为什么 0~3 个月的顾客收到营销人员的沟通信息多于 3~6 个月的顾客。

消费的过程是持续变动的。顾客距上一次购买时间满 1 个月之后，在数据库里就成为消费为 2 个月的顾客。反之，同一天，3 个月前消费的顾客再次购买了产品，那他就成为消费为一天前的顾客，也就有可能在很短的期间内收到新的折价信息。

消费数据不仅在于提供促销信息而已，营销人员利用消费报告可以监督企业的发展情况。优秀的营销人员会定期查看消费报告，以掌握趋势。月报告如果显示上一次购买很近的顾客（1 个月内消费）人数增加，则表示该公司是个稳健成长的公司；反之，如人数越来越少，则是该公司危机的征兆。

买过你的商品、服务或是曾经光顾你商店的消费者，是最有可能再向你购买东西的顾客。再则，吸引一个几个月前才上门的顾客购买，比吸引一个一年多以前来过的顾客要容易得多。营销人员如果接受了这种强有力的营销哲学——与顾客建立长期的关系而不仅是卖东西，则会让顾客持续保持往来，并赢得他们的忠诚。

（2）消费频率

消费频率是顾客在限定的期间内所购买的次数。我们这里关注的是最常购买的顾客，也是满意度最高的顾客。最常购买的消费者，忠诚度也最高。增加顾客购买的次数意味着从竞争对手处争夺市场占有率，从别人的手中赚取营业额。

根据这个指标，可把客户分成五种，这个五种分析相当于是一个"忠诚度的阶梯"（loyalty ladder），如购买一次的客户为新客户，购买两次的客户为潜力客户，购买三次的客户为老客户，购买四次的客户为成熟客户，购买五次及以上则为忠实客户。其诀窍在于让客户一直顺着阶梯往上爬，把销售想象成是要将两次购买的客户往上推成三次购买的，把一次购买者变成两次的。

影响复购的核心因素是商品，因此复购不适合做跨类目比较。比如食品类目：食品是属于"半标品"，产品的标品化程度越高，客户背叛的难度就越小，就越难形成忠实客户；但是相对于美妆，食品又属于易耗品，消耗周期短，购买频率高，相对容易产生重复购买。因此跨类目复购并不具有可比性。

（3）消费金额

消费金额是所有数据库报告的支柱，也可以验证"帕累托法则"（Pareto's Law）——公司 80% 的收入来自 20% 的顾客。

（4）客户分类

以上三个指标可各自再细分出五类，这样就能够细分出 5×5×5＝125 类客户，再根据每类客户精准营销……显然 125 类客户已超出普通人脑的计算范畴了，更别说针对 125 类客户量身定制营销策略。实际运用中，只需要把每个指标做一次两分即可，这样得到了 8 类客户，以下四类是重要关注对象：

1）重要价值客户（111）：最近一次消费时间近、消费频率和消费金额都很高。

2）重要保持客户（011）：最近一次消费时间较远，但消费频率和消费金额都很高。这是个一段时间没来的忠诚客户，我们需要主动和他保持联系。

3）重要发展客户（101）：最近一次消费时间较近、消费金额高，但频率不高，忠诚度不高。这是很有潜力的客户，必须重点发展。

4）重要挽留客户（001）：最近消费一次时间较远、消费频率不高，但消费金额高。这可能是将要流失或者已经流失的客户，应当给予挽留措施。

沉思片刻

大数据最早是在2006年由谷歌提出来的。今天，大数据技术随着互联网的发展更加迅速地成长，小到个人、企业，大到国家安全，大数据的作用可见一斑。近几年，大数据这个概念随着云计算的出现凸显出其更大的价值。云计算与大数据的关系就像硬币的正反面一样，密不可分。但是大数据的人才缺口巨大发展。

大数据大致可分为三类：

1）传统企业数据（traditional enterprise data）。这包括客户管理系统（CRM）的数据、传统的企业资源计划（ERP）数据、库存数据以及账目数据等。

2）机器和传感器数据（machine-generated/sensor data）。这包括呼叫记录（call detail record）、智能仪表数据、工业设备传感器数据、设备日志、交易数据等。

3）社交数据（social data）。这包括用户行为记录、反馈数据等。例如Twitter、Facebook、微博、微信这样的社交媒体平台的数据。

大数据挖掘商业价值的方法主要分为以下四种：

1）客户群体细分，然后为每个群体定制特别的服务。

2）模拟现实环境，发掘新的需求同时提高投资的回报率。

3）加强部门联系，提高整条管理链条和产业链条的效率。

4）降低服务成本，发现隐藏线索进行产品和服务的创新。

思考：商家如何有效利用大数据？

5.1.6 营销调研大数据的优点

大数据已经深刻影响了经济、社会、教育等多个领域，谁拥有了大数据，谁就拥有了未来。利用大数据形成消费者行为分析，是企业制定营销战略的基点，大数据的计算和运用可以帮助企业搜集并对消费者的上网数据进行分析，企业能够尽快在营销管理中做出合理决策。大数据改变了企业的数据分析思维，对帮助企业调整营销战略有着不可替代的作用。

1. 促进企业提高营销效率

1）营销调研大数据帮助企业实现渠道优化。消费者通过社会化、移动化的渠道获取商品服务的信息，这些信息数据被网络记载，企业可根据消费者的使用情况进行渠道营销优化，判断各营销渠道的投入配比、各类型用户的营销手段等，从而实现渠道优化。

2）营销调研大数据促进企业营销信息推送的精准化。消费者线上的浏览、搜索记录被记录，客户信息通过各大电商平台被记载，线下的购买行为也被门店的POS机、会员信息记录，消费者通过各种渠道出现在商家面前，其需求被商家搜罗。企业利用大数据技术对消费者进行分类，挖掘目标消费者，再根据其不同特性向其推送相关营销信息。传统营销以产品为主导，忽略消费者的真实欲望，然而营销调研大数据则使营销在主动性以及精准性方面都有了进一步提升。

3）营销调研大数据有利于企业做出正确的决策。与传统营销相比，营销调研大数据建立在更加广泛的数据层面上，其分析效果要比传统的问卷调查精确得多，因此，在更加精准的研究结果下，企业决策的效果得以保证。例如，金融机构在推出金融产品时，需要对目标客户群信息、金融产品的预期营销效果等进行准确的衡量，因此需要有很强大的客户基础以供金融机构分析。作为电商企业，阿里巴巴开始涉足金融领域则是建立在其已取得的大量用户信息的基础上，阿里巴巴汇集了海量中小企业的日常资金与货品往来数据，通过对这些数据的汇总与分析，阿里巴巴能发现单个企业的资金流与收入情况，分析其信用，决定能否放贷和贷款金额，以控制信贷风险，有效提升决策的准确性，促进其阿里巴巴金融事业部的发展。

2. 促进客户提升用户体验

营销调研大数据不仅给企业带来了便利，同时也提高了产品使用者的用户体验。

1）用户的需求得到准确提供。工业化大生产使得产品产量爆发式增长，加上产品的多元化设计，消费者在欲购买某种产品时，总是要做出许多选择，如注重产品的品牌、价格，还是功效、优惠等，而在电商平台上，还需要思考哪个商家信誉更好、商品伪劣情况等。多样化、多层次的不同选择让消费者迟迟无法做出最后决定。然而，营销调研大数据可以使消费者在企业的精准分析下受益，解决这一困境。根据大数据分析，企业可以将特定用户准确划分，从而为该潜在用户送达其真正需要的企业产品信息，真正做到以客户为中心。对于客户本身来讲，获得的则是比传统营销更有价值的信息介绍。

2）用户的反馈得到有效传达。在营销调研大数据中，企业不仅需要收集用户使用产品之前的信息，更要收集使用之后的信息，了解用户体验，从而对产品进行改进。在传统营销中，客户的使用体验不能得到有效传达，因此，产品的质量、性能并不能按照消费者的意愿进行改变。然而，作为营销调研大数据重要的基础部分，消费者的反馈信息得到前所未有的重视，只有将消费者的反馈信息进行合理分析和利用，才能使企业真正发挥营销调研大数据的魅力。营销调研大数据时代，用户的每一项体验都能够真切地体现到产品的改进中。

3. 促进营销平台互通互联

消费者以生活化的形式存在于互联网之上，要想精准掌握消费者的需求，就要知道其生活的每一个关键时刻。人们已经充分将日常生活与互联网平台互联，如在社交网站与亲朋好友互动，在电商平台进行商品消费，在贴吧社区进行活动策划，在论坛博客发表个性化观点，甚至可以在某些平台进行知识科普。营销调研大数据需要的是将消费者在网络中碎片化的消费信息重聚，得到消费者整体画像，从而进行个性化营销，因此，营销调研大数据应用的发展促进了各大互联网平台的相互融合。在线上平台相互打通的同时，营销调研大数据也促进了线上线下营销平台的互联。媒体通过跨界融合的方式使报纸、电视、互联网进行有效结合，资源共享，获得大量消费者信息，对这些信息进行集中处理，衍生出形式多样的营销信息，再通过不同平台传播营销信息，提升营销效果。

 任务实施

教师可组织学生通过查阅资料、网络调查等方式获取下面的解决方案，详情请扫描二维码。

互联网极速发展到一定的程度，云计算和社交网络的广泛应用，构成了大数据时代的必要组成要件。大数据时代到来，随时随地可索取信息，人们所产生的信息量和获取的信息量都呈现出几何级数级别的增长，特别是数字化媒体、智能设备的广泛应用和普及、发展，使生产生活中产生了海量级别的数据，如何利用这些数据更好地推动人们的生活生产也成为热门话题。

5-1 大数据的产生背景

 任务小结

互联网时代，尤其是社交网络、电子商务与移动通信把人类社会带入了一个以 PB 为单位的结构与非结构化数据信息的新时代。大数据的出现使得通过数据分析获得知识、商机和社会服务的能力扩大到了普通的机构、企业和政府部门。大数据之所以成为一个"时代"，是源于其已经不再仅是少数专家学者的研究对象，而变成了可以由社会各界广泛参与、处处开花结果的技术手段。虽然大数据没有公认的标准定义，但是对于其基本属性，还有比较统一的归纳：规模化（volume）、多样化（variety）、快速化（velocity）、价值化（value）。大数据在营销管理中的应用广泛，主要集中在挖掘市场机会、研判消费者偏好以及产品定价策略。

数据分析是指用适当的统计方法对收集来的大量一手资料和二手资料进行分析，以求最大化地开发数据资料的价值，发挥数据的作用，是为了提取有用信息和形成结论而对数据加以详细研究和概括总结的过程。营销调研大数据分析是指对规模巨大的营销调研数据进行分析，执行从大数据所获得的洞察结果，以此鼓励客户参与、优化营销效果和评估内部责任的过程。大数据与公司内部数据有机结合可以为企业的营销提供各种咨询、策略、投放等营销服务，从而帮助营销部门以及整个公司实现高利润增长。营销调研大数据的主要特征包括全样本营销调查、多元化营销对象、扩大营销主体精准化营销效果及重新构建营销体系。

营销调研大数据主要的优点有三个：促进企业提高营销效率；促进客户提升用户体验；促进营销平台互通互联。

5-2 大数据定义和特点

📁 **任务拓展**

课堂研讨

1. 你认为大数据最大的特点是什么？为什么会出现营销调研大数据？

2. 案例分析：Walmart 经典营销案例——啤酒与尿布

20 世纪 90 年代，美国 Walmart 的超市管理人员分析销售数据时发现了一个令人难以理解的现象：在某些特定的情况下，"啤酒"与"尿布"两件看上去毫无关系的商品会经常出现在同一个购物篮中。在美国有婴儿的家庭中，一般是母亲在家中照看婴儿，年轻的父亲前去超市购买尿布。父亲在购买尿布的同时，往往会顺便为自己购买啤酒，这样就会出现啤酒与尿布这两件看上去不相干的商品经常会出现在同一个购物篮的现象。

（资料来源：http://blog.sina.com.cn/s/blog_a6fb96980102vrll.html）

思考：从案例中总结营销调研大数据的作用。

3. 案例分析：奇科公司的社交媒体调查

奇科公司是一家总部位于美国佛罗里达州迈尔斯堡的个人品牌女装特色零售商，它在Facebook、Twitter和YouTube以及论坛和博客上看到了消费者关于品牌的讨论，利用社交媒体分析工具，奇科找到了品牌的关键影响因素。奇科实时识别与品牌相关的推文，并根据观点和作者的影响程度分类，然后对重要的评论做出回应。

（资料来源：麦克丹尼尔，盖茨. 当代市场调研：原书第10版［M］. 李桂华，等译. 北京：机械工业出版社，2018）

思考：企业如何使用大数据进行品牌建设和维护？

4. 案例分析：美国Target百货的市场调查

在大数据推动的商业革命暗涌中，要么学会使用大数据的杠杆创造商业价值，要么被大数据驱动的新生代商业格局淘汰。

最早关于大数据的故事发生在美国的Target百货。孕产妇对于零售商来说是个含金量很高的顾客群体。但是她们一般会去专门的孕妇商店而不是在Target百货购买孕期用品。人们一提起Target百货，往往想到的都是清洁用品、袜子和手纸之类的日常生活用品，却忽视了Target百货有孕妇需要的一切。那么Target百货有什么办法可以把这部分细分顾客从孕妇产品专卖店的手里截留下来呢？

为此，Target百货的市场营销人员求助于Target百货的顾客数据分析部（Guest Data & Analytical Services）的高级经理Andrew Pole，要求他建立一个模型，在孕妇妊娠早期就把她们识别出来。在美国，出生记录是公开的，等孩子出生了，新生儿母亲就会被铺天盖地的产品优惠广告包围，那时候Target百货再行动就晚了，因此必须赶在孕妇妊娠早期行动起来。如果Target百货能够赶在所有零售商之前知道哪位顾客怀孕了，市场营销部门就可以早早地给她发出量身定制的孕妇优惠广告，早早圈定宝贵的顾客资源。

可是怀孕是很私密的信息，如何能够准确地判断哪位顾客怀孕了呢？Andrew Pole想到了Target百货有一个迎婴聚会（baby shower）的登记表。他开始对这些登记表里的顾客的消费数据进行建模分析，不久就发现了许多非常有用的数据模式。比如模型发现，许多孕妇在妊娠早期的开始会买许多大包装的无香味护手霜；在怀孕的最初20周大量购买补充钙、镁、锌的善存片之类的保健品。最后Andrew Pole选出了25种典型商品的消费数据构建了"怀孕预测指数"，通过这个指数，Target百货能够在很小的误差范围内预测到顾客的怀孕情况，因此Target百货就能早早地把孕妇优惠广告寄发给顾客。

那么，顾客收到这样的广告会不会吓坏呢？Target百货很聪明地避免了这种情况，它把孕妇用品的优惠广告夹杂在其他与怀孕不相关的商品优惠广告当中，这样顾客就不知道Target百货知道她怀孕了。

根据Andrew Pole的大数据模型，Target制订了全新的广告营销方案，结果其孕期用品销售呈现了爆炸性的增长。Andrew Pole 的大数据分析技术从孕妇这个细分顾客群开始向其他各种细分客户群推广，从 Andrew Pole 加入 Target 百货的 2002 年到 2010 年，Target 百货的销售额从 440 亿美元增长到了 670 亿美元。

我们可以想象的是，许多孕妇在浑然不觉的情况下成了 Target 百货常年的忠实顾客，许多孕妇产品专卖店也在浑然不知的情况下破产。大数据正在推动一股强劲的商业革命暗涌，商家早晚要面对的一个问题就是：究竟是运用大数据崛起，还是在浑然不觉中灭亡。

（资料来源：https://www.douban.com/note/259943783/?from=mdouban）

思考：信息时代，商家如何利用大数据？

课后自测

1. 什么是大数据？大数据有何特点？
2. 什么是数据分析？大数据在营销管理中的应用有哪些？
3. 简述营销调研大数据分析的概念、特征。
4. 大数据精准营销模型构建过程是什么？

实操演练

上网查询、收集三个营销调研大数据的案例，介绍案例的背景、过程和结果；分析大数据在营销管理中的作用；并对营销调研大数据案例进行总结分析，撰写一篇不少于 500 字的案例报告。

任务 5.2　营销调研大数据分析过程

任务目标

知识目标
1. 了解营销调研大数据分析总体流程
2. 熟悉营销调研大数据分析具体步骤

能力目标
1. 能初步对营销调研大数据分析进行概括阐述
2. 会辨析哪些是营销调研大数据分析的步骤

任务引例

Walmart 公司的"数据基因"

早在 1969 年 Walmart 公司就开始使用计算机来跟踪存货，1974 年就在其分销中心与各家商场运用计算机进行库存控制。1983 年，Walmart 公司所有门店都开始采用条码扫描系统。1987 年，公司完成了内部的卫星系统的安装，该系统使得总部、分销中心和各个商场之间可以实现实时、双向的数据和声音传输。采用这些在当时还是小众和超前的信息技术来搜集运营数据为 Walmart 公司最近 20 年的崛起打下了坚实的地基，从而发现了"啤酒与尿布"关联。

Walmart 公司拥有着巨大的数据仓库，在数据仓库中存储着公司数千家连锁店在 65 周内每一笔销售的详细记录，这使得业务人员可以通过分析购买行为更加了解客户，从而提供最佳的销售服务。Walmart 公司一直致力于改善自身的数据收集技术，从条码扫描，到安装卫星系统实现双向数据传输，整个公司都充满了数据基因。2012 年 4 月，Walmart 公司收购了一家研究网络社交基因的公司 Kosmix，在数据基因的基础上，又增加了社交基因。

（资料来源：http://www.360doc.com/content/18/0807/22/10905593_776472695.shtml）

问题：

Walmart 公司是利用什么技术进行成功运营的？有哪几个步骤？

 知识链接

5.2.1 大数据分析过程概述

由大数据含义可知，数据本身是没有价值的，它的价值在于背后蕴含的信息，要想获得数据背后的信息价值，必须应用新的信息技术对其进行挖掘分析，从而创造新价值和新知识。大数据分析从数据源经过分析挖掘到最终获得价值一般有六个步骤，分别是问题定义、数据准备、数据预处理、数据分析与挖掘、知识展现和总结报告撰写，如图 5-10 所示。

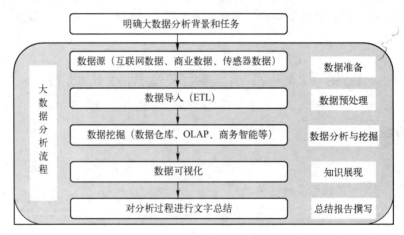

图 5-10 大数据分析流程

数据存储管理工具有结构化查询语言（structured query language，SQL）和非关系型数据库（not only SQL，NoSQL）。前者主要用于存取数据以及查询、更新和管理关系数据库系统，SQL 方案常用于数据库管理系统（database management system，DBMS）。后者为大规模、多种类和多重数据提供存储，主要通过映射化简（MapReduce）对数据进行分析，两者的数据分析图谱如图 5-11 所示。

并非所有的数据都具有价值，因此必须对原始数据进行一系列的处理，才能将数据转换为我们需要的信息。目前，主要有两种不同的数据处理方式：

1）实时处理。它也被称为流处理，是处理大数据更为实用的一种方法。因为大数据具有大容量、变化速度快、价值密度小等特征，只有在对数据及时响应、处理时，才能更好地利用大数据的实时价值，也可避免因数据延迟处理所引起的存储和价值流失的问题。实时处理在应用实时竞价（RTB）广告和搜索浏览网页的实时统计领域得到广泛应用。

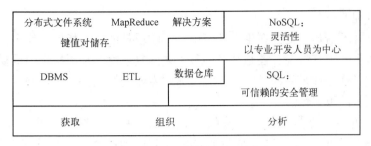

图 5-11　两种数据分析图谱

2）批处理。它的典型代表是 Google 公司发明的 MapReduce 编程模型。MapReduce 分"Map"和"Reduce"两个函数，Map（映射）函数把一组键值对映射成一组新的键值对，指定并发的 Reduce（化简）函数。MapReduce 的核心思想在于将数据分开处理，以及在处理过程中用计算推导数据而不是用数据推导计算。

数据分析与挖掘是整个处理系统中最核心的部分，它是指采用各种统计分析方法或数学模型对大量数据进行计算，从而形成有价值的信息或结论的一系列过程。与传统数据分析相比，首先，大数据时代的数据分析样本不再是从前的随机抽样，而是大量甚至全体样本数据。其次，在繁杂多样的全体样本基础上分析，得出的结果不再是精确性的而是含有一定程度的混杂性。再次，在大数据背景下，数据分析所追求的不再是"为什么"而是"是什么"，放弃了原先对因果关系的渴望，而是仅关注相关关系。最后，随着数据存储和数据处理技术的发展，在数据分析与挖掘时，可收集足够的数据和变量，于是在大数据背景下的数据分析不再需要进行假设检验。大数据分析与挖掘和传统数据分析对比见表 5-1。

表 5-1　大数据分析与挖掘和传统数据分析对比

特　征	大数据分析与挖掘	传统数据分析
数据类型	结构化、非结构化、半结构化	结构化
数据来源	全体数据	随机抽样
数据特点	容量大、动态变化、异质	容量小、静态、同质
数据处理结果	允许存在混杂性	精确性
分析目标	数据反映的是什么	追求数据的为什么
变量个数	非常大	非常小

5.2.2　问题定义

我们生活的各个领域，小到个人、大到企业和国家，数据运用无处不在。上网看视频、玩游戏有流量数据统计，国家税款缴纳又有数据统计公式，金融领域的方方面面都需要用到数据。当我们谈到大数据分析，首先需要确定数据分析的方向和拟解决的问题，然后才能确定需要的数据和分析范围。

比较典型的场景是我们需要对企业的数据进行分析。例如，企业通常会有销售数据、用户数据、运营数据、产品生产数据……你需要从这些数据里获得哪些有用的信息来对策略的制定进行指导呢？又如，你需要做的是一份市场调研或者行业分析，那么需要获得关于这个行业的哪些信息呢？

有些问题则并不清晰，比如在生产环节中，影响质量的核心指标是什么，是原材料，设备水平，工人水平，天气情况，还是某个环节工艺的复杂度，某项操作的重复次数？这些可能并不明显，或者你是涉足新的领域，并没有非常专业的知识，那么你需要定义的问题就更加宽泛，涵盖更多的可能性。

问题的定义可能需要你去了解业务的核心知识，并从中获得一些可以帮助你进行分析的经验。从某种程度上说，这也是我们经常提到的数据思维。数据分析很多时候可以帮助发现我们不容易发现的相关性，但对问题的精确定义可以从很大程度上提升数据分析的效率。

更好地定义问题需要用户在长期的训练中找到对数据的感觉，开始的时候拿到特别大的数据，有非常多的字段，可能无从下手。但如果有一些经验就会好很多。例如，要研究影响跑步运动员速度的身体因素，那么可能要研究运动员的身高、腿长、体重，甚至心率、血压、臂长，而不太会去研究运动员的头发长度，这是基于我们已有的知识。又如，要分析影响一个地方房价的因素，那么可能研究城市人口、地理位置、GDP、地价、物价水平，更深入的可能会有产业格局、文化状态、气候情况等，但一般不会去研究城市的男女比例。

综上，问题定义可总结为图 5-12。

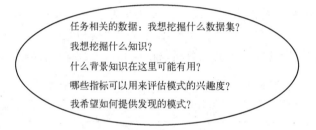

图 5-12　问题定义

当分析的问题多了之后，就会增加对数据的敏感度，从而养成用数据分析、用数据说话的习惯。基于一些数据，根据自己的经验做出初步的判断和预测（当然是不能取代完整样本的精准预测），这个时候，你就基本拥有数据思维了。

5.2.3　数据准备

有了具体的问题，就需要获取相关数据了。例如：要探究北京空气质量变化的趋势，就需要收集北京最近几年的空气质量数据、天气数据，甚至工厂数据、气体排放数据、重要日程数据等；要分析影响公司销售的关键因素，就需要调用公司的历史销售数据、用户画像数据、广告投放数据等。数据的获取方式有以下几种：

1）企业提供数据集。可以直接从企业数据库调取，这就需要 SQL 技能去完成数据提取等的数据库管理工作。例如，可以根据需要提取 2021 年所有的销售数据、提取今年销量最大的 50 件商品的数据，提取上海、广东地区用户的消费数据……SQL 可以通过简单的命令完成这些工作。

2）获取外部公开数据集。一些科研机构、企业、政府会开放一些数据，人们可以到特定的网站去下载这些数据。这些数据集通常比较完善、质量相对较高。当然这种方式也有一些缺陷，通常数据会发布得比较滞后，但通常因为客观性、权威性，仍然具有很大的价值。

3）编写网页爬虫，去收集互联网上的数据。可以通过爬虫获取招聘网站某一职位的招聘信息，爬取租房网站上某城市的租房信息，爬取电影评分最高的电影列表，获取点赞排行、流行音乐评论排行。基于互联网爬取的数据，可以对某个行业、某类人群进行分析，这算是非常有效的市场调研、竞品分析的方式。

4）可从数据交易平台获取数据。这些平台主要分为两类：一类是以企业为主导的大数据交易平台，这些交易平台多为企业独资或合资运营，以阿里云、浪潮天元数据、数据堂为代表；另一类是由政府主导的大数据交易中心，这些中心多为政府/国企独资，或国企与民企合资，如贵阳大数据交易所和上海数据交易中心等。数据产品的主要交付方式包括 API、数据集、数据报告及数据应用服务等。

大数据时代，挖掘出更有力的数据做出理性的判断，分析前能够找到合适的数据源是一件非常重要的事情，获取数据的方式有很多种，不必局限。

5.2.4 数据预处理

现实世界中的数据库极易受噪声数据、遗漏数据和不一致性数据的侵扰，因为数据量太大。你可能会问，如何预处理数据，提高数据质量，从而提高挖掘结果的质量？怎样预处理数据，使得挖掘过程更加有效、更加容易？数据预处理流程如图 5-13 所示。

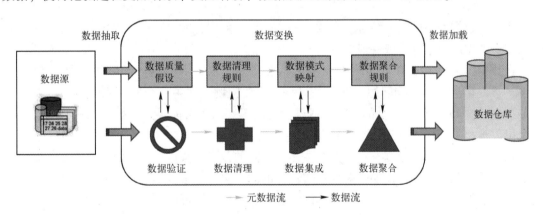

图 5-13 数据预处理流程

简而言之，现实世界的数据一般是脏的、不完整的和不一致的。数据预处理技术可以改进数据的质量，从而有助于提高其后续挖掘过程的精度和性能。由于高质量的决策必然依赖高质量的数据，因此数据预处理是知识发现过程的重要步骤。检测数据异常、尽早地调整数据，并归约待分析的数据，将在决策制定时得到高回报。

1. 数据清理

数据清理例程试图填充遗漏的值，识别局外者、消除噪声，并纠正数据中的不一致，见表 5-2。

表 5-2 数据清理信息表

数据问题名称	解决方法	说 明
数据遗漏：没有记录值	忽略元组	当每个属性缺少值的百分比很高时，它的说服力将非常差
	人工填写遗漏值	方法很费时，并且当数据集很大、缺少很多值时，该方法可能行不通
	用全局常量填充遗漏值	将遗漏的属性值用同一个常数替换
	用属性平均值填充遗漏值	例如，用顾客的平均收入替换遗漏的收入值
	用元组同类的所有样本的平均值填充遗漏值	例如，如果将顾客按信用风险分类，则用具有相同信用度的顾客的平均收入替换遗漏的收入值
	用最可能的值填充遗漏值	用回归、使用贝叶斯形式化方法或判定树归纳等方式确定
噪声数据：测量变量的随机错误或偏差	分箱	分箱方法通过考察"邻居"（即周围的值）来平滑存储数据的值
	聚类	噪声数据可以被聚类检测，聚类将类似的值组织成群
	计算机和人工检查结合	可以通过计算机和人工检查结合的办法来识别噪声数据
	回归	可以通过让数据适合一个函数（如回归函数）来平滑数据
不一致数据：不同数据集所记录同一数据可能存在不一致	人工校验	有些数据不一致可以使用其他材料人工地加以更正。例如，对数据输入时的错误，可以根据纸上的记录加以更正

2. 数据集成

将多个数据源中的数据结合、存放在一个一致的数据仓库中，即数据集成。这些源可能包括多个数据库、数据方或一般文件。

在数据集成时，有许多问题需要考虑。来自多个信息源的现实世界的实体如何才能"匹配"？这涉及实体识别问题。冗余是另一个重要问题。如果一个属性能由另一个表"导出"，那么这个属性就是冗余的。属性或维命名的不一致也可能导致数据集中的冗余。有些冗余可以被相关分析检测到。除了检测属性间的冗余外，"重复"也应当在元组级进行检测。重复是指对于同一数据，存在两个或多个相同的元组。数据集成的第三个重要问题是数据值冲突的检测与处理。例如，对于现实世界的同一实体，来自不同数据源的属性值可能不同。这可能是因为表示、比例或编码不同。例如，重量属性可能在一个系统中以公制单位存放，而在另一个系统中以英制单位存放。不同旅馆的价格不仅可能涉及不同的货币，而且可能涉及不同的服务（如免费早餐）和税。数据这种语义上的异种性是数据集成的巨大挑战。

仔细将多个数据源中的数据集成起来，能够减少或避免结果数据集中数据的冗余和不一致性。这有助于提高其后续挖掘的精度和速度。

3. 数据变换

将数据转换成适合于数据分析的形式即数据变换。数据变换可能涉及如下内容：

1) 平滑：去掉数据中的噪声。这种技术包括分箱、聚类和回归。

2) 聚集：对数据进行汇总和聚集。例如，可以聚集日销售数据，计算月和年销售额。通常，这一步用来为多粒度数据分析构造数据方。

3) 数据泛化：使用概念分层，用高层次概念替换低层次"原始"数据。例如，分类的属性，如街区（street），可以泛化为较高层的概念，如城市（city）或国家（country）。类似地，数值属性，如年龄（age），可以映射到较高层概念，如青年（young）、中年（middle-age）和老年（senior）。

4）规范化：将属性数据按比例缩放，使之落入一个小的特定区间，如-1.0到1.0或0.0到1.0。

5）属性构造（或特征构造）：可以构造新的属性并添加到属性集中，以帮助挖掘过程。

4. 数据归约

在海量数据上进行复杂的数据分析和挖掘将需要很长时间，这使得某种分析不现实或不可行。数据归约技术可以用来得到数据集的归约表示，它小得多，但仍接近地保持原数据的完整性。这样，在归约后的数据集上挖掘将更有效，并产生相同（或几乎相同）的分析结果。

数据归约的策略如下：

1）数据方聚集：聚集数据方中的数据。

2）维归约：可以检测并删除不相关、弱相关或冗余的属性或维。

3）数据压缩：使用编码机制压缩数据集。

4）数值压缩：用替代的、较小的数据表示替换或估计数据，例如参数模型（只需要存放模型参数，而不是实际数据），或非参数方法，如聚类、选样和使用直方图。

5）离散化和概念分层：属性的原始值用区间值或较高层的概念替换。概念分层允许挖掘多个抽象层上的数据，是数据挖掘的一种强有力的工具。

5.2.5 大数据分析与挖掘

在大数据时代，数据分析与挖掘是最关键的工作。大数据分析与挖掘是从海量、不完全、有噪声、模糊、随机的大型数据库中发现隐含在其中有价值的、潜在有用的信息和知识的过程，也是一种决策支持过程。它主要基于人工智能、机器学习、模式学习、统计学等。通过对大数据高度自动化的分析，做出归纳性的推理，从中挖掘出潜在的模式，可以帮助企业、商家、用户调整市场政策、减少风险、理性面对市场，并做出正确的决策。目前，在很多领域尤其是在商业领域如银行、电信、电商等，数据分析与挖掘可以解决很多问题，包括市场营销策略制定、背景分析、企业管理危机等。大数据分析与挖掘常用的方法有分类、回归分析、聚类、关联规则、神经网络方法、Web数据挖掘等。这些方法从不同的角度对数据进行挖掘。

1. 分类

分类是找出数据库中的一组数据对象的共同特点并按照一定的模式将其划分为不同的类，其目的是通过分类模型，将数据库中的数据项映射到多个给定的类别中。该方法可以应用到具体应用分类、趋势预测中。例如，淘宝商铺将用户在一段时间内的购买情况划分成不同的类，根据情况向用户推荐关联类的商品，从而增加商铺的销售量。

邻近算法又称 K 最近邻（K-nearest neighbor，KNN）算法，是数据挖掘分类技术中最简单的方法之一。所谓 K 最近邻，就是 K 个最近的邻居的意思，说的是每个样本都可以用它最近的 K 个邻居来代表。

KNN算法的核心思想是如果一个样本在特征空间中的 K 个最相邻的样本大多数属于某

一个类别，则该样本也属于这个类别，并具有这个类别中样本的特性。该方法只依据最邻近的一个或者几个样本的类别来决定待分样本所属的类别。由于 KNN 算法主要靠周围有限的邻近的样本，而不是靠判别类域的方法来确定所属类别，因此对于类域的交叉或重叠较多的待分样本集来说，KNN 算法较其他方法更为适合。KNN 算法如图 5-14 所示。

2. 回归分析

回归分析反映了数据库中数据的属性值的特性，通过函数表达数据映射的关系来发现属性值之间的依赖关系。它可以应用到对数据序列的预测及相关关系的研究中。在市场营销中，回归分析可以被应用到各个方面。如通过对本季度销售的回归分析，对下一季度的销售趋势做出预测并做出针对性的营销改变。

回归分析是用来确定两种或两种以上变量间相互依赖的定量关系的一种统计分析方法，其表达形式为 $y=wx+b$，其中只有一个自变量的情况称为简单回归，多个自变量的情况叫多元回归。回归分析如图 5-15 所示。

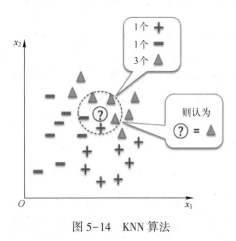

图 5-14　KNN 算法　　　　　　图 5-15　回归分析

3. 聚类

聚类类似于分类，但与分类的目的不同，是针对数据的相似性和差异性将一组数据分为几个类别。属于同一类别的数据间的相似性很大，但不同类别之间数据的相似性很小，跨类的数据关联性很低。

聚类属于无监督学习，$K-\mathrm{means}$ 算法是很典型的基于距离的聚类算法，采用距离作为相似性的评价指标，即认为两个对象的距离越近，其相似度就越大。该算法认为簇是由距离靠近的对象组成的，因此把得到紧凑且独立的簇作为最终目标。聚类如图 5-16 所示。

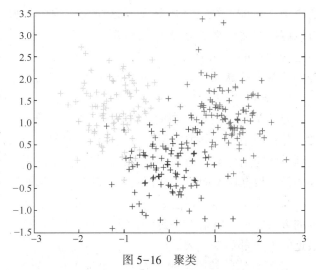

图 5-16　聚类

4. 关联规则

关联规则是隐藏在数据项之间的关联或相互关系，即可以根据一个数据项的出现推导出其他数据项的出现。关联规则的挖掘过程主要包括两个阶段：第一阶段为从海量原始数据中找出所有的高频项目组；第二阶段为从这些高频项目组产生关联规则。

Apriori 算法是常用的用于挖掘数据关联规则的算法，它用来找出数据值中频繁出现的数据集合，找出这些集合的模式有助于我们做一些决策。比如在常见的超市购物数据集，或者电商的网购数据集中，如果找到了频繁出现的数据集，那么对于超市，就可以优化产品的位置摆放，对于电商，就可以优化商品所在的仓库位置，达到节约成本、增加经济效益的目的。Apriori 算法的购物篮分析流程如图 5-17 所示。

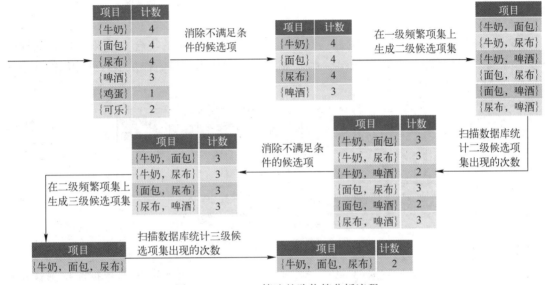

图 5-17　Apriori 算法的购物篮分析流程

5. 神经网络方法

神经网络作为一种先进的人工智能技术，因其自身自行处理、分布存储和高度容错等特性非常适合处理非线性的以及那些以模糊、不完整、不严密的知识或数据为特征的问题，它的这一特点十分适合解决数据挖掘的问题。

典型的神经网络模型主要分为以下三大类：

1）用于分类预测和模式识别的前馈式神经网络模型，其主要代表为函数型网络、感知机。

2）用于联想记忆和优化算法的反馈式神经网络模型，以 Hopfield 的离散模型和连续模型为代表。

3）用于聚类的自组织映射方法，以 ART 模型为代表。虽然神经网络有多种模型及算法，但在特定领域的数据挖掘中使用何种模型及算法并没有统一的规则，而且人们很难理解网络的学习及决策过程。

神经网络的基本结构如图 5-18 所示。

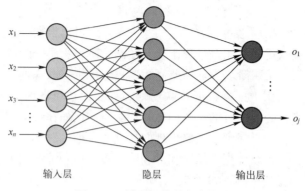

图 5-18　神经网络的基本结构

6. Web 数据挖掘

Web 数据挖掘是一项综合性技术，Web 从文档结构和使用的集合 C 中发现隐含的模式 P，如果将 C 看作输入，P 看作输出，那么 Web 挖掘过程就可以看作从输入到输出的一个映射过程，如图 5-19 所示。

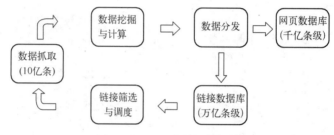

图 5-19　Web 数据挖掘图示

当前越来越多的 Web 数据都是以数据流的形式出现的，因此对 Web 数据流挖掘就具有很重要的意义。目前常用的 Web 数据挖掘算法有 PageRank 算法、HITS 算法以及 LOGSOM 算法。这三种算法提到的用户都是笼统的用户，并没有区分用户的个体。目前 Web 数据挖掘面临着一些问题，包括用户的分类问题、网站内容时效性问题、用户在页面停留时间问题以及页面的链入与链出数问题等。在 Web 技术高速发展的今天，这些问题仍旧值得研究，并需要加以解决。

5.2.6　知识展现

大数据是当下最火爆的话题之一。随之而来的，是数据可视化技术的持续发展，它用来展现和阐释大规模的数据。但是数据可视化技术并非千篇一律。

数据可视化是研究如何将数据以图片或图形的方式展现的科学。它主要专注于展现，以连贯和简短的形式把大量的信息展现出来。尽管数据可视化也能以文字形式来展示，但它的重点还是用图片和图像的形式传递信息。

其实数据可视化的本质就是视觉对话。数据可视化将技术与艺术完美结合，借助图形化的手段，清晰有效地传达与沟通信息。一方面，数据赋予可视化以价值；另一方面，数据可视化增加数据的灵性，两者相辅相成，帮助企业从信息中提取知识、从知识中收获价值。

1. 柱状图

柱状图（bar chart）描述的是分类数据，回答的是每一个分类中"有多少"这个问题。需要注意的是，当柱状图显示的分类很多时，会导致分类名层叠等显示问题。柱状图如图5-20所示。

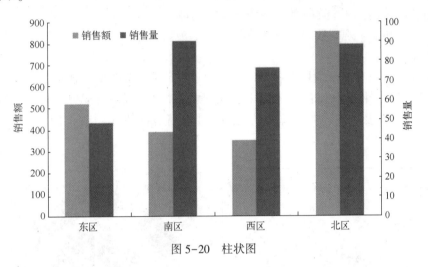

图 5-20　柱状图

1）适用场景：一个维度的数据比较、数据单纯性展示、排序数据展示。

2）适用数据：数据集不大，二维数据。

3）可视化功能：对比分类数据的数值大小。

2. 折线图

折线图（line chart）用于显示数据在一个连续的时间间隔或者时间跨度上的变化，它的特点是反映事物随时间或有序类别而变化的趋势。折线图如图5-21所示。

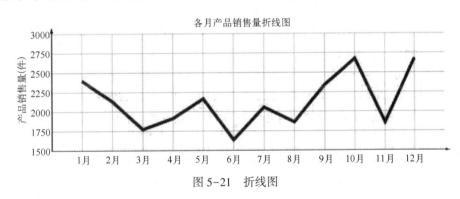

图 5-21　折线图

1）适合的数据：两个连续字段数据，或者一个有序的分类、一个连续数据字段。

2）可视化功能：观察数据的变化趋势。

3. 散点图

散点图（scatter chart）也叫 X-Y 图，它将所有的数据以点的形式展现在直角坐标系上，以显示变量之间的相互影响程度，点的位置由变量的数值决定。通过观察散点图上数据点的分布情况，可以推断出变量间的相关性。变量之间如果不存在相互关系，那么在散点图上就会表现为随机分布的离散的点，如果存在某种相关性，那么大部分的数据点就会相对密集并以某种趋势呈现，如图 5-22 所示。那些离点集群较远的点称为离群点或者异常点。

数据的相关关系主要分为正相关（两个变量值同时增长）、负相关（一个变量值增加另一个变量值下降）、不相关，或者线性相关、指数相关等。

1）适合的数据：两个连续数据字段。

2）可视化功能：观察数据的分布情况。

4. 饼图

饼图（pie chart）广泛应用在各个领域，用于表示不同分类的占比情况，通过弧度大小来对比各种分类。饼图通过将一个圆饼按照分类的占比划分成多个区块，整个圆饼代表数据的总量，每个圆弧表示该分类占总体的比例大小，所有区块（圆弧）的和等于 100%，如图 5-23 所示。

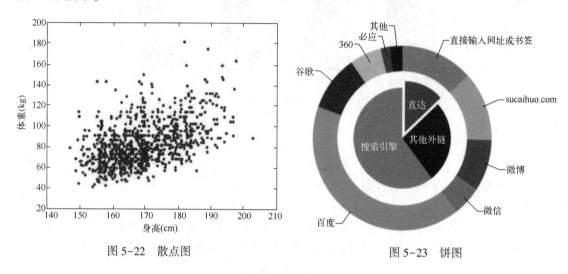

图 5-22　散点图　　　　　　　　　　图 5-23　饼图

1）适合的数据：一个分类数据字段、一个连续数据字段。

2）可视化功能：对比分类数据的数值大小。

5. 漏斗图

漏斗图（funnel chart）适用于业务流程比较规范、周期长、环节多的单流程单向分析，通过漏斗各环节业务数据的比较能够直观地发现和说明问题所在的环节，进而做出决策。漏斗图用梯形面积表示某个环节业务量与上一个环节之间的差异。漏斗图从上到下有逻辑上的顺序关系，表现了随着业务流程的推进业务目标完成的情况，如图 5-24 所示。

1）适合的数据：一个分类数据字段、一个连续数据字段。

2）可视化功能：对比分类数据的数值大小。

6. 仪表盘

仪表盘（gauge）是一种拟物化的图表，刻度表示度量，指针表示维度，指针角度表示数值。仪表盘就像汽车的速度表一样，有一个圆形的表盘及相应的刻度，有一个指针指向当前数值。目前很多管理报表或报告上都使用仪表盘，以直观地表现出某个指标的进度或实际情况，如图 5-25 所示。

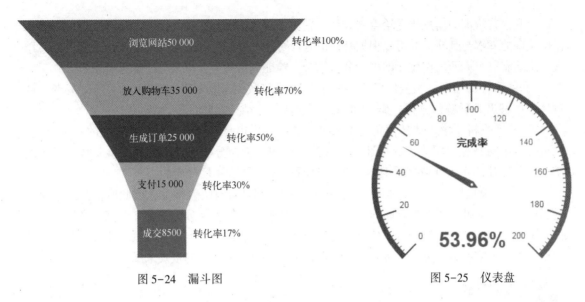

| 图 5-24 漏斗图 | 图 5-25 仪表盘 |

仪表盘的好处在于它能和人们的常识结合，使大家马上能理解看什么、怎么看。拟物化的方式使图表变得更友好更人性化，正确使用可以提升用户体验。

1）适合的数据：一个分类字段，一个连续字段。

2）可视化功能：对比分类字段对应的数值大小。

在对可视化的理解与使用上需要注意如下问题：

1）信息传播是可视化的作用之一，也是最被广泛使用和认可的一项功能。但可视化发挥的积极作用远不止于此。这也是经常被人们误解的。

2）可视化不同于信息图，相比于信息图，可视化与可视分析数据量更大，目的也不尽相同。

3）可视化不仅能锦上添花，也能雪中送炭。

4）可视化与数据密不可分。相信在大数据时代，可视化与可视分析能够发挥更大的作用。

5-3 数据可视化图形介绍

5.2.7 总结报告撰写

数据分析总结报告是根据数据分析原理和方法，运用数据来反映、研究和分析事物的现状、问题、原因、本质和规律，并得出结论，提出解决办法的一种分析应用文体。这种文体是决策者认识事物、了解事物、掌握信息、搜集相关信息的主要工具之一，它通过对事物数据全方位的科学分析来评估其环境及发展情况，为决策者提供科学、严谨的依据，降低风险。

数据分析总结报告实质上是一种沟通与交流的形式，主要目的在于将分析结果、可行性建议以及其他有价值的信息传递给管理人员。它需要对数据进行适当的包装，让阅读者能对结果做出正确的理解与判断，并可以根据其做出有针对性、操作性、战略性的决策。数据分析总结报告主要有三个方面的作用，即展示分析结果、验证分析质量，以及为决策提供参考。

1）展示分析结果。报告以某一种特定的形式将数据分析结果清晰地展示给决策者，使得他们能够迅速理解、分析、研究问题的基本情况、结论与建议等内容。

2）验证分析质量。从某种角度上来讲，总结报告也是对整个数据分析项目的一个总结。通过报告中对数据分析方法的描述、对数据结果的处理与分析等几个方面来检验数据分析的质量，并且让决策者能够感受到这个数据分析过程是科学并且严谨的。

3）为决策提供参考。大部分数据分析总结报告都是具有时效性的，因此所得到的结论与建议可以作为决策者在决策方面的一个重要参考依据。虽然大部分决策者（尤其是高层管理人员）没有时间去通篇阅读报告，但是在决策过程中，报告的结论与建议或其他相关章节将会被重点阅读，来辅助最终决策。所以，总结报告是决策者二手数据的重要来源之一。

 任务实施

教师可组织学生通过查阅资料、网络调查等方式获取下面的解决方案。详情请扫描二维码。

Walmart 公司利用了大数据分析技术。从数据源经过分析挖掘到最终获得价值一般有六个步骤，分别是问题定义、数据准备、数据预处理、数据分析与挖掘、知识展现和总结报告撰写。

5-4　数据基因

 任务小结

数据本身是没有价值的，它的价值在于背后蕴含的信息，要想获得数据背后的信息价值，必须应用新的信息技术对其进行挖掘分析，从而创造新价值和新知识。大数据从数据源经过分析挖掘到最终获得价值一般有六个步骤，分别是问题定义、数据准备、数据预处理、数据分析与挖掘、知识展现和总结报告撰写。

问题定义可能需要你去了解业务的核心知识，并从中获得一些可以帮助你进行分析的经验。

数据准备主要有四个来源，主要包括：企业提供数据集、外部公开数据集、网页爬虫和数据交易平台。数据预处理可以去掉数据中的噪声，纠正不一致的数据，预处理方法包括数据清理、数据集成、数据变换和数据归约。

大数据的挖掘是从海量、不完全、有噪声、模糊、随机的大型数据库中发现隐含在其中有价值的、潜在有用的信息和知识的过程，也是一种决策支持过程。

数据可视化是研究如何将数据以图片或图形的方式展现的科学。它主要专注于展现，以连贯和简短的形式把大量的信息展现出来。尽管数据可视化也能以文字形式来展示，但它的重点还是用图片和图像的形式传递信息。

数据分析总结报告实质上是一种沟通与交流的形式，主要目的在于将分析结果、可行性建议以及其他有价值的信息传递给管理人员。

5-5　大数据分析过程概述及数据处理

任务拓展

课堂研讨

1. 谈谈你对营销调研大数据分析中对数据的要求，你认为大数据分析过程中的难点是什么。

2. 案例：云南白药"大数据+明星"品牌营销

2017年6月，云南白药牙膏官方旗舰店在淘宝上开业，为了让公众得到这个信息，提高品牌知名度，云南白药和阿里巴巴利用大数据技术，开展了明星效应和跨界宣传的开放营销。对于许多刚开业的在线商店来说，短期的品牌曝光和亮眼的销售业绩可能是非常普遍的目的。对于云南白药而言，不同之处在于，它致力于通过线上营销来推广品牌，并以"长期市场优势的沉淀"作为目标，因此与阿里巴巴的合作主要集中在品牌形象的创造和传播上，以获得长期的品牌效应。为了实现这一目标，云南白药基于品牌特征和产品优势，主要利用阿里巴巴的生态平台和大数据技术来收集和分析淘宝用户，包括用户搜索、浏览、点击、购买和共享，深入了解此类行为，了解淘宝用户的使用习惯和偏好，并根据用户年轻化的主要特征，结合云南白药的特点，策划了将明星粉丝转变为店铺粉丝的营销理念，邀请了两位明星代言人，针对其粉丝组织了营销互动活动。为了激发两个明星粉丝团体的参与和互动热情，云南白药和阿里巴巴开展了一项活动，粉丝助力偶像在淘宝上成为头条新闻，增强粉丝和品牌之间的互动。该活动一出，就取得了非常好的成绩。在短短的几天内，它吸引了成千上万的粉丝积极参与，迅速将超过30万名粉丝带到了旗舰店，品牌在短时间内获得了很高的评价。此后，云南白药还与广受欢迎的网络剧《春风十里不如你》的原作者冯唐进行了跨界知识产权营销，推出了"春风十里"的主题套装。除了与淘宝网用户进行巧合程度的数据收集和分析外，它还在其他一些平台上进行了相应的重合度抓取，整合了这些资源，并设计了一套IP媒体矩阵。这样，云南白药牙膏成功实现了销售额的大幅增长。

（资料来源：https://cloud. tencent. com/developer/article/1648659）

问题

云南白药品牌营销的特点是什么？

课后自测

简述营销调研大数据分析的步骤。

实操演练

上网查询、搜集一个营销调研案例，并对案例的内容进行大数据分析，包括问题定义、数据准备、数据预处理、数据分析与挖掘、知识展现和总结报告撰写，报告不少于500字。

任务5.3 营销调研大数据分析工具

任务目标

知识目标

1. 了解大数据技术对营销数据的分析过程
2. 掌握常用的大数据分析工具

能力目标

能够使用大数据工具对数据进行分析

任务引例

工欲善其事，必先利其器

从前，有一个非常强壮的伐木工到一位木材商那里找到了一份工作。报酬相当不错，工作条件也很好。因此，伐木工决心全力以赴好好干。他的老板给了他一把斧子，跟他说明他在哪片林区伐树。第一天，伐木工带回来18棵树。"祝贺你"老板说，"就这样干下去!"伐木工深受鼓舞，第二天更努力了，但是他只带回了15棵树。第三天他加倍努力，但是只带回了10棵树。日复一日，他带回的树越来越少。"我一定是越来越没力气了。"伐木工暗想。他去向老板道歉，对老板说他不明白到底是怎么了。"你上次磨斧子是什么时候?"老板问。"磨斧子? 我没有时间磨斧子呀。我一直在忙着伐树……"

现在的社会是一个高速发展的社会，科技发达，信息流通，人们之间的交流也越来越密切，生活也越来越便捷，大数据就是这个高科技时代的产物。数据本身没有价值，它的价值在于背后蕴藏的信息，要想挖掘数据背后的信息价值，必须应用大数据技术对其进行处理和分析。要想对数据进行处理与分析，必须了解每个步骤所需要的工具，借助工具才能挖掘出有价值的信息，否则面对产生速度快、数据量大、价值密度低、数据结构多样的数据，我们无从下手，数据也只是一堆垃圾，并不能产生价值，只有挖掘出数据背后的信息，才能达到精准营销的目的。

问题：

1. 如何挖掘大数据背后的信息?
2. 你了解哪些数据分析软件?
3. 上网查找大数据分析工具。

（资料来源：https://www.sohu.com/a/190968588 _ 771517，https://wiki.mbalib.com/wiki/大数据）

知识链接

营销调研大数据的战略意义不在于掌握庞大的数据信息，而在于对这些含有意义的数据进行专业化处理。如果把大数据比作一种产业，那么这种产业实现赢利的关键，在于提高对数据的"加工能力",通过"加工"实现数据的"增值"。

一个完整的大数据系统应该包括数据源、数据收集、数据存储、资源管理、数据处理、数据挖掘、数据展现。因此一个项目需要进行大数据分析,首先需要确定其数据来源,然后采集数据进行存储,接着对其进行清洗、挖掘处理,最后进行图表展示。大数据技术框架如图 5-26 所示。

接下来介绍每个阶段的大数据分析工具。

5.3.1 常见的数据来源

要想对项目进行大数据分析,首先就要得到该项目数据。

根据项目的特点、合作的方式,数据来源的方式十分多样,如网络爬虫、设备数据采集和数据厂商提供等。

(1)网络爬虫

网络爬虫(Web crawler)又称为网页蜘蛛、网络机器人,在 FOAF⊖ 社区中经常称为网页追逐者,另外一些不常使用的名字还有蚂蚁、自动索引、模拟程序或者蠕虫,一种按照一定的规则,自动地抓取万维网

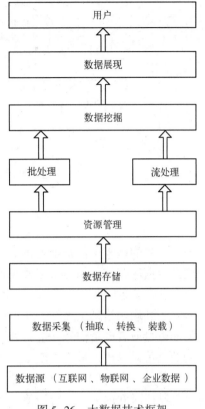

图 5-26　大数据技术框架

信息的程序或者脚本,被广泛用于互联网搜索引擎或其他类似网站,可以自动采集所有其能够访问到的页面内容。网络爬虫按照系统结构和实现技术,大致可以分为以下几种类型:通用网络爬虫(general purpose Web crawler)、聚焦网络爬虫(focused Web crawler)、增量式网络爬虫(incremental Web crawler)、深层网络爬虫(deep Web crawler)。实际的网络爬虫系统通常是几种爬虫技术相结合实现的。

通用网络爬虫从一个或若干初始网页的 URL 开始,获得初始网页上的 URL,在抓取网页的过程中,不断从当前页面上抽取新的 URL 放入队列,直到满足系统的一定停止条件,如图 5-27所示。聚焦网络爬虫的工作流程较为复杂,需要根据一定的网页分析算法过滤与主题无关的链接,保留有用的链接并将其放入等待抓取的 URL 队列。然后,它将根据一定的搜索策略从队列中选择下一步要抓取的网页 URL,并重复上述过程,直到达到系统的某一条件时停止。另外,所有被爬虫抓取的网页将会被系统存贮,进行一定的分析、过滤,并建立索引,以便之后的查询和检索。对于聚焦网络爬虫来说,这一过程所得到的分析结果还可能对以后的抓取过程给出反馈和指导。

在网络爬虫的系统框架中,主过程由控制器、解析器、资源库三部分组成。控制器的主要工作是负责给多线程中的各个爬虫线程分配工作任务。解析器的主要工作是下载网页,进行页面处理,主要是将一些 JS 脚本标签、CSS 代码内容、空格字符、HTML 标签等内容处

⊖　FOAF 为 friend of a friend 的简写,直译为朋友的朋友。

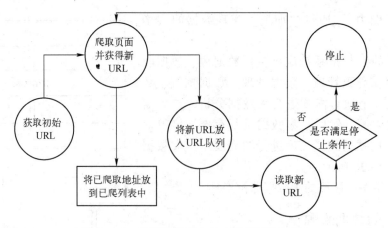

图 5-27　通用网络爬虫的实现原理及过程

理掉，爬虫的基本工作是由解析器完成。资源库是用来存放下载到的网页资源，一般都采用大型的数据库存储，如 Oracle 数据库，并对其建立索引。

（2）设备数据采集

除了利用网络爬虫之外，还可以从传感器和其他待测设备等模拟和数字被测单元中自动采集非电量或者电量信号并进行处理与存储，比如摄像头、麦克风，都是数据采集工具。采集的数据可以是模拟量，如温度、水位、风速、压力等，也可以是数字量。采集一般是采样方式，即隔一定时间（称采样周期）对同一点数据重复采集，采集的数据大多是瞬时值，也可是某段时间内的一个特征值。

在科技发达的今天，生活中处处充满着智能电子产品，这些都是人们随时随地收集数据的重要工具。例如智能家电可记录日常生活中产生的数据，如空调设定的温度、晚上睡觉的时间等。每人每天都会产生海量的数据。

（3）数据厂商提供

除了自己去获取数据之外，其实还能由数据厂商提供数据。互联网时代，如阿里巴巴、百度、京东、腾讯等互联网公司都掌握着大量的数据。

1）腾讯。从数据源看，腾讯掌握着社交关系数据。依托 QQ 和微信即时通信社交软件，腾讯积累了海量用户交往数据，数据经过挖掘后，用户人际交往圈子、关注热点、生活习惯、工作关系等将一览无余，利用得当，将有益于社会管理和舆论引导。对用户的数据挖掘曾经在腾讯网络游戏的崛起中发挥了大作用。腾讯从 2003 年开始运营网络游戏，曾遭遇挫折，直到 2008 年，腾讯才在多个细分市场找到了合适的韩国游戏作品，在代理韩国游戏的过程中，腾讯提出要介入所代理游戏的研发，例如对《穿越火线》中子弹射出后的弹道设置，腾讯根据对用户的数据挖掘认为，韩方原本设计的逼真效果对中国用户并不合适，用户对腾讯设计出的"比较爽快的、节奏快的、鲜明的"的弹道设计更加兴奋。最后的结果表明，腾讯是对的。

2）阿里巴巴。阿里巴巴则是拥有交易数据和信用数据，更多是在搭建数据的流通、收集和分享的底层架构。互联网数字时代，用户越来越多的日常行为从线下转移到线上，产生了大量非结构化数据。这让阿里巴巴在大数据领域有了机会，因为它能够对这些沉淀数据进行深度分析和解读，挖掘其中蕴含的社会、经济、金融和民生价值。

人们在进行互联网操作的同时，产生了大量的数据，而这些数据最后都保存到了这些互联网公司的数据库中，因此这些公司掌握着大量的用户数据和信息。

5.3.2　常用的数据存储方式

在获取到数据之后需要对其进行存储，方便后续处理。根据存储技术的发展与数据量的大小，数据存储方式主要分为文件系统存储、数据库存储和分布式存储。

1. 文件系统存储

为了便于对数据进行操作和管理，这里引入文件的概念。文件是计算机中一个很重要的概念，它是操作系统中用来存储和管理信息的基本单位，是指记录在存储介质（例如磁盘、光盘和磁带）上的一组相关信息的集合。文件可以用来保存各种信息，用文字处理软件制作的文档，用计算机语言编写的程序，以及进入计算机的各种多媒体信息，都是以文件的方式存放的。每个文件都有自己的名字，当需要时，用户只要指定文件名，操作系统就可以快速、准确地找到所需的程序或数据。

2. 数据库存储

数据库是按照数据结构来组织、存储和管理数据的仓库，是一个长期存储在计算机内的、有组织的、可共享的、统一管理的大量数据的集合；它是以一定方式储存在一起、能与多个用户共享、具有尽可能小的冗余度、与应用程序彼此独立的数据集合，可视为电子化的文件柜——存储电子文件的处所，用户可以对文件中的数据进行新增、查询、更新、删除等操作。

目前数据库主要分为关系数据库和非关系数据库。关系数据库，存储的格式可以直观地反映实体间的关系。关系数据库和常见的表格比较相似，关系数据库中表与表之间是有很多复杂的关联关系的。常见的关系数据库有 MySQL、SQL Server 等。非关系数据库指的是分布式的、非关系型的、不保证遵循 ACID 原则的数据存储系统，如 MongoDB、Redis、Memcache。对文章、评论等这类非结构化数据只能模糊处理，并不需要像结构化数据一样，进行精确查询，而且这类数据的数据规模往往是海量的，数据规模的增长往往也是不可能预测的，而非关系数据库的扩展能力几乎也是无限的，所以非关系数据库可以很好地满足这一类数据的存储。

3. 分布式存储

分布式存储系统是将数据分散存储在多台独立的设备上。传统的网络存储系统采用集中的存储服务器存放所有数据，存储服务器成为系统性能的瓶颈，也是可靠性和安全性的焦点，不能满足大规模存储应用的需要。分布式存储系统采用可扩展的系统结构，利用多台存储服务器分担存储负荷，利用位置服务器定位存储信息，它不但提高了系统的可靠性、可用性和存取效率，还易于扩展。分布式存储示意图如图 5-28 所示。

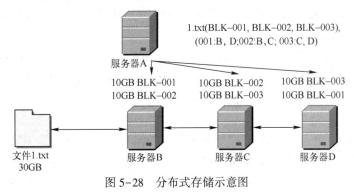

图 5-28　分布式存储示意图

207

分布式存储支持超大文件，能够检测和快速应对硬件故障，支持流式数据访问，具有简单化、一致性等优点。但是同样存在数据访问延迟、大量的小文件等问题，不支持多用户写入文件、修改文件等，因为数据量大，会超出系统能够处理的能力。

5.3.3 常用的数据处理分析工具

数据处理是指从大量的、可能是杂乱无章的、难以理解的数据中抽取并推导出对于某些特定的人们来说有价值、有意义的数据。以往人们针对数据的处理采用办公软件、数据库就能进行，但是数据量的增大给企业带来了挑战。接下来介绍几款处理分析大数据的常用工具。

1. Hadoop

Hadoop 是一个由 Apache 基金会所开发的分布式系统基础架构。用户可以在不了解分布式底层细节的情况下，开发分布式程序，充分利用集群的威力进行高速运算和存储。Hadoop 实现了一个分布式文件系统（Hadoop distributed file system，HDFS），用来部署在成本低廉的硬件上；而且它提供高吞吐量来访问应用程序的数据，适合那些有着超大数据集的应用程序。另外设计了 MapReduce，MapReduce 的核心思想是"分而治之"。所谓"分而治之"，就是把一个复杂的问题，按照一定的"分解"方法分为等价的规模较小的若干部分，然后逐个解决，分别找出各部分的结果，把各部分的结果组成整个问题的结果。HDFS 为海量的数据提供了存储，而 MapReduce 则为海量的数据提供了计算。

Hadoop 是一个能够让用户轻松架构和使用的分布式计算平台。用户可以轻松地在 Hadoop 上开发和运行处理海量数据的应用程序。它主要有以下几个优点：

1）高可靠性。Hadoop 按位存储和处理数据的能力值得人们信赖。

2）高扩展性。Hadoop 是在可用的计算机集簇间分配数据并完成计算任务的，这些集簇可以方便地扩展到数以千计的节点中。

3）高效性。Hadoop 能够在节点之间动态地移动数据，并保证各个节点的动态平衡，因此处理速度非常快。

4）高容错性。Hadoop 能够自动保存数据的多个副本，并且能够自动将失败的任务重新分配。

2. Hive

Hive 是基于 Hadoop 的一个数据仓库工具，用来进行数据抽取、转换、装载（ETL），这是一种可以存储、查询和分析存储在 Hadoop 中的大规模数据的机制。Hive 数据仓库工具能将结构化的数据文件映射为一张数据库表，并提供 SQL 查询功能，能将 SQL 语句转变成 MapReduce 任务来执行。

Hive 的优点是学习成本低，可以通过类似 SQL 语句实现快速 MapReduce 统计，使 MapReduce 变得更加简单，而不必开发专门的 MapReduce 应用程序。Hive 十分适合对数据仓库进行统计分析。

3. Spark

Apache Spark 是专为大规模数据处理而设计的快速通用的计算引擎，是 UC Berkeley AMP lab（加州大学伯克利分校的 AMP 实验室）所开源的类 Hadoop MapReduce 的通用并行框架。

Spark 是一种与 Hadoop 相似的开源集群计算环境，但是两者之间还存在一些不同之处，Spark 启用了内存分布数据集，除了能够提供交互式查询外，它还可以优化迭代工作负载。它的优点如下：

1）速度更快。Spark 基于内存的计算速度比 Hadoop 快 100 倍。

2）易用。Spark 提供了 80 多个高级运算符。

3）通用。Spark 提供了大量的库，包括 Spark Core、Spark SQL、Spark Streaming、MLlib、GraphX。开发者可以在同一个应用程序中无缝组合使用这些库。

4）支持多种资源管理器。Spark 支持 Hadoop YARN、Apache Mesos，及其自带的独立集群管理器。

5）Spark 生态系统丰富。

5.3.4 常见的数据展示方法

数据可视化旨在借助图形化手段，清晰有效地传达与沟通信息。数据可视化要根据数据的特性，如时间、空间信息等，找到合适的可视化方式，例如表（chart）、图（diagram）和地图（map）等，将数据直观地展现出来，以帮助人们理解数据，同时找出包含在海量数据中的规律或者信息。数据展示图如图 5-29 所示。

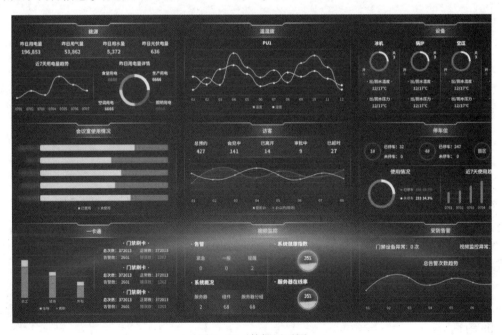

图 5-29　数据展示图

（资料来源：https://www.fanruan.com/bw/wp-content/uploads/2020/03/大屏_制造_1_4.jpg）

1．Excel

我们生活的这个世界是丰富多彩的，几乎所有的知识都来自于视觉。也许无法记住一连串的数字，以及它们之间的关系和趋势，但是可以很轻松地记住一幅图或者一个曲线。因此使用图表更易于理解和交流。

在 Microsoft Excel 中，可以将工作表中的数据用图形表示出来。图 5-30 显示了各地区的销售情况。图表可以使数据更加有趣、吸引人、易于阅读和评价。它们也可以帮助我们分析和比较数据。

图表可以用来表现数据间的某种相对关系，在常规状态下我们一般运用柱形图比较数据间的多少关系，用折线图反映数据间的趋势关系，用饼图表现数据间的比例分配关系。运用 Excel 的图表制作可以生成多种类型的图表，包括柱形图、折线图、饼图等。

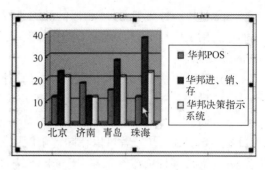

图 5-30　销售柱形图

2. Python

Python 是一种跨平台的计算机程序设计语言，是一个高层次的结合了解释性、编译性、互动性和面向对象的脚本语言；最初被设计用于编写自动化脚本（shell），随着版本的不断更新和语言新功能的添加，越多被用于独立的、大型项目的开发。matplotlib 是 Python 最著名的绘图库，它提供了一整套和 MATLAB 相似的命令 API，十分适合交互式制图。而且也可以方便地将它作为绘图控件，嵌入用户图形界面（GUI）应用程序中。

下面以回执填充图为例介绍 Python 绘图。

```
from matplotlib. pyplot import *
x = linspace( -3,3,100)
y1 = np. sin( x)
y2 = np. cos( x)
fill_between( x,y1,y2,where = ( y1> = y2) ,color = 'red' ,alpha = 0. 25)
fill_between( x,y1,y2,where = ( y1<y2) ,color = 'green' ,alpha = 0. 25)
plot( x,y1)
plot( x,y2)
show( )
```

这里主要是用到了 fill_between 函数。这个函数很好理解，就是传入 x 轴数组和需要填充的两个 y 轴数组；然后传入填充的范围，用 where = 来确定填充的区域；最后可以加上填充颜色、透明度之类修饰的参数。当然 fill_between 函数还有更加高级的用法，详见fill_between用法或者帮助文档。效果图如图 5-31 所示。

下面简单介绍在 Windows 中安装 Python 开发环境的步骤，基于 Window 平台开发 Python 数据分析程序。

1）访问 https://www. python. org/downloads/，选择 Windows 平台下的安装包，如图 5-32 所示。

2）因采用 Windows 7 操作系统，Python3. 9. 0 不支持，故下载 Python3. 6. 2 版本，下载后文件名为 "python - 3. 6. 2. exe"，进入安装界面，如图 5-33 所示。

3）图 5-33 中，最下面有 "Add Python3. 6

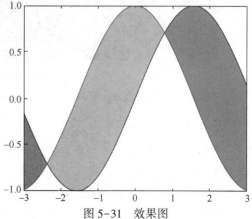

图 5-31　效果图

图 5-32　选择 Windows 平台的安装包

图 5-33　选择安装方式

to PATH",非计算机专业学生一定要选中此复选框,这样后续环境配置变量的步骤就可以省略。

4)选择第一种安装方式,自动完成安装,安装成功界面如图 5-34 所示。

5)安装成功后,在控制台输入"python",控制台会显示出版本信息,如图 5-35 所示。

3. Echarts

ECharts 是一个使用 JavaScript 实现的开源可视化库,涵盖各行业图表,满足各种需求,遵循 Apache-2.0 开源协议,免费商用,兼容当前绝大部分浏览器（IE8/9/10/11、Chrome、Firefox、Safari 等）及多种设备,可随时随地展示。

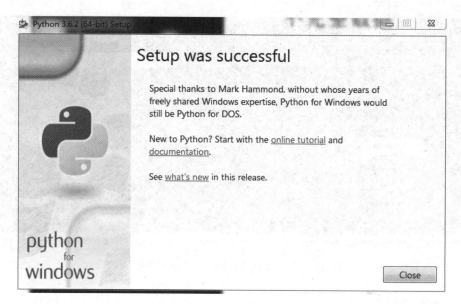

图 5-34　安装成功界面

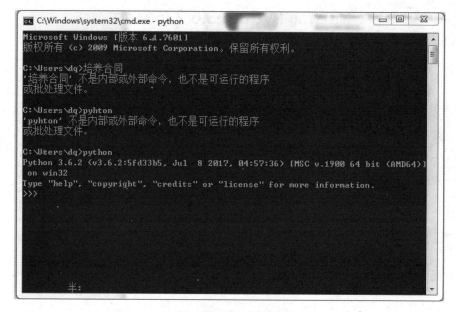

图 5-35　测试成功

ECharts 的特性如下：

1）丰富的可视化类型：提供了常规的折线图、柱形图、散点图、饼图、K 线图，用于统计的盒形图，用于地理数据可视化的地图、热力图、线图，用于关系数据可视化的关系图、树图、旭日图，多维数据可视化的平行坐标，还有用于商业智能（BI）的漏斗图、仪表盘，并且支持图与图之间的混搭。

2）多种数据格式无须转换直接使用：内置的 dataset 属性（4.0+）支持直接传入包括二维表、键值对（key-value）等多种格式的数据源，此外还支持输入 TypedArray 格式的数据。

3）千万数据的前端展现：通过增量渲染技术（4.0+），配合各种细致的优化，ECharts

能够展现千万级的数据量。

4）移动端优化：针对移动端交互做了细致的优化，例如移动端小屏上适于用手指在坐标系中进行缩放、平移。计算机端也可以用鼠标在图中进行缩放（用鼠标滚轮）、平移等。

5）多渲染方案，跨平台使用：支持以 Canvas、SVG（4.0+）、VML 的形式渲染图表。

6）深度的交互式数据探索：提供了图例、视觉映射、数据区域缩放、tooltip、数据筛选等开箱即用的交互组件，可以对数据进行多维度数据筛取、视图缩放、展示细节等交互操作。

7）多维数据的支持以及丰富的视觉编码手段：对于传统的散点图等，传入的数据也可以是多个维度的。

8）动态数据：数据的改变驱动图表展现的改变。

9）绚丽的特效：针对线数据、点数据等地理数据的可视化提供了吸引眼球的特效。

10）通过 GL 实现更多更强大绚丽的三维可视化：在 VR、大屏场景里实现三维的可视化效果。

11）无障碍访问（4.0+）：支持自动根据图表配置项智能生成描述，使得盲人可以在朗读设备的帮助下了解图表内容，让图表可以被更多人群访问。

图 5-36 为一饼图示例。

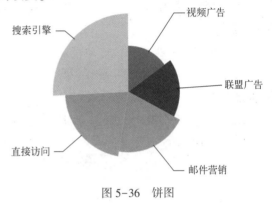

图 5-36　饼图

任务实施

教师可组织学生通过查阅资料、网络调查等方式获取下面的解决方案。

1. 大数据的挖掘是从海量、不完全的、有噪声的、模糊的、随机的大型数据库中发现隐含在其中有价值的、潜在有用的信息和知识的过程，也是一种决策支持过程。它主要基于人工智能、机器学习、模式学习、统计学等。

2. 数据分析软件有 Hadoop、Hive 和 Spark 等。

3. 大数据分析工具有以下几种：

1）数据采集工具：八爪鱼、Content Grabber 等。

2）开源数据工具：Knime、Talend 和 Weka 等。

3）数据可视化工具：Power BI 和 Solver 等。

任务小结

随着近几年计算机技术和互联网的发展，"大数据"这个词被提及得越来越频繁。与此同时，大数据的快速发展也在无时无刻影响着我们的生活。例如：医疗方面，大数据能够帮助医生预测疾病；电商方面，大数据能够向顾客个性化推荐商品；交通方面，大数据会帮助人们选择最佳出行方案。

数据时代，人们的日常消费、上网都会产生大量的数据。我们要了解大数据项目的流程步骤，从如何获取数据源，数据的存储与处理，到最后的可视化展示。有人把数据比喻为蕴藏能量的煤矿。煤炭按照性质有焦煤、无烟煤、肥煤、贫煤等分类，而露天煤矿、深山煤矿的挖掘成本又不一样。与此类似，大数据并不在于"大"，而在于"有用"。数据的价值含量、挖掘成本比数量更为重要。对于很多行业而言，如何利用这些大规模数据，发掘其潜在价值，才是赢得核心竞争力的关键。我们要了解常用的大数据分析工具，在后续的学习中能够使用并掌握它们。

📂 任务拓展

课堂研讨

除了介绍的几种大数据分析工具，你还知道哪些大数据分析工具？

课后自测

1. 大数据可视化有什么好处？
2. 大数据常用的分析工具有哪些？

实操演练

上网查询几种常见的大数据分析工具，试着自己去使用它。

任务 5.4 项目综合实训

5.4.1 养老行业市场调查大数据应用

利用本项目介绍的方法处理养老行业市场调查数据。

5.4.2 企业市场调查大数据应用

利用本项目介绍的方法处理电商促销行为对消费者的影响数据。

5.4.3 生态环境调查大数据应用

利用本项目介绍的方法处理垃圾分类调查数据。

5.4.4 自选大数据分析项目

学生在教师指导下分成若干小组。首先，上网收集一个公开可用的数据集，数据集不需要很大。其次，对数据集进行营销调研大数据分析，利用所介绍过的数据分析工具，如Excel、Python 和 Hadoop 等，对数据进行挖掘分析。最后，撰写一份报告，内容包括问题定义、数据准备、数据预处理、数据分析与挖掘、知识展现和结论。

项目6　市场调查报告的撰写

任务6.1　市场调查报告概述

任务目标

知识目标

1. 了解市场调查报告的含义、特点

2. 了解市场调查报告的种类

3. 掌握市场调查报告撰写的原则与要求

能力目标

1. 学会市场调查报告撰写要领

2. 能区别市场调查报告的类别

任务引例

随着社会经济的迅速发展，人们越来越注重生活的品质，出行往往自己驾车来代替步行。交通问题成了人们最关心的话题之一。温州经济发达，几乎平均每户家庭都有私家车，交通满意问题几乎牵涉到每个市民的切身利益，对建设和谐温州有重要意义。通过问卷调查和专题访谈，以 SPSS 为工具，测量了温州市民对交通状况的满意度总体情况，发现总体满意度一般；分析了市民交通满意度的内容结构，找到了影响交通满意度的主要因素，最后提出建议。

问题：

根据上述内容，你认为"温州交通满意度"的调查报告属于什么类型的报告？

知识链接

6.1.1　市场调查报告的含义

市场调查报告是反映市场调查成果的一种书面报告，它以文字、图表等形式将调查研究的过程、方法和结果表现出来，其目的是告诉有关读者，对于所研究的问题是如何进行调查的，取得了哪些结果，这些结果对于认识和解决这一问题有哪些理论意义和实际意义等。

6.1.2　市场调查报告的特点

市场调查报告是对市场的全面情况，或某一侧面、某一问题进行调查研究之后撰写出来的报告，是针对市场状况进行的调查、分析与研究的结果，因而有着不同于其他报告的特点。具体是：

1）针对性。针对性主要包括两方面：①调查报告必须明确调查目的。任何调查报告都是目的性很强的，是为了解决某一问题或是说明某一问题。因此，撰写报告时必须做到目的明确、有的放矢，围绕主题开展论述。②调查报告必须明确阅读对象。阅读对象不同，对调查报告的要求和关注问题的侧重点也不同。

2）新颖性。市场调查报告应紧紧抓住市场活动的新动向、新问题，引用一些人们未知的通过调查研究得到的新发现，提出新观点，形成新结论。只有这样的调查报告，才有使用价值，达到指导企业营销活动的目的。

3）时效性。要顺应瞬息万变的市场形势，调查报告必须讲究时间效益，做到及时反馈。只有及时到达使用者手中，使决策跟上市场形势的发展变化，才能发挥调查报告的作用。

为使市场调查报告发挥作用，在撰写时应做到：调查目标应体现于报告之中；报告内容应扼要、重点突出；报告文字应简短中肯，用字避免晦涩，技术性名词要少用，报告的内容应力求客观；报告内容应加以组织，能在最短的时间内给读者一个全盘的印象；应具有报告的形式与结构。

6.1.3 市场调查报告的种类

1. 按照报告的内容划分

按内容可以分为综合报告、专题报告、研究性报告和技术报告。

1）综合报告。这是提供给用户的最基本的报告。此类报告的目的是反映整个调查活动的全貌，详尽说明调查结果及其发现。

2）专题报告。它是针对某个问题或侧面而撰写的报告，例如针对住房消费问题、私人轿车问题，都可以分别写出专题调查报告。

3）研究性报告。这实际上也可以看成是某种类型的专题报告，但是学术性较强，需要进行更深入的分析研究。

4）技术报告。它是针对调查中许多技术性问题进行的说明，如对抽样方法、调查方法、误差计算等问题的说明，以反映调查结果的客观性和可靠性。

2. 按照报告的形式划分

按形式可以分为书面报告和口头报告/汇报。

1）书面报告。这是完整的报告，涵盖了市场调查的所有信息和结论及事实根据等。

2）口头报告/汇报。在很多情况下，需要将市场调查结果向管理层或委托单位做口头报告/汇报，口头报告惯例上总是由项目主持者来做，口头报告也非常重要。

6.1.4 撰写市场调查报告的原则与要求

1. 原则

1）坚持实事求是的原则。市场调查报告作为调查研究的成果，最基本的特点就是尊重客观实际，用事实说话。

2）符合市场规律及各项政策规定的原则。在社会主义市场经济条件下，市场供需活动有其特有的规律性，市场调查报告应该反映市场的规律。

2. 要求

1）以调查资料为依据，做到调查资料与观点相统一

市场调查报告的独特风格就是以调查资料为依据，通过定性分析与定量分析的有效结

合，达到透过现象看本质的目的，从而掌握市场活动的发展、变化过程及其规律性。

2）表达意思要准确

准确性是市场调查报告的生命。准确性包括数字要准确、情况要真实、观点要恰当三个方面，只有掌握了准确的资料，才能做出正确的判断和结论。

 任务实施

教师可组织学生通过查阅资料、网络调查等方式获取解决方案。

 任务小结

市场调查报告是反映市场调查成果的一种书面报告，它以文字、图表等形式将调查研究的过程、方法和结果表现出来。市场调查报告具有针对性、新颖性、时效性等特点。市场调查报告按照不同的角度可分为不同的种类。

 任务拓展

课堂研讨

现在请你对"温州交通满意度"撰写书面报告，应该遵循什么原则？

课后自测

1. 什么是市场调查报告？

2. 市场调查报告有哪些种类？

3. 撰写市场调查报告有哪些原则与要求？

实操演练

请选择你所熟悉的某种日用商品，对其在本地的市场销售状况做市场调查，写出一篇小型市场调查报告。

任务6.2　市场调查报告的格式

 任务目标

知识目标

1. 了解市场调查报告的格式

2. 掌握市场调查报告的内容和撰写步骤

能力目标

1. 能按照市场调查报告的格式拟出报告框架

2. 会按照市场调查报告的步骤撰写调查报告

 **任务引例**

"温州交通满意度"调查报告格式如下：题目、目录、摘要、关键词、正文、结论和建议、附件。根据你的理解，该调查报告符合市场调查报告的格式要求吗？

6.2.1　市场调查报告的格式构成

市场调查报告的格式一般是由题目、目录、概要、正文、结论和建议、附件等几部分组成。

1. 题目

题目包括市场调查题目、报告日期、委托方、调查方，一般应打印在封面上。一般是通过题目把被调查单位、调查内容明确而具体地表示出来，如《关于××居民收支、消费及储蓄情况的调查》。有的调查报告还采用正、副标题形式，一般正标题表达调查的主题，副标题则具体表明调查的单位和问题。如《"读者"眼中的"××青年报"——"××青年报"读者调查总体研究报告》。

2. 目录

为了方便读者阅读，应当使用目录或索引形式列出报告的主要章节和附件，并注明标题、有关章节号码及页码，一般来说，目录的篇幅不宜超过一页。例如：

目　录

3. 概要

概要主要阐述课题的基本情况，按照市场调查课题的顺序将问题展开，并阐述对调查的原始资料进行选择、评价、做出结论、提出建议的原则等。主要包括：简要说明调查目的；即简要地说明调查的由来和委托调查的原因；介绍调查对象和调查内容，包括调查时间、地点、对象、范围、调查要点及所要解答的问题；简要介绍调查研究的方法。

4. 正文

正文是市场调查报告的主要部分。正文部分必须准确阐明全部有关论据，包括问题的提出到引出的结论，论证的全部过程，分析研究问题的方法，还应当有可供市场活动的决策者进行独立思考的全部调查结果和必要的市场信息，以及对这些情况和内容的分析、评论。

5. 结论和建议

结论和建议是撰写综合的分析报告的主要目的。这部分包括对引言和正文部分所提出的主要内容的总结，提出如何利用已证明为有效的措施和解决某一具体问题可供选择的方案与建议。结论和建议与正文部分的论述要紧密对应，不可以提出无论据的结论，也不要没有结论性意见的论证。

6. 附件

附件是指调查报告正文包含不了或没有提及，但与正文有关必须附加说明的部分。它是对正文报告的补充或更详尽说明。

6.2.2　市场调查报告的内容和撰写步骤

1. 市场调查报告的内容

市场调查报告的内容应该包括：说明调查目的及所要解决的问题；介绍市场资料；分析的方法；调研数据；提出论点，即摆出自己的观点和看法；论证所提观点的基本理由；提出解决问题可供选择的建议、方案和步骤；预测可能遇到的风险、对策。

2. 市场调查报告的撰写步骤

（1）构思

1）构思是根据思维运动的基本规律，从感性认识上升到理性认识的过程。

2）确立主题思想。在认识客观事物的基础上，确立主题思想。

3）确立观点，列出论点、论据。

在得出结论时，应注意以下几个问题：①一切有关实际情况及调查资料是否考虑了；②是否有相反结论足以说明调查事实；③立场是否公正客观，前后一致。

4）安排报告层次结构。在完成上述几步后，构思基本上就有个框架了。在此基础上，考虑报告正文的大致结构与内容，安排层次段落。层次一般分为三层：①基本情况介绍；②综合分析；③结论与建议。

（2）选取数据资料

市场调查报告的撰写必须依据数据资料。反映问题要用数据做定量分析，提建议、措施同样要用数据来论证其可行性与效益。

选取数据资料后，在撰写报告时，要努力做到用资料说明观点，用观点论证主题，详略得当，主次分明，使观点与数据资料协调统一，以便更好地突出主题。

（3）撰写初稿

根据撰写提纲的要求，由单独一人或数人分工负责撰写，各部分的写作格式、文字数量、图表和数据要协调，统一控制。

（4）定稿

写出初稿，征得各方意见进行修改后，就可以定稿。

 **任务实施**

教师可组织学生通过查阅资料、网络调查等方式获取下面的解决方案，详细情况请扫描二维码。

6-1　市场调查报告的格式

 任务小结

市场调查报告应该开门见山，准确简练。一篇完整的调查报告从结构上一般包括题目、目录、摘要、正文、结论和建议、附件等几个部分。

任务拓展

课堂研讨

表6-1是一份市场调查报告结构表，请结合该表谈谈对市场调查报告结构和内容的体会。

表6-1　市场调查报告结构表

前文（front page）
1. 标题页（title page）
2. 授权信（title of authorization）
3. 提交信（letter of transmittal）
4. 目录（table of contents）
5. 图表目录（list of illustrations）
6. 摘要（summary）
正文（body）
7. 引言（introduction）
8. 研究目的（research objectives）
9. 方法（methodology）
10. 结果（results）
11. 局限性（limitations）
12. 结论和建议（conclusions and recommendations）
结尾（end matter）
13. 附录（appendix）

课后自测

1. 简述市场调查报告的格式构成。

2. 简述市场调查报告的内容和撰写步骤。

实操演练

请选择你所熟悉的某种日用商品，对其在本地的市场销售状况做市场调查，写出调查报告的结构框架。

任务 6.3　市场调查报告的撰写形式与技巧

任务目标

知识目标
1. 掌握市场调查报告的撰写形式
2. 理解市场调查报告的撰写应注意的问题
能力目标
1. 能撰写市场调查报告
2. 能解决市场调查报告撰写中遇到的问题

任务引例

1. 认真阅读《第××次中国互联网络发展状况统计报告》（自己到 http://www.cnnic.net.cn/ 下载，要求最新报告）

2. 分组讨论：在报告中阐明的调查目标是什么？采用了什么调查方法？采用了哪些图表形式？调查结论是什么？撰写形式有什么特点？

知识链接

6.3.1　市场调查报告的撰写形式

1. 标题的形式

标题是画龙点睛之笔。它必须准确揭示调查报告的主题思想，做到题文相符。标题要简单明了，高度概括，具有较强的吸引力。

标题的形式有以下三种：

1）"直叙式"的标题。这是反映调查意向或只说明调查地点、调查项目的标题。例如"××市居民住宅消费需求调查"等。

2）"表明观点式"的标题。这是直接阐明作者的观点、看法，或对事物的判断、评价的标题。例如"对当前巨额结余购买力不可忽视"等调查报告的标题。

3）"提出问题式"的标题。这是以设问、反问等形式，突出问题的焦点和尖锐性，吸引读者阅读，促使读者思考的标题。例如"××牌产品为什么滞销？"等形式的标题。

以上几种标题的形式各有所长，特别是第2）3）种形式的标题，它们既表明了作者的态度，又揭示了主题，具有很强的吸引力。但从标题上不易看出调查的范围和调查对象。因此，这种形式的标题又可分为正标题和副标题，并分作两行表示，如：

××牌产品为什么滞销

——对××牌产品的销售情况的调查分析

女人生来爱逛街

——北京女士购物消费抽样调查报告

2. 开头部分的形式

"万事开头难"，好的开头，既可使分析报告顺利展开，又能吸引读者。开头的形式一般有以下几种：

1）开门见山，揭示主题。文章开始先交代调查的目的或动机，揭示主题。例如："我公司受北京××电视机厂的委托，对消费者进行一项有关电视机的市场调查，预测未来几年大众对电视机的需求量及需求的种类，使××电视机厂能根据市场需求及时调整其产量及种类，确定今后发展方向。"

2）结论先行，逐步论证。这是先将调查结论写出来，然后再逐步论证。例如，"××牌收银机是一种高档收银机，通过对××牌收银机在京各商业部门的拥有、使用情况的调查，我们认为它在北京不具有市场竞争能力，原因主要从以下几个方面阐述……"。

3）交代情况，逐层分析。可先介绍背景情况、调查数据，然后逐层分析，得出结论。也可先交代调查时间、地点、范围等情况，然后分析。

例如，《关于香皂的购买习惯与使用情况的调查报告》的开头为："本次关于对香皂的购买习惯和使用情况的调查，调查对象主要集中于中青年，其中：青年（20~35岁）占55%，中年（36~50岁）占25%，老年51岁及以上占20%；女性为70%，男性30%……"。

4）提出问题，引入正题。例如，《关于方便面市场调查的分析报告》中的开头部分为："各种合资的、国产的方便面如雨后春笋般涌现，面对种类众多的竞争，如何立于不败之地？带着这些问题，我们对北京市部分消费者和销售单位进行了有关调查"。

3. 论述部分的形式

论述部分是调查报告的核心部分，它决定着整个调查报告质量的高低和作用的大小。这一部分着重通过调查了解到的事实分析说明调查对象的发生、发展和变化过程，调查的结果及存在的问题，提出具体的意见和建议。

由于论述一般涉及内容很多，文字较长，有时也可以用概括性或提示性的小标题，突出报告的中心思想。论述部分的结构安排是否恰当，直接影响着分析报告的质量。论述部分主要分为基本情况部分和分析部分。

1）基本情况部分。该部分对调查数据资料及背景做客观的介绍说明，并提出问题。

2）分析部分。分析部分是调查报告的主要组成部分。在这个阶段，要对资料进行质和量的分析，通过分析，了解情况，说明问题和解决问题。分析有三类情况：①原因分析，是对出现问题的基本成因进行分析，如对××牌产品滞销原因的分析，就属于这类。②利弊分析，是对事物在市场活动中所处的地位、起到的作用进行利弊分析等。③预测分析，是对事物的发展趋势和发展规律做出的分析，如对××市居民住宅需求意向的调查，根据居民家庭人口情况、现有住房状况、收入情况，以及居民对储蓄的认识、对分期付款购房的想法等，对××市居民住房需求意向进行预测。

此外，论述部分的层次段落一般有四种形式：①层层深入形式，各层意思之间是一层深入一层，层层剖析；②先后顺序形式，按事物发展的先后顺序安排层次，各层意思之间有密切联系；③综合展开形式，先说明总的情况，然后分段展开，或先分段展开，然后综合说明，展开部分之和为综合部分；④并列形式，各层意思之间是并列关系。

4. 结尾部分的形式

结尾部分是调查报告的结束语，好的结尾可使读者明确题旨，加深认识，启发读者思考和联想。结尾一般有以下几种形式：

1）概括全文。经过层层剖析后，综合说明调查报告的主要观点，深入文章的主题。

2）形成结论。在对真实资料进行深入细致的科学分析的基础上，得出报告结论。

3）提出基础看法和建议。通过分析，形成对事物的看法，在此基础上，提出建议和可行性方案。提出的建议必须能确实掌握企业状况及市场变化，使建议有付诸实行的可能性。

4）展望未来，说明意义。通过调查分析展望未来前景。

6.3.2　市场调查报告的撰写应注意的问题

1. 切忌将分析工作简单化

如果只是根据资料就事论事，简单介绍式的分析多，深入细致的分析及观点少，无结论和建议，则整个调查报告的系统性很差，分析报告的价值不大。

2. 切忌面面俱到、事无巨细地进行分析

一篇调查报告自有它的重点和中心，在对情况有了全面了解之后，经过全面系统的构思，应能有详有略，抓住主题，深入分析。

3. 报告长短根据内容确定

确定调查报告的长短，要根据调查目的和调查报告的内容而定，对调查报告的篇幅，做到宜长则长，宜短则短，尽量做到长中求短，力求写到短小精悍。

4. 语言不要冗余

调查报告是用书面形式表达的语言，提高语言表达能力，是写好调查报告的重要条件之一。报告的语言要逻辑严谨、数据准确、文风质朴、简洁生动、通俗易懂、用词恰当，并且善于使用表格、图示表达意图，避免文字上的累赘。

 任务实施

教师可组织学生通过查阅资料、网络调查等方式获取下面的解决方案：

本节以 CNNIC 发布的《第 48 次中国互联网络发展状况统计报告》为例进行阐述，内容详见 http://www.cnnic.net.cn/，具体解析请扫描二维码。

 任务小结

市场调查报告内容包括标题、开头、论述、结尾等几部分。市场调查报告的撰写应注意的问题如下：切忌将分析工作简单化；切忌面面俱到、事无巨细地进行分析；报告长短根据内容确定；语言不要冗余。

 任务拓展

课堂研讨

如何撰写调查报告？

1）想一想。开始之前、撰写之时以及做最后修改时，这三件事应该作为重中之重：熟悉你的读者、熟悉你的数据和你做调查时的背景。

2）讲故事。要牢记写报告好比讲故事，要有清晰的开头、中间和结尾。不能把所有的"干货"都攒到报告结尾。为保证读者一直感兴趣，我们必须用简洁和谈话型语言写报告。总结一定要清晰，要让读者就算随意浏览内容也能明白你在说什么。报告写完后，隔一段时间再去检查修改，这样能以比较新的观点看报告。

问题:

1. 你应该把报告中所有有价值的"干货"放在报告结尾吗？为什么？

2. 在展示报告时，如何使人们一直感兴趣？为什么这很重要？

（资料来源：麦克丹尼尔，盖茨. 当代市场调研：原书第 10 版［M］. 李桂华，等译. 北京：机械工业出版社，2018）

课后自测

1. 简述市场调查报告的撰写形式。

2. 简述市场调查报告的撰写应注意的问题。

实操演练

仔细阅读下面的案例，撰写市场调查报告应注意哪些问题？对该案例的撰写形式和格式进行总结。

××沙发市场调查报告

引言

目前某市市场上的沙发按照材质主要分为木质、真皮、布艺及几种材料结合。高档品牌主要有以整体家居布置、沙发配套为主的全有家私、皇朝家私以及主营沙发的芝华仕，中档品牌则包括吉斯、喜梦宝、成都南方等，低档品牌来自于本地和其他各地区县城的小厂家。

一、××沙发市场概况

目前，××沙发销售地主要聚居在该市××大街处银座家居城、富雅家居城、欧亚商城、东亚商城、清河家具城、国贸家具城、二印家具城。从产品和品牌档次上看，银座家居城、富雅家居城属高档品牌的根据地，东亚商城、清河家具城、国贸家具城、二印家具城则汇聚了来自天南海北的中低档沙发品牌。从经营定位上看，各商城均有自己的差异化定位，知名品牌、高档沙发的专卖店向富雅家居城、银座家居城集中；中档及部分专业市场多数集中在东亚商城；低档商品的批发业务又集中在二印家具城；欧亚商城则走专业化办公家具的路子，与其同一东家的银座家居城形成互补，对其他家具商城形成攻击。

二、消费者调查

1. 消费者细分特性描述（低、中、高档）

1）低档沙发消费群。普通工薪族是低价位沙发的主要消费群。他们的要求是：简洁实用而又有现代美感；功能较多，以便充分利用有限的居住空间；期望中高档次的设计及风格，但价位偏于中低，心理上能感到物有所值。这部分生产厂家多是杂牌，长于模仿，拙于原创与设计研发。因此，它们利用自身的各项成本优势，吸引了低收入消费群。

2）中档沙发消费群。这部分消费者包括企事业单位的管理人员，城市白领。他们事业有成，思想独立，个性化追求较为明显。对家私的性价比、设计风格、用材、品牌定位较为看重。这部分生产厂家较多，它们各自以自己的原创设计及针对目标消费者的技术研发满足了追求不同风格的消费者的需求。

3）高档沙发消费群。这部分人居于消费金字塔的顶端，一般都有别墅或宽敞的住房，对家具的要求首先是品牌要与自己的收入和住所相匹配，通常选择的是国际品牌或知名品牌。

2. 消费者细分特性描述（办公、家居）

1）办公沙发消费群主要是经济水平处于中高层次的群体。经济条件佳者，由于公司形象或私人喜好的需要，他们看重品牌，因此选择的一般都是知名品牌；经济条件一般者，则选择中档品牌，既顾及了形象，又节省资金。

2）家居沙发消费群的范围比较广泛，几乎涵盖了所有有固定居所的消费者。对于家具，他们选择起来相当慎重，不仅注重质量，而且在与室内风格匹配上也花尽心思。由于经济状况的不同，选择的品牌档次亦各不相同。

三、影响消费者购买沙发的主要因素

1）消费者选择的标准有安全、健康、环保、舒适，然后综合考虑价格、品牌、款式等各方面。

2）高消费群一般更看重大品牌。

3）中低消费群更愿意选择舒适、性价比高的沙发。

4）消费者购买沙发也会考虑本地市场现有的情况。

四、沙发产品的未来发展走势

通过访谈和查找二手资料，可预见沙发产品的未来发展有三大走势：

1）产品设计开发方面：力求创新，国际一体化，简约、舒适。

2）产品使用方面：力求方便搬运，不追求长期使用年限，色彩丰富和时装化的家具受到越来越多人的欢迎。

3）品牌方面：由于产品日趋细分，沙发品牌呈两极化发展，知名品牌更加注重其品牌的建设和推广，某些中档品牌则在竞争中被淘汰，而那些小品牌则依旧利用自己的成本、价格以及地域优势，占据中低档消费区域。

任务 6.4 项目综合实训

结合本部分内容，按照要求，每个小组的学生撰写调查报告。

6.4.1 养老行业市场调查报告形式

1. 标题

标题是画龙点睛之笔。它必须准确揭示调查报告的主题思想，做到题文相符。标题要简单明了，高度概括，具有较强的吸引力。

2. 开头

可采用以下四种形式：①开门见山，揭示主题；②结论先行，逐步论证；③交代情况，逐层分析；④提出问题，引入正题。

3. 论述部分

论述部分主要分为基本情况部分和分析部分。

4. 结尾

结尾一般有以下几种形式：①概括全文；②形成结论；③提出基础看法和建议；④展望未来，说明意义。

6.4.2 企业市场调查报告形式

可参考 6.4.1 小节的阐述。

6.4.3 生态环境调查报告形式

可参考 6.4.1 小节的阐述。

项目7　市场预测方法

任务7.1　定性预测方法

 **任务目标**

知识目标

1. 了解定性预测的含义

2. 掌握定性预测的种类及应用范围

能力目标

1. 能运用集合意见法进行预测

2. 能运用专家会议法进行预测

3. 能运用德尔菲法进行预测

 **任务引例**

头脑风暴法

头脑风暴法出自"头脑风暴"一词。所谓头脑风暴（brain-storming），最早是精神病理学上的用语，是针对精神病患者的精神错乱状态而言的，现在转而为无限制的自由联想和讨论，其目的在于产生新观念或激发创新设想。

7-1　头脑风暴法优点

在群体决策中，由于群体成员心理相互作用影响，易屈于权威或大多数人意见，形成所谓的"群体思维"。群体思维削弱了群体的批判精神和创造力，损害了决策的质量。为了保证群体决策的创造性，提高决策质量，管理学上发展了一系列改善群体决策的方法，头脑风暴法是较为典型的一种。

头脑风暴法又可分为直接头脑风暴法（通常简称为头脑风暴法）和质疑头脑风暴法（也称反头脑风暴法）。前者是专家群体决策尽可能激发创造性、产生尽可能多的设想的方法，后者则是对前者提出的设想、方案逐一质疑，分析其现实可行性的方法。

采用头脑风暴法组织群体决策时，要集中有关专家召开专题会议，主持者以明确的方式向所有参与者阐明问题，说明会议的规则，尽力创造融洽轻松的会议气氛，一般不发表意见，以免影响会议的自由气氛。由专家们"自由"提出尽可能多的方案。

问题：

头脑风暴法有什么优点和缺点？

 知识链接

定性预测是指依赖预测人员丰富的经验和知识及综合分析能力，对预测对象的未来发展前景做出性质和程度上的估计和推测。

定性预测法不用或很少用数学模型，预测结果并没有经过量化或定量分析，因此具有不确定性。定性预测适合预测那些模糊的、无法计量的社会经济现象，并通常由预测者集体来进行。集体预测是定性预测的重要内容，能集中多数人的智慧，克服个人的主观片面性。

定性预测法简便、易于掌握，而且时间快、费用省，因此得到广泛采用。但是，定性预测法缺乏数量分析，主观因素的作用较大，预测的准确度难免受到影响。因此，在采用定性预测法时，应尽可能地结合定量分析方法，使预测过程更科学，预测结果更准确。

定性预测方法的具体形式较多，使用频率较高的方法有集合意见法、专家会议法、德尔菲法等。

7.1.1 集合意见法

集合意见法是指各方人士（可以是企业内部经营管理人员、业务人员，也可以是企业外部的业务人员或用户）凭自己的经验判断，对市场未来需求趋势提出个人预测意见，再集合大家的意见做出市场预测的方法。这种方法简便易行，可靠实用，注重发挥集体智慧，在一定程度上克服了个人直观判断的局限性和片面性，有利于提高市场预测的质量。

1. 集合意见法的操作步骤

（1）提供资料

预测组织者根据企业经营管理的要求，向参加预测的相关人员提出预测项目和预测期限的要求，并尽可能提供有关背景资料。

（2）提出预测方案

有关人员根据预测要求及掌握的背景资料，凭个人经验和分析判断能力，提出各自的预测方案。在方案中，要确定以下三个重点：

1）确定未来市场的几种可能状态（比如，市场销路好或市场销路差的状态）。

2）估计各种可能状态出现的概率（主观概率）。

3）确定每种可能状态下，可能达到的具体销售值（状态值）。

（3）计算各方案期望值

预测组织者计算有关人员预测方案的方案期望值。方案期望值等于各种可能状态主观概率与状态值乘积之和。

（4）计算各类综合期望值

将参与预测的有关人员分类，如厂长（经理）类、管理职能科室类、业务人员类等，计算各类综合期望值。由于预测参与者对市场的了解程度，以及经验等因素不同，因而他们每个人对最终预测结果的影响作用不同。

为表示这种差异，对每类人员要分别给予不同的权数，最后采用加权平均法获得各类综合期望值。若给每个预测者以相同的权数，则表示各预测者的重要性相同，综合期望值可直接采用算术平均法或中位数法获得。

（5）确定最后的预测值

预测组织者将各类人员的综合期望值通过加权平均法等计算出最后的预测值。

2. 集合意见法的实践应用

[例] 南方某皮鞋厂为了预测明年的产品销售额，要求企业3名经理、3名科室（营销

科、计划科、财务科）主管人员以及 3 名一线营销人员做出年度销售预测。

运用集合意见法预测的具体步骤如下：

（1）列出各预测人员的预测方案

皮鞋厂 3 名经理、3 名科室主管人员和 3 名一线营销人员提出各自的预测方案，见表 7-1～表 7-3。

表 7-1　3 名经理的预测方案

经　理	销售估计值						期望值（万元）	权　数
	销售好（万元）	概率	销售一般（万元）	概率	销售差（万元）	概率		
经理甲	1000	0.3	840	0.5	760	0.2	872	0.4
经理乙	1100	0.4	960	0.4	720	0.2	968	0.3
经理丙	1160	0.5	900	0.3	660	0.2	982	0.3

表 7-2　3 名科室主管人员的预测方案

科室主管	销售估计值						期望值（万元）	权　数
	销售好（万元）	概率	销售一般（万元）	概率	销售差（万元）	概率		
营销主管	1200	0.5	800	0.2	720	0.3	976	0.5
计划主管	1080	0.4	960	0.3	680	0.3	924	0.3
财务主管	1160	0.3	880	0.3	640	0.4	868	0.2

表 7-3　3 名一线营销人员的预测方案

营销人员	销售估计值						期望值（万元）	权　数
	销售好（万元）	概率	销售一般（万元）	概率	销售差（万元）	概率		
营销人员甲	960	0.3	800	0.5	600	0.2	808	0.4
营销人员乙	1040	0.3	880	0.4	720	0.3	880	0.3
营销人员丙	1080	0.2	840	0.5	760	0.3	864	0.3

注：1. 未来的市场销售前景有三种可能性：销售好、销售一般、销售差，每一种可能性发生的机会称为概率。这三种可能性概率之和等于 1。这里的概率为主观概率，由参与预测的人员根据其经验及对市场的分析判断给出。

2. 权数。不同人员由于在企业中地位不同、权威性不同，其预测意见的影响力也不同，凡是权威性大一些的人员，其权数也就大一些。

（2）计算各预测人员的方案期望值

方案期望值等于各种可能状态的销售值与对应的概率的乘积。

经理甲的方案期望值为

1000 万元×0.3+840 万元×0.5+760 万元×0.2＝872 万元

营销主管的方案期望值为

1200 万元×0.5+800 万元×0.2+720 万元×0.3＝976 万元

营销人员甲的方案期望值为

960 万元×0.3+800 万元×0.5+600 万元×0.2＝808 万元

其他人员的方案期望值都依此计算，并填入相应表中。

7.1.2 专家会议法

专家会议法即通过组织一个具有相关知识的专家参与的专家会议，运用专家各方面的专业知识和经验，相互启发，集思广益，对市场未来发展趋势或企业某个产品的发展前景做出判断的一种预测方法。

1. 选择专家

专家会议法预测能否取得成功，在很大程度上取决于专家的选择。专家选择应依据以下要求：

（1）专家要有丰富的经验和广博的知识

专家一般应具有广博的知识，有丰富的与预测课题相关的工作经验，思维判断能力敏锐，语言表达能力较强。

（2）专家要有代表性

要有各个方面的专家，如市场营销专家、管理专家、财务专家、生产技术专家等，不能只局限于某一个部门。

2. 专家会议法的实施程序

（1）做好会议的准备工作

准备工作包括确定会议的主题，确定合适的主持人，选好会议的场所和时间，确定会议的次数，准备会议的记录、分析工具。确定主持人对于会议的成功与否起着非常重要的作用，要求其具有丰富的调查经验，掌握与讨论内容相关的知识，并能左右或引导会议的进程和方向。

（2）邀请专家参加会议

邀请出席会议的专家人数不宜太多，一般 8~12 人最好，要尽量包括各个方面的专家。被邀请的专家必须能独立思考，不受某个权威意见所左右。

（3）控制好会议的进程

会议主持人提出预测题目，要求大家充分发表意见，提出各种各样的方案。在这一步中，需要强调的是会议上不要批评别人的方案，要打开思路、畅所欲言，方案多多益善，气氛民主热烈。同时，要做好会议的记录工作。可以由主持人边提问边记录，也可以由助手进行记录，还可以通过录音、录像的方法记录。

（4）确定预测方案

在会议结束后，主持人再对各种方案进行比较、评价、归类，最后确定出预测方案。

3. 专家会议法的特点

专家会议法可以在较短的时间里，充分利用专家群体的创造性思维和专业特长，对预测对象进行评估和推算，及时掌握第一手预测信息。预测工作实践发现，专家会议法既有突出的优点，也存在明显的局限性。

（1）优点

1）与会专家能自由发表意见，各种观点能互相启发、互相借鉴，可以达到集思广益、互相补充的目的。

2）专家会议法节省费用和时间，应用灵活方便。

（2）局限性

局限性主要体现在以下三个方面：

1）由于会议人数有限，有时会使预测意见缺少代表性及全面性。

2）会议上权威性专家的意见有时会左右会场，多数人的意见有可能使少数人的意见受到压制。

3）专家会议法的预测结果，极易受组织者和与会专家双方心理状态的影响。会议上的气氛很容易影响各位专家发表自己的意见，预测组织者的个人倾向也会影响预测值的准确性。

尽管专家会议法存在一定的局限性，但只要在应用这种方法时充分注意，尽量扬长避短，这种方法还是行之有效的，尤其是对于缺少历史资料和时效性要求较高的市场预测，这种方法的适用性显得尤其突出。

7.1.3 德尔菲法

德尔菲法也叫专家小组法，是美国兰德公司在20世纪40年代末首创，最先用于科技预测，20世纪60年代以来在市场预测中也得到广泛应用。

德尔菲法是专家会议法的改进和发展，是为避免集体讨论存在的屈从于权威或盲目服从多数的缺陷而提出的一种专家预测方法。在预测过程中，各专家不通过会议形式交换意见和进行讨论，而是在互相保密的情况下，用书面形式独立地回答预测者提出的问题，并反复多次修改各自的意见，最后由预测者综合确定市场预测的结论。德尔菲法的这一特点克服了在专家会议法中经常发生的专家不能充分发表意见、权威人士的意见左右其他人的意见等弊病。

1. 德尔菲法的实施程序

（1）确定预测题目，选定专家小组成员

确定预测题目即明确预测目的和对象，选定专家小组成员则是决定向谁做有关的调查。这两点是有机地联系在一起的，即被选定的专家，必须是对确定的预测对象具有丰富知识的人，既包括理论方面的专家，也包括具有丰富实际工作经验的专家，这样组成的专家小组，才能对预测对象提出可信的预测值。专家小组人数一般不超过20人，某些特殊情况除外。

（2）设计调查表，准备相关材料

预测组织者要将预测对象的调查项目按次序排列绘制成征询表，准备向有关专家发送；同时还应将填写要求、说明一并设计好，使各专家能够按统一要求做出预测值。

除设计调查表，预测组织者还应准备与预测有关的资料，以便专家在预测时参考。这是因为，各位专家虽对预测对象有所了解，但对全面情况的了解有时不够，或对某一方面的情况了解不多，这都需要预测组织者事先准备好尽可能详尽的材料。

（3）专家进行预测

各个专家根据他们所收到的材料，提出自己的预测意见，并说明自己是怎样利用这些材料和提出预测值的。

（4）对专家意见进行初次汇总

将各位专家第一次的判断意见汇总，列成图表，进行对比，再分发给各位专家，让专家比较自己同他人的不同意见，修改自己的意见和判断。也可以把各位专家的意见加以整理，或请身份更高的其他专家加以评论，然后把这些意见再分送给各位专家，以便他们参考后修改自己的意见。

（5）反复收集意见和进行反馈

将所有专家的修改意见收集起来、汇总，再次分发给各位专家，以便做第二次修改。逐轮收集意见，并为专家反馈信息是德尔菲法的主要环节。收集意见和信息反馈通常要经过三四轮。在向专家进行反馈的时候，只给出各种意见，但并不说明发表各种意见的专家的具体姓名。这一过程重复进行，直到每一位专家不再改变自己的意见为止。

（6）确定最后的预测值

预测组织者运用统计分析方法对专家最后一轮的预测意见加以处理，做出最后的预测结论。

2. 德尔菲法专家意见的统计处理

（1）对数量和时间答案的统计处理

当专家回答的是一系列可供比较大小的数据（如对销售量的预测）时，统计调查结果可用平均数或中位数来处理，用以求出调查结果的期望值。

1）平均数法。平均数法就是将专家所有预测值的平均数作为综合的预测值的方法。其公式是

$$y = \frac{\sum x_i}{n} \tag{7-1}$$

式中　x_i——各位专家的预测值；

　　　n——专家人数。

2）中位数法。中位数法是将所有预测值的中位数作为最终预测值的方法。

具体做法是：对于有限的数集：如果观察值有奇数个，则可以通过把所有观察值高低排序后找出正中间的一个作为中位数；如果观察值有偶数个，则通常取最中间的两个数值的平均数作为中位数。

（2）对等级比较答案的统计处理

在征询专家对某些调查项目做重要程度的排序内容时，通常采用总分比重法进行统计。

3. 德尔菲法的特点

（1）匿名性

背靠背地分头向各位专家征询意见是德尔菲法的特点。一般参加预测小组的专家互不见面，姓名保密，只保持同预测组织者单独联系。专家们背靠背地给出各自的预测意见，有利于他们打消顾虑，进行独立思考判断，既依靠了专家，又克服了专家会议法的缺点。

（2）反馈性

轮番向专家征询意见，每次向专家征询意见，预测组织者都应将上一轮专家的意见统计归纳后的结果反馈给专家，各位专家在了解各种不同意见及其理由、掌握全局情况的基础上，开拓思路，提出独立的新见解。

（3）统计性

每次收集到各位专家的意见，都应对每个问题进行定量统计归纳。通常用专家意见的中位数或平均数反映专家的集体意见。

与专家会议法相比较，德尔菲法的优点是：参与预测的专家能独立思考，各抒己见，能充分表达个人的预测判断，不受权威人物的影响；可以参考别的专家的看法，避免主观片面性，提高预测质量。主要缺点是：轮番函询专家需花费较长的时间；预测主要凭专家主观判断，缺乏一定的客观标准。

 **任务实施**

教师可组织学生通过查阅资料、网络调查等方式获取下面的解决方案：

头脑风暴法的优点

1）极易操作执行，具有很强的实用价值。

2）非常具体地体现了集思广益，体现团队合作的智慧。

3）每一个人的思维都能得到最大限度的开拓，能有效开阔思路，激发灵感。

4）在最短的时间内可以批量生产灵感，会有大量意想不到的收获。

5）几乎不再有任何难题。

6）面对任何难题，举重若轻。对于熟练掌握"头脑风暴法"的人来讲，再也不必一个人冥思苦想，孤独"求索"了。

头脑风暴法的缺点

头脑风暴法实施的成本（时间、费用等）是很高的，另外，头脑风暴法要求参与者有较好的素质。这些因素是否满足会影响头脑风暴法实施的效果。

 任务小结

定性预测在工程实践中被广泛使用，无论是有意还是无意的，特别适合于对预测对象的数据资料（包括历史的和现实的）掌握不充分，或影响因素复杂，难以用数字描述，或对主要影响因素难以进行数量分析等情况。定性预测的优点在于：注重事物发展在性质方面的预测，具有较大的灵活性，易于充分发挥人的主观能动作用，且简单、迅速、省时省费用。定性预测的缺点是：易受主观因素的影响，比较注重人的经验和主观判断能力，从而易受人的知识、经验和能力的束缚和限制，尤其是不能对事物发展做数量上的精确描述。

📁 **任务拓展**

课堂研讨

专家会议法

专家会议法是根据规定的原则选定一定数量的专家，按照一定的方式组织专家会议，发挥专家集体的智慧结构效应，对预测对象未来的发展趋势及状况，做出判断的方法。"头脑风暴法"就是专家会议法的具体运用。

问题：利用网络查找资料，"头脑风暴法"适用于什么场合？

课后自测

1. 什么是定性预测？

2. 定性预测主要包括几种方法？各有什么应用范围？

实操演练

B 建筑公司承建位于某市的商住楼的主体结构工程（框剪结构）的施工（以下简称 H 工程），建筑面积 10 000 m^2，20 层。公司在施工之前将进行 H 工程的成本预测工作。试采用专家会议法预测成本。

解题思路：该公司召开由本公司的 9 位专业人员参加的预测会议，预测 H 工程的成本。各位专家的意见分别为 485 元/m²、500 元/m²、512 元/m²、475 元/m²、480 元/m²、495 元/m²、493 元/m²、510 元/m²、506 元/m²。由于结果相差较大，经反复讨论，意见集中在 480 元/m²（3 人）、495 元/m²（3 人）、510 元/m²（3 人），采用上述的方法确定预测成本为 $y = (480 元/m² \times 3 + 495 元/m² \times 3 + 510 元/m² \times 3)/9 = 495 元/m²$

任务 7.2　定量预测方法

任务目标

知识目标

1. 掌握移动平均法的含义

2. 掌握指数平滑法的含义

3. 理解季节指数法

能力目标

1. 能应用 Excel 进行移动平均预测

2. 能应用 Excel 进行指数平滑预测

3. 能应用 Excel 进行季节指数预测

4. 能应用 Excel 进行回归分析预测

任务引例

根据表 7-4，预测未来几年啤酒的销量。

表 7-4　某地啤酒销量与新增成年人口统计表

项　　目	2011	2012	2013	2014	2015	2016	2017	2018	2019	2020
啤酒销量（万箱）	28	31	50	53	61	70	60	66	63	65
新增成年人口（万人）	25	28	34	38	47	62	45	56	54	55

知识链接

定量预测是指在占有充分数据资料的基础上，运用数学方法，有时还要结合计算机技术，对事物未来的发展趋势进行数量方面的估计与推测。

定量预测方法有两个明显的特点：①依靠实际观察数据，重视数据的作用和定量分析；②建立数学模型作为定量预测的工具。随着统计方法、数学模型和计算机技术日益为更多的人所掌握，定量预测的运用会越来越广。

定量预测方法的具体形式较多，常用的定量预测方法有移动平均法、指数平滑法、季节指数法和回归分析法等。

7.2.1　移动平均法

移动平均法是取预测对象最近一组观察期的数据（或历史数据）的平均值作为预测值

的方法。所谓"移动"，是指参与平均的数据随着观察期的推移而不断更新，所谓"平均值"是指算术平均值。当一个新的数据进入平均值时，要剔除平均值中最陈旧的一个数据，并且每一次参与平均的数据都有相同的个数。

移动平均法又可分为简单算术移动平均法和加权移动平均法两种。本书限于篇幅，只介绍简单算术移动平均法。简单算术移动平均法又主要分为一次移动平均法和二次移动平均法。

1. 一次移动平均法

一次移动平均法是直接以本期移动的平均值作为下期预测值的方法。一次移动平均法的预测模型为

$$\bar{x}_{t+1} = M_t^{(1)} = \frac{x_t + x_{t-1} + \cdots + x_{t-n+1}}{n} \tag{7-2}$$

式中　$\bar{x}_{t+1}$——$t+1$ 期的预测值；

$\quad\quad M_t^{(1)}$——第 t 期一次移动平均值；

$\quad\quad n$——跨越期数，即参加移动平均的历史数据的个数。

[例] 某市某商场某年的各月销售额见表 7-5，试计算 $n=3$ 和 $n=4$ 时的一次移动平均预测值。

表 7-5　采用一次移动平均法的某商场销售额预测计算表　　（单位：万元）

月份	实际销售额	3 个月移动平均预测值	4 个月移动平均预测值
1	3068	—	—
2	2865	—	—
3	2698	—	—
4	2941	2877	—
5	2875	2834.7	2893
6	2736	2838	2844.8
7	2806	2850.7	2812.5
8	2759	2805.7	2839.5
9	2690	2767	2794
10	2796	2751.7	2747.8
11	2708	2748.3	2762.8
12	3091	2731.3	2738.3

解：按公式测算，各预测值见表 7-5。

其中，当 $n=3$ 时，5 月的预测值为

$$M_4^{(1)} = \frac{x_4 + x_3 + x_2}{3} = \frac{2941 \text{ 万元} + 2698 \text{ 万元} + 2865 \text{ 万元}}{3} = 2834.7 \text{ 万元}$$

当 $n=4$ 时，7 月的预测值为

$$M_6^{(1)} = \frac{x_6 + x_5 + x_4 + x_3}{4} = \frac{2736 \text{ 万元} + 2875 \text{ 万元} + 2941 \text{ 万元} + 2698 \text{ 万元}}{4} = 2812.5 \text{ 万元}$$

其余预测值可以此逐一计算。必须指出的是，表 7-5 中的 1 月、2 月、3 月的平均数 2877 万元作为 4 月的预测值，故 $M_3^{(1)}$ 与 $t=4$ 是同一期，同理，$M_4^{(1)}$ 与 $t=5$ 也同期。其余各期以此类推。

实际工作中，推荐用 Excel 进行计算。

操作步骤：

1) 打开原始数据表，制作本实例的原始数据，如图 7-1 所示，请确认数据的类型。本实例为实际销售额随时间变化成对数据，在数据分析时仅采用实际销售额数据列。

需要注意的是，因为平均值的求取需要一定的数据量，那么就要求原始数据量不少于求取平均值的个数，在 Excel 中规定数据量不少于 3。先计算一下 3 个月移动平均预测值。

2) 选择"工具"→"数据分析"→"移动平均"后，弹出"移动平均"对话框。

① 输入区域：原始数据区域；如果有数据标签，则可以选中"标志位于第一行"复选框。

② 输出区域：移动平均数值显示区域。

③ 间隔：指定使用几组数据来得出平均值。

④ 图表输出：原始数据和移动平均数值会以图表的形式来显示，以供比较。

⑤ 标准误差：实际数据与预测数据（移动平均数据）的标准差，用以显示预测与实际值的差距。数字越小则表明预测情况越好。

设置结果如图 7-2 所示。

	某商场销售额预测计算表	
月份	实际销售额	
1	3068	
2	2865	
3	2698	
4	2941	
5	2875	
6	2736	
7	2806	
8	2759	
9	2690	
10	2796	
11	2708	
12	3091	

图 7-1　原始数据示例

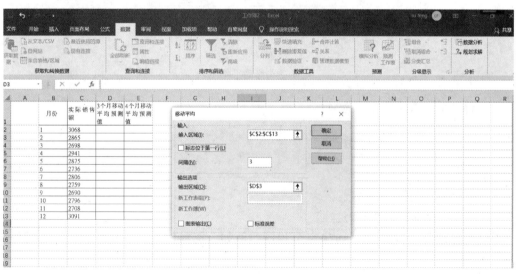

图 7-2　"移动平均"对话框

3) 单击"确定"按钮，则可立即生成相应的数据和图表，见表 7-6 和图 7-3。

2. 二次移动平均法

二次移动平均法的思路是在一次移动平均值的基础上加上一个趋势调整值，以弥补一次移动平均后损失的趋势。

表 7-6　生成相应的数据　　　　　　（单位：万元）

月份	实际销售额	移动平均	标准误差
1	3068		
2	2865		
3	2698		
4	2941	2877	
5	2875	2834.6667	
6	2736	2838	122.088 462 2
7	2806	2850.6667	92.779 707 23
8	2759	2805.6667	69.564 252 21
9	2690	2767	66.364 035 33
10	2796	2751.6667	35.902 130 34
11	2708	2748.3333	45.236 006 64
12	3091	2731.3333	46.972 805 37

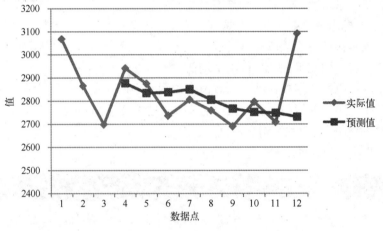

图 7-3　移动平均图

二次移动平均数的计算公式为

$$M_t^{(2)} = \frac{M_t^{(1)} + M_{t-1}^{(1)} + M_{t-2}^{(1)} + \cdots + M_{t-n+1}^{(1)}}{n} \qquad (7-3)$$

式中　$M_t^{(1)}$——一次移动平均数；

　　　$M_t^{(2)}$——二次移动平均数；

　　　n——移动平均数的跨越期。

其计算方法与一次移动平均法完全相同。例如，资料同上例，仍设 $n=3$，计算表见表 7-7。

表 7-7　采用二次移动平均法的某商场销售额预测计算表　　　　（单位：万元）

月　份	实际销售额	$M_t^{(1)}$	$M_t^{(2)}$
1	3068	—	—
2	2865	—	—
3	2698	—	—
4	2941	2877	—

月　份	实际销售额	$M_t^{(1)}$	$M_t^{(2)}$
5	2875	2834.7	—
6	2736	2838	—
7	2806	2850.7	2849.9
8	2759	2805.7	2841.1
9	2690	2767	2831.5
10	2796	2751.7	2807.8
11	2708	2748.3	2774.8
12	3091	2731.3	2755.7

二次移动平均法不能独立进行预测，只能与一次移动平均法配合，建立预测模型。所以，要进一步解决滞后偏差的问题，前提条件是时间序列的数据必须具有线性趋势。

用二次移动平均法所建立起来的直线方程式，只适宜于做短期预测，对于离目前太远的中长期预测就不太适宜。

7.2.2　指数平滑法

指数平滑法是在移动平均法基础上发展起来的一种方法，实质上是一种特殊的加权移动平均法，该方法重视远期数据，但更看重敏感的近期数据，它对各期数据赋予的权数，由近及远按指数规律递减。这种方法给予了确定权数的基本规则，使其在调整权数、处理资料时更为方便，因而在市场预测中被广泛应用。

指数平滑法按平滑次数的不同又分为一次指数平滑法、二次指数平滑法和多次（二次以上）指数平滑法。这里主要阐述一次指数平滑法。

1. 一次指数平滑法概述

一次指数平滑法是以预测对象的本期实际值和本期预测值为资料，用平滑系数来确定两者的权数，求得本期的平滑值，作为下一期的预测值。其计算公式为

$$S_{t+1}^{(1)} = \alpha x_t + (1-\alpha) S_t^{(1)} \tag{7-4}$$

式中　$S_{t+1}^{(1)}$——下一期的预测值；

　　　x_t——本期实际观测值（本期实际发生值）；

　　　$S_t^{(1)}$——本期预测值；

　　　α——平滑系数，其取值范围为 $0 \leqslant \alpha \leqslant 1$。

在应用指数平滑法进行预测时，平滑系数 α 的选择非常重要的。当 α 取值接近1时，近期数据的作用显著，各期历史数据的作用迅速衰减。

因此，在实际应用中，若是跟踪近期变化，则 α 取值宜较大；若需要消除随机波动，揭示长期变化趋势与规律，则 α 取值宜较小。α 值的选择也可以通过用几个不同的 α 值试算预测值，比较预测值与实际值之间的平均绝对误差 MAD，择其最小值来确定。

此外，由指数平滑法公式可知，要计算 $S_{t+1}^{(1)}$ 就需要知道 $S_t^{(1)}$，以此类推，要计算 $S_1^{(1)}$ 就要知道 $S_0^{(1)}$，而 $S_0^{(1)}$ 是没有办法计算出来的，只能估算。当资料项数较多（如 $n \geqslant 10$）时，初始值 $S_0^{(1)}$ 对预测结果影响较小，可以选择第一期的实际值作为初始值；当资料项数较少时，初始值对预测结果影响较大，可选择前几期（一般是前3期）数据的平均值作为初始值。

2. 一次指数平滑法的应用

[例] 某日化企业1—10月销售牙膏资料见表7-8。请用一次指数平滑法预测11月的牙膏销售量。

表7-8　某日化企业近1—10月销售牙膏资料 （单位：万支）

月份	销售量 x_t	$S_t^{(1)}$ （$\alpha=0.7$）	月份	销售量 x_t	$S_t^{(1)}$ （$\alpha=0.7$）
1	64	64	7	63	66.7
2	66	64	8	70	64.1
3	71	65.4	9	72	68.2
4	76	69.3	10	70	70.9
5	59	74	11		70.3
6	68	63.5			

分析：

第一步：确定平滑系数 α，本例中 $\alpha=0.7$。

第二步：确定初始平滑值 $S_1^{(1)}$。本例 $n=10$，故 $S_1^{(1)}=x_1=64$ 万支。

第三步：依次计算一次指数平滑值。

当 $\alpha=0.7$ 时，

$$S_2^{(1)}=0.7\times64\text{ 万支}+0.3\times64\text{ 万支}=64\text{ 万支}$$

$$S_3^{(1)}=0.7\times66\text{ 万支}+0.3\times64\text{ 万支}=65.4\text{ 万支}$$

$$\vdots$$

$$S_{10}^{(1)}=0.7\times72\text{ 万支}+0.3\times68.2\text{ 万支}=70.9\text{ 万支}$$

第四步：计算11月的预测值：

$$S_{11}^{(1)}=\alpha x_{10}+(1-\alpha)S_{10}^{(1)}=0.7\times70\text{ 万支}+0.3\times70.9\text{ 万支}=70.3\text{ 万支}$$

从上述计算过程中可以发现，一次指数平滑法在计算每一个平滑值时，只需用一个实际观察值和一个上期的平滑值即可，它解决了需要贮存数据过多带来的不便，且计算过程简便，计算工作量较小。但一次指数平滑法也存在一定缺陷，它只能预测一期市场现象的表现，这在很多情况下造成了预测的局限性，不能满足市场预测者的需要。

此外，一次指数平滑预测模型中的第一个平滑值 $S_1^{(1)}$ 和平滑系数 α，在被确定时只是根据经验，尚无严格的数学理论加以证明。一次指数平滑法对无明显趋势变动的市场现象进行预测是适合的，但对于有趋势变动的市场现象则不适合。当市场现象存在明显趋势时，不论值取多大，其一次指数平滑值也会滞后于实际观察值。对于一次指数平滑法存在的缺陷，二次指数平滑法可以克服，对于二次指数平滑法这里不再论述。

在 Excel 中，利用"指数平滑"工具进行预测，具体步骤如下：

选择"工具"菜单中的"数据分析"命令，此时在弹出"数据分析"对话框的"分析工具"列表框中，选中"指数平滑"，如图7-4所示，单击"确定"按钮，会弹出"指数平滑"对话框。

在"输入"选项区中指定输入参数。在"输入区域"指定数据所在的单元格区域 E4：E14；因指定的输入区域包含标志行，所以选中"标志"复选框；在"阻尼系数"指定加权系数0.3。

在"输出选项"选项区中指定输出选项。本例选择"输出区域"，并指定输出到当前工

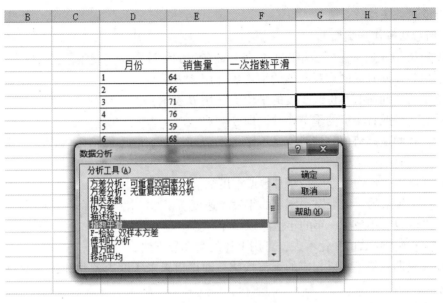

图 7-4　选中"指数平滑"

作表以 F5 为左上角的单元格区域；选中"图表输出"复选框。单击"确定"按钮。

这时，Excel 给出一次指数平滑值，如图 7-5 所示。

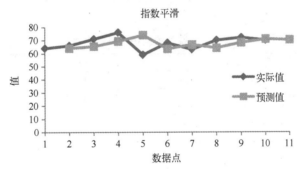

图 7-5　指数平滑图

7.2.3　季节指数法

1. 季节指数法概述

商品的供应与消费受生产条件、气候条件、人们生活消费习惯变化，以及人们经济收入季节分布的变化等影响，商品生产和生活消费之间的时间间隔往往表现季节性的间隔，如：瓜果、蔬菜等产品是季节生产、季节消费；粮、油、茶、糖等产品是季节生产、常年消费；背心、羽绒衣等产品是常年生产、季节消费。这些产品由于受季节影响而出现销售的淡季和旺季之分的季节性变动规律。掌握了季节性变动规律，就可以利用它来对季节性的商品进行市场需求量预测。

季节指数法是一种周期预测技术，是时间序列预测的重要组成部分。它是根据预测目标各年按月（或季）编制的时间数列资料，以统计方法测定出反映季节变动规律的季节指数，并利用季节指数进行预测的预测方法。

2. 季节指数法操作步骤

季节指数法操作步骤如下：

1）搜集历年（通常需要 3 年以上）各月或各季的统计资料（观察值）。

2）求出各年同月或同季观察值的平均数（用 A 表示）。

3）求出历年间所有月份或季度的平均值（用 B 表示）。

4）计算各月或各季度的季节指数，即 $S = A/B$。

5）计算预测期趋势值。趋势值是不考虑季节变动影响的市场趋势估计值，其计算通常采用以下三种方法：

① 以观察年的年均值除以一年月数或季度数。

② 观察年年末的年值乘以预测年的年发展速度。

③ 直接以观察年最后一年的年值除以一年月数或季度数。

如果估计预测年数值变化不大，可用上述的第③种方法。

6）用预测期趋势值乘以相应的季节指数，即得出未来年度内各月和各季度包含季节变动的预测值。

3. 季节指数法的应用

[例] 一家咨询公司受某茶类饮料企业委托，为其所在地区的茶类饮料消费市场进行分析和预测。该咨询公司分别走访了市统计局等相关部门，并搜集到了该地区 2018—2020 年的茶类饮料销售额数据，见表 7-9。用季节指数法预测该地区 2021 年各季度的茶类饮料销售额。

表 7-9　茶类饮料销售额数据表　　　　　　　　　　　（单位：万元）

时　　间	2018	2019	2020
第一季度	56	62	68
第二季度	72	76	82
第三季度	82	89	93
第四季度	62	68	74

具体操作步骤如下：

（1）计算各年同季度销售额平均值

$$各季度销售额平均值 = \frac{各年同季度销售额总和}{年数}$$

其中，第一季度销售额平均值：（56 万元+62 万元+68 万元）/3 = 62 万元；则由此类推可知，第二季度销售额平均值为 76.7 万元；第三季度销售额平均值为 88 万元；第四季度销售额平均值为 68 万元。

（2）计算历年的季度平均值

2018 年的季度平均值为

$$\frac{56 \text{ 万元}+72 \text{ 万元}+82 \text{ 万元}+62 \text{ 万元}}{4} = 68 \text{ 万元}$$

2019 年的季度平均值为

$$\frac{62 \text{ 万元}+76 \text{ 万元}+89 \text{ 万元}+68 \text{ 万元}}{4} = 73.8 \text{ 万元}$$

2020 年的季度平均值为

$$\frac{68\ 万元+82\ 万元+93\ 万元+74\ 万元}{4}=79.3\ 万元$$

所以 2018 年、2019 年、2020 年这 3 年的季度平均值为

$$\frac{68\ 万元+73.8\ 万元+79.3\ 万元}{3}=73.7\ 万元$$

（3）计算各季度的季节指数

$$各季节指数=\frac{各季度销售额平均值}{历年季度销售额平均值}$$

其中，第一季度季节指数 62 万元/73.7 万元=0.84；其他季度的季节指数可以此类推计算。

（4）预测 2021 年各季度的销售值

$$各季度预测值=最近年份的平均值\times季节指数$$

本题中最近年份的平均值为 79.3 万元。则第一季度预测值为 79.3 万元×0.84=66.61 万元；其他季度的预测值可以此类推计算。

各个步骤的具体计算数值，见表 7-10。

表 7-10　茶类饮料销售预测表

季度	2018 年（万元）	2019 年（万元）	2020 年（万元）	季度销售额平均值（万元）	季节指数	预测值（万元）
第一季度	56	62	68	62	0.84	66.61
第二季度	72	76	82	76.7	1.04	82.47
第三季度	82	89	93	88	1.19	94.37
第四季度	62	68	74	68	0.92	72.96
季度平均值	68	73.8	79.3	73.7		

7.2.4　回归分析法

1. 回归分析法的概念及类别

回归分析法是以遵循市场预测的因果性原理为前提，从分析事物变化的因果联系入手，通过统计分析，建立回归预测模型揭示预测目标与其他有关经济变量之间的数量变化关系，据此对预测目标进行预测的方法。回归分析法把其他相关因素视为"因"，把预测目标的变化视为"果"，建立因果之间的数学模型，并根据相关因素的变化，推断预测目标的变动趋势。

回归分析法是一种实用性较高的常用市场预测方法。当我们在对市场现象未来发展状况和水平进行预测时，如果能将影响市场预测对象的主要因素找到，并且能够取得其数量资料，就可以采用回归分析法进行预测。

回归分析法有多种类型。依据相关关系中自变量的个数不同分类，可分为只有一个自变量的一元回归分析法和有两个及以上自变量的多元回归分析法。依据自变量和因变量之间的相关关系不同，回归分析又可分为线性回归分析和非线性回归分析。

2. 回归分析法的基本步骤

（1）根据预测目标，确定自变量和因变量

明确预测的具体目标，也就确定了因变量。如果预测具体目标是下一年度的销售量，那么销售量就是因变量。通过市场调查和查阅资料，寻找与预测目标的相关影响因素，即自变

量，并从中选出主要的影响因素。

（2）进行相关分析

回归分析法是对具有因果关系的影响因素（自变量）和预测对象（因变量）进行的数理统计分析处理。只有当自变量与因变量确实存在某种关系时，拟合出的回归方程才有意义。自变量与因变量的相关程度影响到预测值有效性的大小。因此，自变量与因变量之间存在着显著的相关性是应用回归分析法的基础。

（3）建立回归预测模型

根据对自变量和因变量分析的结果，利用它们在观察期的资料，建立适当的回归方程，以此来描述现象之间相关关系的发展变化规律，并将回归方程作为预测模型。建立预测模型，其关键是求得方程中的系数值。

（4）回归预测模型的检验及预测误差的计算

回归预测模型是否可用于实际预测，取决于对回归预测模型的检验和对预测误差的计算。回归方程只有通过各种检验，且预测误差较小，才能作为预测模型进行预测。

（5）计算并确定预测值

回归分析法的最后一个步骤就是依据经过分析和检验后的回归预测模型，进行实际预测，并对预测的结果进行综合分析。利用回归预测模型确定预测值，是预测者的最终目标。预测值可以用一个点表示，但更多的情况下是根据需要求出预测值的区间估计值。区间预测值更能反映预测值的实际含义，在使用时具有充分的余地。

上述五个预测步骤仅仅是回归分析法建立预测模型和进行预测值确定的基本步骤。在实际的市场预测中，由于市场现象的复杂性，还必须结合预测者的经验和分析判断能力，对预测模型合理调整后才能应用。

3. 一元线性回归分析法

这里主要介绍最基本的回归分析模型，即一元线性回归分析模型。

（1）一元线性回归分析法的基本原理

一元线性回归分析法将一个变量（因变量）与另一（且仅为一个）变量（自变量）的变化看成线性关系，并通过统计数据来定量分析自变量变化而导致作为预测值的因变量的变化。若通过对大量统计数据的分析，发现两个变量的数据分布有近似的线性关系，则可以用下述方程式表示它们之间的关系，即一元线性回归分析模型为

$$y_t = a + bx_t + e$$

式中　y_t——t 期的因变量，是要预测的目标量；

　　　x_t——t 期的自变量，是所选定预测目标（因变量）的相关量；

　　　a——回归系数，是 y 轴上的截距；

　　　b——回归系数，是回归直线的斜率；

　　　e——随机误差。

一元线性回归分析法就是通过对 y_t、x_t 大量的数据进行统计分析，寻找出线性分析规律，即确定 a、b、e；并根据所获得的以上线性关系式，在已知 x_t 时对 y_t 进行预测。

（2）一元线性回归分析法的应用及预测步骤

［例］已知南方某地区 2011—2020 年国内生产总值与固定资产投资额见表 7-11，试用一元线性回归分析法对该地区 2021 年和 2022 年的国内生产总值进行预测。

表 7-11 某地区 2011—2020 年国内生产总值与固定资产投资额 （单位：亿元）

年份	2011	2012	2013	2014	2015	2016	2017	2018	2019	2020
国内生产总值（y_i）	224	262	295	362	398	465	593	713	896	926
固定资产投资额（x_i）	65	69	79	92	117	136	168	231	296	352

解：

1）建立一元线性回归预测模型，即

$$\hat{y} = a + bx$$

式中　$\hat{y}$——因变量的预测估计值。

根据一元线性回归预测模型的参数计算公式，可知需要求得回归系数 a 和 b 的值。a 和 b 的值可采用最常用的最小平方法原理计算，则回归系数计算公式为

$$b = \frac{n \sum x_i y_i - \sum y_i \sum x_i}{n \sum x_i^2 - \left(\sum x_i\right)^2}$$

$$a = \frac{\sum y_i - b \sum x_i}{n}$$

由上述两个公式可知，需要计算相关系数，具体见表 7-12。

表 7-12 相关系数计算表

序号	年　份	y_i（亿元）	x_i（亿元）	$x_i y_i$（亿元²）	y_i^2（亿元²）	x_i^2（亿元²）
1	2011	224	65	14 560	50 176	4225
2	2012	262	69	18 078	68 644	4761
3	2013	295	79	23 305	87 025	6241
4	2014	362	92	33 304	131 044	8464
5	2015	398	117	46 566	158 404	13 689
6	2016	465	136	63 240	216 225	18 496
7	2017	593	168	99 624	351 649	28 224
8	2018	713	231	164 703	508 369	53 361
9	2019	896	296	265 216	802 816	87 616
10	2020	926	352	325 952	857 476	123 904
合计		5134	1605	1 054 548	3 231 828	348 981

把相关系数代入参数 a 和 b 的最小二乘估计方程，得

$$b = \frac{n \sum x_i y_i - \sum y_i \sum x_i}{n \sum x_i^2 - \left(\sum x_i\right)^2} = \frac{10 \times 1\ 054\ 548 - 5134 \times 1605}{10 \times 348\ 981 - (1605)^2} = 2.5229$$

$$a = \frac{\sum y_i - b \sum x_i}{n} = \frac{5134 - 2.5229 \times 1605}{10} = 108.4746$$

则一元线性回归预测模型为

$$\hat{y} = 108.4746 + 2.5229x$$

2）相关系数的计算。相关系数是用来说明变量之间在线性相关条件下，相关关系密切程度和方向的统计分析指标。其定义公式为

$$r = \frac{n \sum x_i y_i - \sum y_i \sum x_i}{\sqrt{n \sum x_i^2 - (\sum x_i)^2} \sqrt{n \sum y_i^2 - (\sum y_i)^2}}$$

把数据代入上式

$$r = \frac{10 \times 1\,054\,548 - 5134 \times 1605}{\sqrt{10 \times 348\,981 - (1605)^2} \sqrt{10 \times 3\,231\,828 - (5134)^2}} = 0.988$$

r 的绝对值接近1，表明国内生产总值与固定资产投资额两变量之间线性相关关系密切。

3）利用预测模型进行预测。将今后每年固定资产投资额分别代入回归预测模型中，就能得到 2021 年和 2022 年每年国内生产总值的预测值。

例如，预计 2021 年和 2022 年固定资产投资额分别为 412 亿元和 509 亿元，就可将此数据代入上述预测模型，得

$$\hat{y}_{2021} = 108.4746 + 2.5229 \times 412 = 1147.91 \ （亿元）$$

$$\hat{y}_{2022} = 108.4746 + 2.5229 \times 509 = 1392.63 \ （亿元）$$

4）回归预测模型的检验。

① 对回归模型做 F 检验。F 检验也是用来检验一元线性回归预测模型是否成立的一种方法。构造统计量 F，并给定显著性水平 α，统计量 F 的计算公式为

$$F = \frac{(n-2)r^2}{1-r^2}$$

即

$$F = \frac{(10-2) \times 0.988^2}{1 - 0.988^2} = 327.3454$$

给定显著性水平 $\alpha = 0.05$，查 F 分布表得 $F_{0.05}(1, n-2) = F_{0.05}(1, 8) = 5.32$，$F > F_{0.05}(1, 8)$。所以，所建立的一元线性回归预测模型成立。

② 回归系数的检验：

第一步，提出假设，即

$$H_0 : b = 0, H_1 : b \neq 0$$

第二步，计算预测值的回归标准误差，其公式为

$$S = \sqrt{\frac{\sum (y_i - \hat{y}_i)^2}{n-k}}$$

式中　S——回归标准误差；

　　　y_i——因变量实际值；

　　　$\hat{y}_i$——因变量估计值；

　　　n——数据的总个数；

　　　k——自变量、因变量的总个数。

第三步，求得标准误差之后，根据三标准误差原则，在正态分布条件下，预测值取值范围在 $\hat{y} \pm S$ 之间的置信度为 68.3%，预测值取值范围在 $\hat{y} \pm 2S$ 之间的置信度为 95%，预测值取值范围在 $\hat{y} \pm 3S$ 之间的置信度为 99%。

依据以上方法对上例进行置信区间估计，先得置信区间计算表，见表 7-13。

表 7-13　置信区间计算表

n	y_i（亿元）	x_i（亿元）	$\hat{y}_i$（亿元）	$(y_i-\hat{y}_i)^2$（亿元²）
1	224	65	272.46	2348.67
2	262	69	282.56	422.61
3	295	79	307.78	163.37
4	362	92	340.58	458.79
5	398	117	403.65	31.97
6	465	136	451.59	179.71
7	593	168	532.32	3681.95
8	713	231	691.27	472.53
9	896	296	855.25	1660.44
10	926	352	996.54	4975.57
合计	5134	1605	5134	14 395.61

将表中数据代入回归标准误差公式中，得

$$S = \sqrt{\frac{\sum\left(y_i - \hat{y}_i\right)^2}{n - k}} = \sqrt{\frac{14\ 395.61}{10 - 2}} = 42.42（亿元）$$

当该地区 2021 年的固定资产投资额为 412 亿元时，国内生产总值的预测值为 1147.91 亿元。利用 $2S$ 原则计算置信区间，置信区间为 $\hat{y}\pm 2S$，即该地区 2021 年的国内生产总值的区间估计值为 1063.07 亿~1232.75 亿元，置信度为 95%。同理可得，该地区 2022 年的国内生产总值的区间估计值为 1307.79 亿~1477.47 亿元，置信度同样也是 95%。

上述预测置信区间是从统计意义上的定量分析推断，不能将统计上的有效性与客观的有用性完全等同。比如，置信区间太宽，几乎会使它失去作为预测模型的现实意义。

因此，在实际预测中，预测人员有必要在定量分析基础上，根据经验、环境或其他因素的综合分析，得出一个更有把握的预测区间范围，或使某一预测值对决策更具实用性。此外，一元回归分析建立的一元回归预测模型不是永恒不变的，要根据事物随时间的发展变化，不断收集新的资料以重新确立新的模型。

 **任务实施**

教师可组织学生通过查阅资料、网络调查等方式获取下面的解决方案：

可以采取回归分析法。该法是以遵循市场预测的因果性原理为前提，从分析事物变化的因果联系入手，通过统计分析，建立回归预测模型揭示预测目标与其他有关经济变量之间的数量变化关系，据此对预测目标进行预测的方法。可利用 Excel 统计软件对啤酒销量进行预测。计算结果如下：

7-2　啤酒销量

啤酒销量（万箱）= 6.4796+1.086×新增成年人口（万人）

调整 R^2（Adjusted R Square）= 0.86，F = 70.7788，p = 0.000。

 **任务小结**

定量预测方法的具体形式较多，主要介绍了较常用的几种方法，比如移动平均法、指数

平滑法、季节指数法和回归分析法等。

📁 任务拓展

课堂研讨

1. 案例分析：分析与预测未来两年的房地产市场发展走势

2020 年，全国热点城市新建住宅价格稳中有升，三季度累计涨幅较去年同期有所扩大。1 月—8 月，全国房地产开发投资 88 454 亿元，同比增长 4.6%，增速比 1 月—7 月提高 1.2 个百分点。其中，住宅投资 65 454 亿元，增长 5.3%，增速提高 1.2 个百分点。1 月—8 月，商品房销售面积达 98 486 万 m^2，同比下降 3.3%，降幅比 1 月—7 月收窄 2.5 个百分点。其中，住宅销售面积下降 2.5%，办公楼销售面积下降 19.5%，商业营业用房销售面积下降 17.0%。商品房销售额达 96 943 亿元，增长 1.6%，1 月—7 月下降 2.1%。其中，住宅销售额增长 4.1%，办公楼销售额下降 18.0%，商业营业用房销售额下降 19.9%。

（资料来源：https://new. qq. com/omn/20201009/20201009A0B9EI00. html）

阅读以上资料，并结合相关资料，分析与预测未来两年的房地产市场发展走势。

2. 案例分析：内华达职业健康诊所火灾损失的预测

内华达职业健康诊所（Nevada Occupational Health Clinic）是一家私人医疗诊所，它位于内华达州的 Spark 市。这个诊所专攻工业医疗，并且在该地区经营已经超过 15 年。1991 年年初，该诊所进入了迅速增长的阶段。在其后的 26 个月里，该诊所每个月的账单收入从 57 000 美元增长到超过 30 万美元。直至 1993 年 4 月 6 日，当诊所的主要建筑物被烧毁时，诊所一直经历着戏剧性的增长。

诊所的保险范围包括实物财产和设备，也包括由于正常商业经营中断而引起的收入损失。确定实物财产和设备在火灾中的损失额，受理财产的保险索赔要求是一个相对简单的事情。但确定在进行重建诊所的 7 个月中收入的损失额则是一个很复杂的事情，它涉及诊所和保险公司之间的讨价还价。对如果没有发生火灾，诊所账单的收入"将会有什么变化"的计算，没有预先制定的规则。为了估计失去的收入，诊所用一种预测方法，来测算在 7 个月的停业期间将要实现的营业增长。在火灾前的账单收入的实际历史资料，将为拥有线性趋势和季节成分的预测模型提供基础资料。这个预测模型使诊所得到了损失收入一个准确的估计值，这个估计量最终被保险公司所接受。

思考：内华达职业健康诊所火灾损失的预测运用了什么方法？这种方法还可以应用到哪些场景？

课后自测

已知某商店 2017—2021 年某商品的销售量分别为 260 台、266 台、270 台、279 台、285 台。试用直线趋势预测法，预测该店 2022 年这种商品的销售量。要求：

1）采用最小平方法，列出参数计算表。

2）若置信度为 95%，求出预测误差及预测值置信区间。

实操演练

1. 某服装店的销售额与该地区服装社会零售额历史统计资料见表 7-14。

已知该地区 2022 年服装社会零售额预测值为 45 百万元，试采用直线回归方程，预测该店 2022 年的销售额，并估计置信度为 95% 的置信区间。

表7-14　相关资料　　　　　　　　　　　　　　（单位：百万元）

年份	商店销售额	服装社会零售额
2017	2.4	26
2018	2.7	29
2019	3.0	32
2020	3.4	37
2021	3.8	41

2. 上网查询、收集自己有兴趣的行业趋势预测报告（如汽车、手机、房产等）。

要求：①分析行业趋势预测的信息来源、预测方法；②通过互联网收集有关报道，用一元线性回归分析法谈谈自己的预测；③写出分析报告，交教师评阅，并继续关注有关行业信息。

任务 7.3　项目综合实训

7.3.1　养老行业市场预测

基于养老行业市场调查数据，利用本项目介绍的方法，对养老行业市场进行预测。

7.3.2　企业市场预测

基于企业市场调查数据，利用本项目介绍的方法，对企业市场进行预测。

7.3.3　生态环境预测

基于生态环境调查数据，利用本项目介绍的方法，对生态环境进行预测。

参 考 文 献

[1] 李国柱. 统计学［M］. 北京：科学出版社，2004.

[2] 杨汉东. 统计基础［M］. 北京：中国农业出版社，2005.

[3] 阮红伟. 统计学基础［M］. 北京：电子工业出版社，2005.

[4] 廖进球，李志强. 市场调查与预测［M］. 长沙：湖南大学出版社，2009.

[5] 刘登辉，韩千里. 市场调查与预测［M］. 北京：中国经济出版社，2008.

[6] 林根祥，柳兴国. 市场调查与预测［M］. 修订本. 武汉：武汉理工大学出版社，2007.

[7] 胡穗华，张伟今，谢虹. 市场调查与预测［M］. 广州：中山大学出版社，2006.

[8] 陈友玲，市场调查预测与决策［M］. 北京：机械工业出版社，2009.

[9] 庄贵军. 市场调查与预测［M］. 北京：北京大学出版社，2007.

[10] 杜家龙. 市场调查与预测［M］. 北京：高等教育出版社，2009.

[11] 王冲，李冬梅. 市场调查与预测［M］. 上海：复旦大学出版社，2013.

[12] 叶伟. 市场调查与预测［M］. 北京：北京理工大学出版社，2011.

[13] 秦宗槐. 市场调查与预测［M］. 北京：电子工业出版社，2007.

[14] 姚增明，李爱民. 市场调查与预测［M］. 北京：冶金工业出版社，2008.

[15] 樊智勇. 市场调查与预测［M］. 大连：大连理工大学出版社，2013.

[16] 孙丽英. 市场市场调查与预测［M］. 北京：北京理工大学出版社，2012.

[17] 马连福，张慧敏. 现代市场调查与预测［M］. 4版. 北京：首都经济贸易大学出版社，2012.

[18] 魏炳麒. 市场调查与预测［M］. 4版. 大连：东北财经大学出版社，2013.

[19] 刘利兰. 市场调查与预测［M］. 3版. 北京：经济科学出版社，2012.

[20] 李灿. 市场调查与预测［M］. 北京：清华大学出版社，2012.

[21] 柴庆春. 市场调查与预测［M］. 2版. 北京：中国人民大学出版社，2011.

[22] 楼红平，涂云海. 现代市场调查与预测［M］. 北京：人民邮电出版社，2012.

[23] 刘玉玲. 市场调查与预测［M］. 2版. 北京：科学出版社，2010.

[24] 魏颖，岁磊. 市场调查与预测［M］. 北京：经济科学出版社，2010.

[25] 袭宝仁，曾祥君. 市场调查与预测［M］. 北京：航空工业出版社，2012.

[26] 冯亮能，蒋志华. 市场调查与预测［M］. 北京：高等教育出版社，2002.

[27] 蒋志华. 市场调查与预测［M］. 北京：中国统计出版社，2009.

[28] 刘文斌，范云志. 市场调查与预测［M］. 北京：电子工业出版社，2010.

[29] 邓剑平. 市场调查与预测：理论实务案例实训［M］. 北京：高等教育出版社，2010.

[30] 柯惠新，沈浩. 调查研究中的统计分析法［M］. 2版. 北京：中国传媒大学出版社，2005.

[31] 丘吉尔，亚科布西. 营销调研：方法论基础 英文版 第8版［M］. 北京：机械工业出版社，2003.

[32] ANDERSON D R，SWEENEY D J，WILLIAMS T A. Statistics for business and economics［M］. 11th ed.
Boston：Cengage Learning，INC，2011.

[33] 麦克丹尼尔，盖茨. 当代市场调研：原书第10版［M］. 李桂华，等译. 北京：机械工业出版社，
2018.

[34] 荣泰生. SPSS与研究方法［M］. 大连：东北财经大学出版社，2012.

[35] 王雪华. 管理统计学［M］. 北京：电子工业出版社，2011.

[36] 薛薇. 基于SPSS的数据分析［M］. 2版. 北京：中国人民大学出版社，2011.